Geoffrey Turner · INDIANER

Zur Kultur und Geschichte der Indianer Nordamerikas

Geoffrey Turner

INDIANER

Urania-Verlag
Leipzig · Jena · Berlin

Titel der Originalausgabe: »Indians of North America«, erschienen bei Blandford Press Poole, Dorset, 1979

Übersetzung: Gerhard Steppes
Wissenschaftliche Bearbeitung: Dr. Lothar Dräger

1. Auflage 1983, 1.–11. Tausend.

VLN 212–475/154/83
LSV 0029/01600
Lektor: Horst Hering
Typographie: Helgard Reckziegel
Schutzumschlagillustration: Klaus Thieme
Printed in the German Democratic Republic
Gesamtherstellung: INTERDRUCK Graphischer Großbetrieb
Leipzig – III/18/97
Best.-Nr.: 653 860 7

Inhaltsverzeichnis

Vorwort 9

Kapitel 1

Der Indianer entdeckt Amerika 11

Die Vergangenheit wird erschlossen 12

Die Beringlandbrücke 15

Die Großwildjäger 16

Die Jagd bei Kit Carson 19

Das Aussterben im Pleistozän 19

Die indianische Welt nimmt Gestalt an 21

Jäger werden Sammler 21

»Neue« Geschichte beginnt 22

Mais kommt auf 24

Kapitel 2

Südöstliche Woodlands: Mounds und Monarchen 26

Adena – Hopewell, die Tradition der Begräbnismounds 27

Die Kunst der Mounderbauer 30

Mississippi, die Tradition der Tempelmounds 31

Der Untergang der Mounderbauer 33

Der historische Südosten 34

Die Natchez 34

Die Herrschaft der Großen Sonne 38

Die Creek (Muskogi) und ihre Nachbarn 41

Aussiedlung 42

Kapitel 3

Nordöstliche Woodlands: Wampum und wilder Reis 46

Die Irokesen 46

Stachelschweinborsten, Elchhaare und Glasperlen 48

Die Geisterwelt 50
Handel und Krieg 51
Die algonkinsprachigen Stämme 54
Die Völker des wilden Reises 56
Pfeifen 57
Schutzgeister 58
Die Medizinmänner 59
Die Europäer kommen 61

Kapitel 4
Die Anziehungskraft der Büffelprärien 63
Vor dem Pferd 63
Der »Medizinhund« kommt auf 66
Das Leben in den typischen Stämmen 69
Kriegshauben 73
Die Suche nach einer Vision 75
Die Bearbeitung von Fellen 76
Ehe 77
Kriegführung 78
Heilige Bündel 80
Büffeljagd im Sommer und Sonnentanz 81
Tod 83
Die Stämme in den Dörfern 83
Das Opfer für den Morgenstern 84
Der Weg nach Little Bighorn und weiter 86
Geistertanz 90
Wounded Knee 92
Peyote 93

Kapitel 5
Südwesten I: Die Pueblos bleiben erhalten 94
Die Entstehung in Mythos und Wirklichkeit 94
Mogollon 96
Hohokam 161
Von der Anasazikultur zur Pueblokultur 162
Coronado und danach 166
Die Pueblorevolte 167
Die modernen Pueblos 169
Gesellschaftliches Leben 175
Kachinas 176
Der Schlangentanz und anderes 178

Handwerk, Kunst und Hausarbeit 182
System und Einzelwesen 185

Kapitel 6
Südwesten II: Seßhafte und umherschweifende Stämme 187
Die Pimastämme 187
Gesellschaftliches und rituelles Leben 190
Flechtarbeiten 191
Die moderne Welt dringt ein 192
Die mexikanischen Pima 192
Die Yumastämme 193
Die Apachen 196
Räuber und Krieger 199
Die Navajo 201
Internierung 202
Wohnung und Bekleidung 202
Die Navajodecke 204
Silberschmuck 206
Heilende Gesänge 207

Kapitel 7
Das Große Becken: Die lebende Vergangenheit 211
Gesellschaftliches Leben 213
Die Ute als Außenseiter 214
Der Wüstenprophet 215

Kapitel 8
Kalifornien: Das zerbrechliche Paradies 217
Das Beispiel der Yahi 217
Das friedliche Babel 220
Die Eichelesser 221
Das Boot der Chumash 222
Weihe und Tod 223
Zentralkalifornien 224
Die Reichtümer anhäufenden Indianer Nordkaliforniens 225
Die Missionen 227

Kapitel 9
Die aufnahmefähige Plateaukultur 229
Das Plateau – ein Land zwischen Prärie und Nordwestküste 231
Kurze, aber verzweifelte Kriege 233

Kapitel 10
Nordwestküste: Die nordamerikanischen Seefahrer 236
Kunst im Leben an der Küste 238
Bekleidung – ja und nein 239
Häuser 240
Totempfähle und andere Holzarbeiten 242
Sonstiges Handwerk 245
Das Auffüllen der Speisekammer 245
Die gesellschaftliche Hierarchie 247
Der Potlatch 248
Ritual und Drama 251
Der »Chinookjargon« 252
Mit einem Bein in der Vergangenheit 252

Kapitel 11
Die weite Subarktis 254
Das materielle Leben 257
Dekorative Kunst 258
Reisen 260
Das Los der Frau 260
Umgang mit dem Überirdischen 261
Die verschwundenen Beothuk 262
Die Pelzhändler 262

Kapitel 12
Die findigen Eskimo 265
Ureskimo, Eskimo und Aleüten 266
Iglus, Zelte und Hütten 267
Warme Kleidung 269
Der Kajak 270
Der Umiak 273
Der Komatik 273
Der Nahrungserwerb 274
Werkzeuge und Spielsachen 275
Erholung 276
Gesellschaftliches Leben und der Tod 277

Kapitel 13
Der Indianer entdeckt sich selbst 280

Anmerkungen 286

Vorwort

Es ist ein aussichtsloser Versuch, in einem kleinen Band wie diesem alles über das ursprüngliche Nordamerika unterbringen zu wollen; vieles muß dabei weggelassen werden. Da es sich um ein illustriertes Buch handelt, habe ich größten Wert auf Sichtbares und Greifbares von Indianern und Eskimo gelegt, d. h. auf Kleidung, Wohnung, Nahrungserwerb, Kampf, Tanz, Verzierung von Gebrauchsgegenständen. Ich bin in die Kompliziertheit der Gesellschaftsstruktur oder die außergewöhnlich reiche Mythologie nicht tiefer eingedrungen. Der Leser, der sich für diese Dinge stärker interessiert, wird unter den Literaturangaben ausführliche Hinweise auf fachspezifische Bücher finden.

Es ist weder möglich noch besonders sinnvoll, eine komplette Aufstellung aller bekannten indianischen Stämme und Unterstämme anzustreben. Aber die Namen derer, auf die im Text, in den Karten oder Abbildungen Bezug genommen wird, erscheinen im Stammesindex zusammen mit einer Auswahl von Stämmen, die an anderer Stelle nicht erwähnt sind. Jede Eintragung im Stammesindex ist verbunden mit einer abgekürzten Angabe des Kulturbereiches und der übergeordneten Sprachgruppe, zu der der Stamm gehörte, sowie (außer für die mexikanischen Bereiche) einer Information über die geschätzte Bevölkerungszahl vor der feindseligen Begegnung mit Europäern. Da die Aufzählung unvollständig ist, ist das Zahlenmaterial nicht repräsentativ für Nordamerika vor dem Eintreffen von Kolumbus. Bei der Angabe von Schätzungen habe ich mich an die Fachleute gehalten, die meinen, es habe sich kaum um mehr als eine Million gehandelt.

Viele Stammesnamen haben zwei oder mehr Schreibvarianten, von denen ich gewöhnlich die einfachste gewählt habe. Als Aussprachehilfe wurde bei einigen weniger bekannten Namen zusätzlich ein Betonungszeichen verwendet, wenn sie das erste Mal vorkommen, z. B. bei Cócopa, Tawákoni. Handelt es sich um französische oder spanische Formen, gehört das Betonungszeichen als fester Bestandteil zum Namen, z. B. bei Nez Percé und Cochimí.

Noch gibt es keine Klassifizierung der nordamerikanischen Sprachen, die generell von allen Sprachwissenschaftlern akzeptiert wird, obwohl man sich bei größeren Sprachgruppen im allgemeinen einig ist. Die Verfahrensweise in meinem Stammesindex scheint mir ein angemessener Kompromiß mit den üblichen Ansichten zu sein, lediglich einige Verwandtschaftsbeziehungen sind hypothetisch.

Die kurze Zusammenfassung der gegenwärtigen Lage im Schlußkapitel will so objektiv und unvoreingenommen wie möglich Tatsachen für sich sprechen lassen, wobei die Auswahl natürlich subjektiv ist.

Geoffrey Turner
Oxford, 1978

Kapitel 1

Der Indianer entdeckt Amerika

Vor langer, langer Zeit gab es nur Wasser. Kein Amerika, keine Indianer. Die Welt war leer und öde. So nahm »Großer Alter Präriewolf« Schlamm, den ihm die Tauchervögel gebracht hatten, und formte die Erde, und er nahm wieder Schlamm und formte Männer. Nach einiger Zeit schuf er auch Frauen, weil ihm die Vögel so geraten hatten (es waren Erpel), und sie waren so gut, daß er den Vögeln weibliche Tiere zugesellte.

So erzählen einige Crowindianer, wenngleich nicht alle Märchenerzähler der Stämme den selben Wortlaut gewählt hätten. Der weiße Mann wußte es natürlich immer besser. In den 30er Jahren des 19. Jahrhunderts verschwendete Lord Kingsborough sein ganzes Vermögen darauf, nachzuweisen, daß die Neue Welt von den verlorenen Stämmen Israels bevölkert worden sei – eine Ansicht, die später von den Mormonen sanktioniert worden ist. Andere Theoretiker haben die Heimat des amerikanischen Indianers in Ägypten, Wales, in außerirdischen Bereichen, den verschwundenen Kontinenten Atlantis und Mu und sogar in Amerika selbst gesucht. Vielleicht ist es eine Ironie, daß die ansonsten unhaltbaren Theorien von Atlantis und Mu einen richtigen Gedanken enthalten: Für die Besiedlungsgeschichte Amerikas ist die Existenz von Land anzunehmen, das heute untergegangen ist. Aber der tatsächlich verschwundene Kontinent liegt nicht unter dem Pazifik oder Atlantik, sondern unter der Beringstraße und der Tschuktschensee. Beringia, das einst eine tausend Meilen weite Landbrücke zwischen Asien und Amerika bildete, wird heute als der Weg anerkannt, auf dem der Mensch kam, um die Neue Welt von Alaska bis Feuerland zu besiedeln. Vor ihm gab es dort Affen, jedoch keine Menschenaffen; von Frühformen des Menschen ist nie eine Spur im weiten Amerika entdeckt worden, so daß der Einwandererstatus nicht angezweifelt werden kann. Die körperlichen Merkmale der Indianer wie der Eskimo weisen auf Asien als das Gebiet, aus dem sie kamen.

Die Frage nach dem Woher der Besiedlung Amerikas ist eng verbunden mit der Frage nach dem Wann. Viele Jahre lang behaupteten konservative amerikanische Wissenschaftler, daß der Mensch zwar in die Neue Welt eingewandert ist, meinten aber, daß dieser Vorgang sich erst in jüngster Zeit vollzogen habe. Sie argumentieren, Alaska und Kanada seien bis vor 8000 Jahren oder noch länger durch eine Eisschicht des letzten Glazial abgeriegelt gewesen. Weil keine menschlichen Überreste (Fossilien) höheren Alters gefunden worden seien (oder die wenigen vorhandenen nicht zählten), müßten die Indianer nach dem letzten Rückgang des Eises eingewandert sein. Sie hätten dann, so glaubte man, zu Fuß die 78 km der im Winter zugefrorenen Beringstraße zurücklegen oder sie im Sommer in einigen einfachen Wasserfahrzeugen überqueren können. Führend in dieser Ansicht war Aleš Hrdlička vom National Museum der Vereinigten Staaten, dessen ernst zu nehmender Zweifel an jeder Entdeckung, die auf ein höheres Alter hingedeutet hätte, wenigstens einen nützlichen Effekt hatte: Er sicherte die wissenschaftliche Überprüfung aller bedeutsamen archäologischen Funde, die die Gegner dieser Ansicht machten.

Die Vergangenheit wird erschlossen

Mit der Zeit wurde Hrdlička beweglicher in seinen Ansichten, und 1926 war der Widerstand gegen die Theorie vom pleistozänen Menschen in Amerika endgültig gebrochen. In der Nähe der Stadt Folsom in New Mexico wurde eine Lagerstätte von Büffelknochen, von der schon Jahre vorher ein Rinderhirte berichtet hatte, vom Museum für Naturgeschichte Colorado ausgegraben. Die Knochen gehörten einer ausgestorbenen Unterart (Bison antiquus figginsi) an, und neben ihnen lagen Teile einer kunstfertig gearbeiteten Geschoßspitze aus Feuerstein. Bald darauf wurden weitere zerbrochene Spitzen gefunden, schließlich eine, die vollständig erhalten war, und man entdeckte sie unter Bedingungen, die keinen Zweifel daran ließen, daß der Eigentümer das Tier, unter dessen Rippen sie lag, damit gejagt hatte. Außerdem fehlten bei den meisten Büffelskeletten die Schwanzwirbel, was nur heißen konnte, daß die Jäger die Felle mitsamt den Schwänzen abgezogen hatten. Die führenden Archäologen der Zeit gaben sich geschlagen. Eine eifrige Suche nach weiteren Belegen für den frühen Menschen begann und zeitigte bald Erfolge.

Die Feuersteinspitzen von Folsom waren von einem besonderen Typ, wie man ihn bisher noch nicht gekannt hatte: blattförmig, an beiden Seiten geschickt retuschiert und auf den Oberflächen auffallend ausgekehlt, ein langer Streifen war auf jeder Fläche abgeschlagen worden.

Man konzentrierte sich auf diese Merkmale und fand mit der Zeit mehr davon. Einiges bereits in Museen Vorhandene wurde neu bestimmt. Auf der Pferderanch von Lindenmeier im Nordosten von Colorado brachten Ausgrabungen vollständige Folsom-Feuersteinspitzen zutage, zusammen mit Knochen von ausgestorbenen Kamelen, Hirschen und Bisons. In der Nähe von Clovis, New Mexico, wurde an einem Beuteplatz eine andere Sorte von gekehlten Spitzen gefunden, länger und schmaler als die von Folsom. Hier waren Mammuts die Jagdbeute gewesen.

Als noch mehr solcher Stätten entdeckt wurden, war klar, daß die Spitzen von Clovis älter als die von Folsom waren; bei Lindenmeier traten beide Arten auf, wobei der Clovistyp tiefer lag. Das meist gekoppelte Auftreten des Clovistyps mit Mammutresten und des Folsomtyps mit dem Bison bestätigten diese Reihenfolge, aber das tatsächliche Alter konnte nur nach Jahrtausenden geschätzt werden. Auf geologischer und

Gekehlte Spitze eines Wurfspießes zwischen den Rippen eines inzwischen ausgestorbenen Bisons, gefunden bei Folsom, New Mexico, im Jahre 1926. Diese Entdeckung bestätigte endgültig die Koexistenz von Menschen und pleistozänen Tieren in Nordamerika

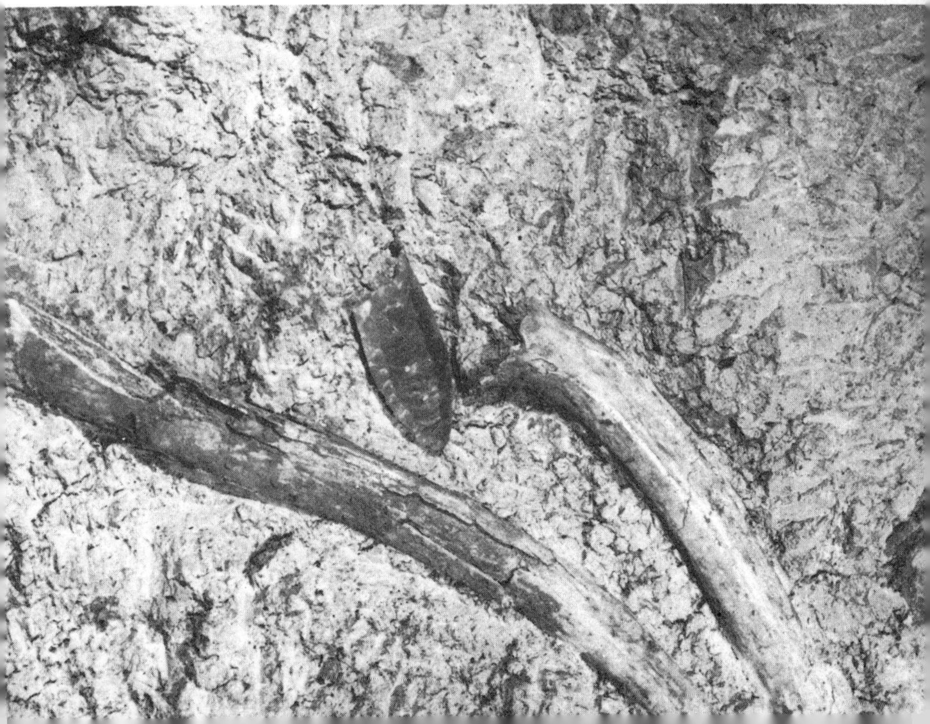

paläontologischer Grundlage wurde ein Zeitraum von 8000 bis 10000 Jahren angenommen, aber einige Wissenschaftler, die sich nicht an den Gedanken eines so frühen Auftretens des Indianers gewöhnen konnten, verfochten die These, daß die großen Tiere des Pleistozäns – die Megafauna – in der Neuen Welt später ausgestorben seien als in der Alten Welt. Noch immer haben wir keine Methode, ein Stück bearbeiteten Feuersteins zu prüfen und sein Alter in Jahren anzugeben (obwohl es bei Obsidian eine gewisse Hoffnung gibt).

1952 wurde jedoch von dem amerikanischen Kernchemiker Dr. W. F. Libby eine Altersbestimmungsmethode gefunden, die von unschätzbarem Wert ist. Es ist die Radiokarbon- oder C-14-Methode. Sie beruht auf der Tatsache, daß von jedem lebenden Gewebe bis zum Moment des Todes ein radioaktives Kohlenstoffisotop aufgenommen wird. Nach dem Absterben wird es in regelmäßigen und meßbaren Raten wieder abgebaut. In der Sprache der Physiker gesprochen, hat es eine Halbwertszeit von 5570 Jahren und wird nach zehn solcher Halbwertszeiten immer inaktiver. Labormessungen des C-14-Zerfalls ermöglichen die Berechnung der Zeit, die seit dem Absterben des Testobjekts vergangen ist. Stücke von Knochen, Holz, Holzkohle von Feuerstätten usw. können auf etwas über 50000 Jahre datiert werden, wobei es möglich ist, die Genauigkeitstoleranz statistisch zu ermitteln. Es gibt auch Abweichungen in der Genauigkeit, weil das Probestück in der Zeit zwischen Ausgrabung und Untersuchung verunreinigt worden sein kann oder weil es zu klein gewesen ist. Aber im allgemeinen gilt dieses Verfahren heute als zuverlässige Methode, das absolute Alter (im Unterschied zum relativen) eines Objekts zu bestimmen. Wie oben schon gesagt, das anorganische Material der Feuersteinwerkzeuge kann nicht datiert werden, aber sehr wohl können es die organischen Überreste. Für die Dazugehörigkeit ist allerdings Beweis zu führen. Insgesamt gesehen, hat die C-14-Methode die vorläufigen Datierungen für die frühen Jäger und ihre Nachfolger eher bestätigt als revidiert.

Bei dem Überblick, den man heute hat, kann man mit Sicherheit sagen, daß die Epoche der Großwildjagd über 5000 Jahre dauerte. Angefangen hat sie vor ungefähr 13000 Jahren (bezogen auf das Jahr 1950) und endete vor etwa 7000 Jahren. Danach änderte sich die Lebensweise. Aber was war vor über 13000 Jahren? Hier sind die Angaben weniger genau, und die Vielzahl der Möglichkeiten ist verwirrend. Viele Hypothesen für weit zurückliegende Altersangaben wurden aufgestellt und konnten einer kritischen Überprüfung nicht standhalten. Aber es bleiben Argumente, die schwer zurückzuweisen sind. Aus dem südlichen Chile haben wir eine C-14-Bestimmung von ungefähr 20000 Jahre alten Knochen ausgestorbener Faultiere, die gemeinsam mit groben Steinwerkzeugen gefunden worden sind. Datierungen von zwei Fundplätzen in Mexiko ergaben das Alter von 23000 und 22000 Jahren. Im Hohen Norden, bei Old Crow Flats am Yukon, wurde ein Schabemesser aus Rentierknochen zuverlässig auf 27000 Jahre datiert. Zweifelsohne warten noch viele Gegenstände auf ihre Entdeckung, nicht nur in Amerika, sondern auch in Nordostasien, wo es logischerweise auch möglich sein müßte, den Arten der Ausrüstung nachzuspüren, weil sie von den ersten Ankömmlingen mitgebracht wurden. Ähnlichkeiten zwischen Werkzeugen von den ältesten amerikanischen Fundplätzen und solchen vom Transbaikalgebiet Sibiriens wurden vermutet. Aber es ist noch wesentlich mehr Studienmaterial nötig, bevor man zu sicheren Schlüssen gelangen kann.

Zumindest sind wir sicher, daß der Mensch vor 30000 Jahren in Amerika existiert und spätestens vor 13000 Jahren erfolgreich den gewaltigen Fleischvorrat der großen Weidetiere des Pleistozäns ausgebeutet hat. Mit dieser Zeitspanne vor unserem geistigen Auge können wir erneut einen Blick auf die Wege und Gebiete seiner Einwanderung werfen.

Die Beringlandbrücke

Die durchschnittliche Tiefe der Beringstraße beträgt heute 40 m. Denkt man sich den Wasserspiegel der Ozeane 50 m abgesenkt, das Wasser in Gletschern und Packeis gebunden, dann erhält man eine Landbrücke von 300 km Breite zwischen Asien und Amerika. Denkt man sich das Wasser noch weiter gesenkt, so daß der Meeresspiegel bis auf über 130 m unter die gegenwärtigen Küstenlinien fällt, hat man den gesamten Kontinentalschelf freigelegt. Wir wissen, daß sich dieser Vorgang in der langen Folge der Eiszeiten des öfteren wiederholte. Damit wurde ein früher Austausch von Pflanzen und Tieren zwischen der Alten und der Neuen Welt ermöglicht. So nahmen amerikanische Pferde und Kamele ihren Weg nach Asien. Der euroasiatische Elefant, der Moschusochse, der Bison und Hirscharten waren unterwegs nach Amerika. Die Geophysiker sind sich weniger einig, als die Archäologen es sich wünschten, was die genaue Zeitdauer der Perioden mit hohem oder niedrigem Meeresspiegel betrifft. Aber man scheint doch darin übereinzustimmen, daß die Kontinente vor etwa 37000 Jahren auf lange Zeit verbunden waren, genau wie es im Zeitraum zwischen 26000 und 11000 Jahren mit möglicherweise zwei späteren kurzen Unterbrechungen der Fall war. Der Mensch hätte in einer dieser Zeitperioden trockenen Fußes einwandern können. Aber wie weit würde er gelangt sein? Das Eis, das das Meer trockenlegte, blockierte wahrscheinlich Kanada 7000 Jahre lang von Küste zu Küste, wenn auch Beringia und Zentralalaska eisfrei blieben. Einige Wissenschaftler haben geglaubt, daß die Paläoindianer, wie wir sie jetzt nennen können, im Norden blieben, bis die Eisflächen zurückgingen und eine lange deutliche Passage nach Süden entlang der Ostseite der Rocky Mountains freigaben. Es häufen sich jedoch inzwischen die Belege, daß sie innerhalb einer Spanne von 5000 Jahren nach Süden in die Mitte des Kontinents hätten ziehen können, bevor die Eisflächen miteinander verschmolzen und den Weg versperrten. Sicher ist, daß bis spätestens vor etwa 5000 Jahren, als die Wisconsin-Eiszeit in ihrem letzten Rückzugsstadium war, der Hauptteil der amerikanischen Indianerbevölkerung schon lange einheimisch geworden war. Nur die Aleütenbewohner, die Eskimo und eventuell die Athapaskenindianer mußten noch ihre Räume einnehmen.

Die Großwildjäger

Wegen einer klaren Vorstellung vom Paläoindianer müssen wir uns stark auf Folgerungen stützen. Als Jäger waren sie bemerkenswert erfolgreich beim Töten, ohne selbst dabei umzukommen. Unter den Haufen von Knochen, mit denen die Jäger das Land übersät hatten, waren kaum Funde menschlicher Skelettreste dieser Zeit. Alle, die man untersuchte, stammen vom rezenten Menschen, zu allgemein klassifiziert als Homo sapiens sapiens. Sie könnten sich im weiten Spielraum der Typen heutiger Indianer wiederfinden. Ihre Schädel sind im Verhältnis zur Breite lang, der Oberkiefer steht im Nasenbereich etwas vor. Wir nehmen an, daß ihre Hautfarbe gelblich bis braun war. Sie hatten dunkles, glattes Haar. Da sie durch den sogenannten Kältegürtel des Hohen Nordens gekommen waren, mußten sie in der Lage sein, sich warme Kleidung aus Tierhäuten herzustellen und sich auf den Gebrauch des Feuers verstehen. Als Schutz und Obdach könnten sie Gestrüpp oder Felle verwendet haben, auch Höhlen oder überhängende Felsen, je nach Vorhandensein. Dieser Schluß ist möglich, obwohl an einer Fundstätte, etwa 8000 Jahre alt, ein Kreis von Pfostenlöchern auf den Anfang soliderer Wohnsitze hinweist.

Stein, Knochen, Geweih und Holz waren das Rohmaterial für Werkzeuge. Behauener Feuerstein und Kieselstein wurden nicht nur zu den schon erwähnten Geschoßspitzen, sondern auch für Messer, Hautschaber, Hacken, Hämmer sowie Grabstichel zur Holzbearbeitung genutzt. Auch Knochen konnten als Geschoßspitzen geschärft werden. Hämmer aus Geweih halfen beim Spalten des Feuersteins.

Als Waffen hatte man Lanze und Speer; letzterer wurde mit einer

Speerschleuder geworfen, die die Azteken und moderne amerikanische Anthropologen atlatl und die australischen Ureinwohner woomera nennen. Sie besteht aus einem kurzen Holzstab, der manchmal beschwert ist mit einem Fingergriff an dem einen Ende und einem Haken an dem anderen. Auf diesem sitzt beim Werfen das hintere Ende des Speeres. Einige Jahrtausende sollten noch vergehen, bis man Pfeil und Bogen besaß.

Es erforderte Mut und sicher auch eine Art sozialer Organisation, mit solch einer Bewaffnung bis zu zehn Tonnen schwere Dickhäuter anzugreifen. Die Tatsache, daß Fangplätze oft in der Nähe früherer Moore gefunden werden, legt die Vermutung nahe, daß die Beute bewußt in den Sumpf getrieben wurde, um ihr Entkommen zu verhindern. Eine andere Möglichkeit wird gewesen sein, das Wild mit dem Speer anzugreifen, wo immer sich die Gelegenheit ergab. Dann verfolgte man das verletzte Tier, bis es durch Blutverlust erschöpft zusammenbrach. Zumindest in einem Fall ist auch bekannt, daß schwere Steine verwendet wurden, um ihm den Garaus zu machen. Gemeinsame Anstrengung ist klar erkennbar, aber die Grundlage, auf der sich Gruppen bildeten, kennen wir nicht. Ebensowenig wissen wir, ob der Paläoindianer irgendwelche Vorstellungen vom Weiterleben nach dem Tode hatte. Es gibt einige Anzeichen gelegentlicher Totenverbrennung. Gefühl für Ästhetik gab es gewiß. Zwar wurde aus dieser Zeit nichts gefunden, was den paläolithischen Höhlenmalereien Westeuropas ähnelt, aber wir kennen gravierte Knochenscheiben, die wahrscheinlich als persönlicher Schmuck benutzt worden sind. Noch augenfälliger ist es bei den gekehlten Klingen von Folsom mit Verfeinerungen der handwerklichen Fertigung, die zur Verwendung als Waffe ohne Bedeutung sind. Der Stolz des Waffenschmieds kann seine Wurzeln zeitlich weit zurückliegen haben.

Nicht nur die drei Mammutarten – das Imperial, das etwas kleinere von Columbia, dann das seltenere wollhaarige Mammut – und das Mastodon dienten den Großwildjägern als Beute. Übergroße Bisons verschiedener Rassen, die jetzt ausgestorben sind, wurden gejagt, gelegentlich auch Kamele, Pferde, Tapire, Antilopen und Bodenfaultiere. Von den zuletzt erwähnten gab es verschiedene Arten unterschiedlicher Größe, vom 2,10 m langen Nothrotherium bis zum ansehnlichen Megatherium von fast 6 m Länge. Ein Kampf mit ihnen dürfte nicht gerade erstrebenswert gewesen sein. Rivalen auf der Suche nach Wild waren für die Jäger die furchtbaren Säbelzahnkatzen, Smilodon, und ein Wolf mit dem Namen dire-wolf (was soviel wie Schreckwolf bedeutet – d. Ü.).

Dann verlief das Leben in Amerika 5000 oder 6000 Jahre lang, also das Dreifache des christlichen Zeitalters, ohne große Veränderungen.

Die Menschen von Clovis, die wir nun Llano nennen müssen, lebten von Mammuts. Vermutlich jagten sie auch kleinere Tiere, denn Mammutfell ist ein sehr schlecht zu bearbeitendes Material. Die Folsommenschen kamen etwas später – aber etwa noch zeitgleich mit den Llano. Sie bevorzugten den Bison, besonders eine große, inzwischen ausgestorbene Art mit langen Hörnern. Parallel mit diesem erschien schon eine neuere Form, B. bison. Der Wechsel vom Mammut zum Bison könnte durch den Rückzug des Mammuts nach Mexiko verursacht worden sein. Nach der Folsomkultur folgte – sich wieder überschneidend – die etwas verwirrend Plano genannte Kultur, die durch lange, ziemlich schmale, schön gearbeitete Speerspitzen ohne Kehlung gekennzeichnet ist. Die folgende Geschichte bezieht sich auf eben diese Planogruppe.

Feuersteinarbeiten aus dem Zeitalter der Großwildjagd mit ungefährer Altersangabe: (von links nach rechts) gekehlte Spitze von Clovis, 13000 Jahre; Spitze von Folsom, 11000 Jahre; Spitze von Eden und Messer von Cody, 7000 Jahre. Das Können der Handwerker zeigt sich – auch über die Jahrtausende hinweg – in der Symmetrie und Ausgeglichenheit dieser frühen Werkzeuge

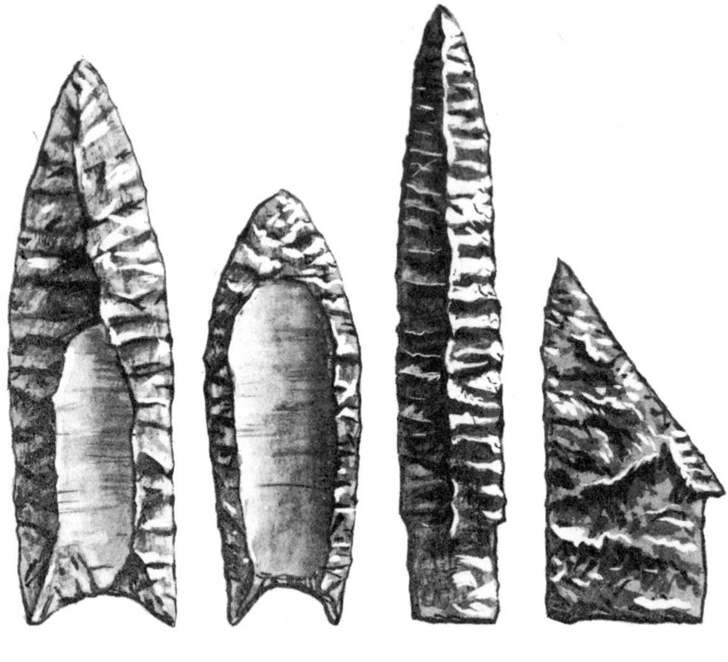

Die Jagd bei Kit Carson

Eines frühen Sommertages trieb in Colorado – in der Nähe jener Gegend, wo etwa 10000 Jahre später die Stadt Kit Carson stehen sollte – eine Gruppe von ungefähr 150 Menschen 200 Bisons nach Süden in die Krümmung eines steilwandigen Arroyo oder Flußbettes und dann über den Rand. Die Tiere, die in panischer Flucht nach Osten oder Westen auszubrechen versuchten, wurden von dort stehenden Männern mit Speeren zurückgejagt. Es kann nicht lange gedauert haben, bis die brüllende, zuckende Masse der Tiere ruhig wurde, der größere Teil zerquetscht und erstickt, die oben liegenden von den Jägern getötet. Dann begann die Verarbeitung. Die toten Tiere, an die man herankam, wurden beiseite gezerrt, enthäutet und in einer überraschend methodischen Abfolge zerlegt: zuerst die Vorderbeine und die »Fleischdecke« unter der Haut, dann das Rückenfleisch, die Rippen, der Beckengürtel und die Hinterbeine, zuletzt Hals und Zunge. Als sie bei den Rippen waren, labten sich die Leute an roher Leber und anderem hochgeschätztem »Abfall«. Am Ende dieses Schlachtens blieben 13 Tiere unberührt am Boden des Arroyo. Ungefähr 3700 kg Fleisch und die Felle waren sichergestellt. Wieviel sofort gegessen und wieviel aufgehoben wurde, können wir nicht sagen. Wahrscheinlich war das zähe Fleisch vom Hals zum Trocknen bestimmt, es wurde später zum Pemmikan zerstoßen.

Dieser besondere Schlachtplatz ist heutzutage nach seinen zwei Entdeckern als Olsen-Chubbuck bekannt. Damit man nicht glaubt, die Angabe einer solchen Menge Einzelheiten sei nach so vielen tausend Jahren unwahrscheinlich, muß erklärt werden, daß sich unberittene Jäger dem Wild gegen den Wind genähert haben müssen. Die Jahreszeit ergibt sich aus dem Vorhandensein von Kälbern. Bei einigen entfernter liegenden Skeletten wurden Speerspitzen gefunden. Die Reihenfolge beim Zerlegen des Fleisches erschließt sich aus der Anordnung der Knochenstapel, die zurückblieben. Die Fleischmenge ist eine einfache Schätzung. Die Interpretation dieser Beweise wird dadurch erhärtet, daß diese Form der Bisonjagd und -verwertung im wesentlichen noch bis vor über einem Jahrhundert unverändert praktiziert wurde. Reisende haben im 19. Jahrhundert alles beschrieben und gezeichnet.

Das Aussterben im Pleistozän

Die Anzahl der Großwildjäger kann wohl nie mehr als einige wenige tausend betragen haben, aber sie verbreiteten sich überall dort, wo das

Wild zu finden war. So verblieben ihre Spuren auf beiden amerikanischen Subkontinenten. Sie waren Zeugen des pleistozänen Aussterbens in der Neuen Welt. Es gibt Grund zu der Annahme, daß sie zumindest teilweise daran schuld gewesen sein mußten. Die genaue Ursache für das Verschwinden der pleistozänen Megafauna und auch vieler kleinerer Tiere ist noch nicht bekannt. Vermutlich führte ein ganzer Komplex von Faktoren dazu, wobei vorrangig ökologische Veränderungen eine Rolle gespielt haben mögen. Dazu gehört das langsame Austrocknen der feuchten nacheiszeitlichen Erde. Aber bei spezialisierten Tieren, die es schwer hatten, ihre Gewohnheiten zu ändern, um zu überleben, könnte die bedenkenlose und oft verschwenderische Jagd durch den Menschen der letzte Anstoß gewesen sein, der zu ihrem Aussterben beitrug. Heute wächst ein Elefantenbaby fast zwei Jahre im Mutterleib, und bis zu zwanzig Jahre vergehen, bis es erwachsen und fortpflanzungsfähig ist. Und immer wird nur ein Junges geboren. Das ist eine beängstigend langsame Wachstumsrate, sobald die Art in Gefahr ist. Bei Mammut und Mastodon kann es ähnlich gewesen sein.

Das Mammut scheint als erstes vor 7000 bis 8000 Jahren aus Nordamerika verschwunden zu sein. Das Mastodon, eine Art, die vorwiegend in Wäldern lebte, hielt sich noch weitere 1000 Jahre in der Osthälfte des Landes, möglicherweise noch viel länger. Die Tapire zogen sich in die Tropen zurück, die Moschusochsen in die Arktis. Der Riesenbison machte der kleineren Art mit gebogenen Hörnern Platz, die wir heute als Büffel kennen. Die Säbelzahntiger, die angepaßt waren, die starken Felle der Dickhäuter aufzuschlitzen, starben mit diesen ebenfalls aus. Nachdem der Mensch sich anzupassen gelernt hatte, wandte er sich anderer Beute zu. Die Faultiere könnten sich selber aus der Fauna hinauskomplimentiert haben, möglicherweise auch die Kamele, aber den Pferden wurde wahrscheinlich von den Jägern mit zum Untergang verholfen. Es ist verlockend, sich vorzustellen, daß die Nachfahren des Frühindianers den Eindringlingen aus der Alten Welt unter weniger ungleichen Bedingungen hätten gegenüberstehen können, wenn sie ein »edles Roß« und nicht nur sein Fleisch schätzengelernt hätten. Kein anderes domestizierbares Tier blieb übrig, um Helfer bei Kommunikation, Transport, intensiver Landwirtschaft und Eroberungen zu werden. Große Staaten, die auf fortgeschrittenen Fertigkeiten aufbauten, sind im Laufe der Zeit in beiden Amerikas entstanden, aber sie sollten sich im Vergleich zu denen in Eurasien als tödlich verwundbar erweisen.

Die indianische Welt nimmt Gestalt an

Das Kalendarium der menschlichen Entwicklung hat keine kleinen Unterteilungen nach Tagen oder Jahren. Das Zeitalter der Großwildjagd des Paläoindianers endete nicht an dem Tage, als das letzte Mammut starb, um am folgenden Morgen durch ein anderes archaisches Stadium abgelöst zu werden. Ein spezifisches Zeitalter folgt einem voraufgegangenen, hat aber seine frühen Anfänge schon tief in diesem liegen. Man sollte nicht denken, daß die Mammut- und Bisonjäger keine anderen Nahrungsquellen kannten. Aber erst, als das größere Wild rar wurde, avancierte die einstige Zusatznahrung zur tatsächlich wichtigsten. Was wir archaische Zeit nennen, ist die Epoche, in der der Indianer lernte, andere Nahrungsquellen voll auszunutzen – Quellen, die auch neue Werkzeuge erforderten, neue Lebensrhythmen und neue Dimensionen seines Erfindungsgeistes verlangten. Während man sich in einigen Gebieten und Epochen damit begnügte, aus der Dürftigkeit einer rauhen Umwelt gerade noch das Beste zu machen, war in anderen der Weg für eine unvergleichlich reichere und komplexere Lebensweise offen.

Jäger werden Sammler

Der Übergang zur Pflanzennahrung, Samen und Nüsse, Früchte und Wurzeln, brachte wesentliche Veränderungen. Samen mußten zerdrückt oder zerrieben, mit Flüssigkeiten gemischt und in undurchlässigen Behältern gekocht werden. So kam es, daß Steinmörser und Stößel sowie der flache Mahlstein, allgemein Metate genannt, im technischen Inventar auftauchen. Unter den frühesten Behältern gab es Körbe, große zum Sammeln der Wildfrüchte und kleinere zum Kochen von Brei. Knochenahlen und Bohrer, die man an allen Lagerplätzen fand, bestätigten die Herstellung von Körben. Das Problem, in einem brennbaren Korb zu kochen, wird nach dem Prinzip unserer modernen Tauchsieder gelöst: Im Feuer erhitzte Steine werden ins Essen gegeben und so lange ausgewechselt, bis es zum Kochen kommt. Im Feuer gesprungene Steine blieben erhalten und bezeugen das hohe Alter dieser Methode. In den sich immer mehr bewaldenden Gegenden des östlichen Nordamerika wurden neue Werkzeuge zum Schneiden und Bearbeiten von Holz aus Stein und Geweih entwickelt: Äxte, Hämmer, Keile und Meißel. Haken und Speerspitzen aus Knochen zeigen die steigende Bedeutung von Fisch, an Flußufern und Meeresküsten wuchsen gleichermaßen die weggeworfenen Molluskenschalen zu Abfallhaufen enormer Größe an.

Im trockenen Westen gibt es weniger Bäume und keine Schalentiere, aber auch hier wurde wie an anderen Orten die Ausrüstung mit Werkzeug weiter spezialisiert und der Ablauf des Jahres nach saisonbedingten Tätigkeiten eingeteilt, wie es das Reifen dieser oder jener Wildfrucht verlangte. Gruppen von Menschen begannen, in von ihnen ausgewählten Gegenden zu wohnen. Sie zogen von einem Jagd- bzw. Sammelgebiet zum anderen, wie es für sie günstig war. Wild blieb noch wichtig (und wird es im Laufe der Geschichte bleiben), stand aber bald nicht mehr an erster Stelle. Hirsche wurden im Osten gejagt, die Gabelantilope mit gezackten Hörnern und das Bergschaf im Westen, der Büffel in dem Gebiet der Rocky Mountains bis fast zur Antlantikküste. Aber auch Vögel und viele Kleintiere wurden nicht verschmäht. In Wüstengegenden ergänzten kleine Reptilien und Insektenlarven die Ernährung, die vorwiegend aus Kaninchen und Beutelratten bestand. Zwischen den Rocky Mountains und den Coast Ranges liegt das Große Becken. Hier veränderten sich die Umweltbedingungen im Verlaufe von 10000 Jahren kaum. Nicht so in anderen Gebieten. Das Maß der Wandlungen variiert von Ort zu Ort: Man erkennt sie an den Retuschen eines Feuersteins, an der Gestaltung der Speerschleudern, an der Vorliebe für diese oder jene Form des Wohnens oder der Nahrungsmittelbevorratung. Es sind zu viele, um sie aufzuzählen, und noch kennen wir nicht alle.

Dieses Buch handelt zumindest in erster Linie nicht von Archäologie. Aber die eigene unverfälschte Kultur des Indianers, seine Lebensweise, ist bereits Vergangenheit. Einige seiner bemerkenswertesten kulturellen Errungenschaften waren bereits wieder verschwunden, bevor die Neue Welt durch die Alte gewaltsam erobert wurde. Sie zu übergehen hieße etwa dasselbe, wie den Einfluß von Griechenland und Rom auf den europäischen Menschen unter den Bedingungen des frühen Mittelalters zu leugnen. Es ist genug darüber gesagt worden, wie weit die Ursprünge des Indianers in Amerika zurückreichen, und es wurde etwas von der Tradition angedeutet, auf der er aufbauen sollte.

»Neue« Geschichte beginnt

An diesem Punkt angekommen, werden wir einige Jahrtausende an uns vorüberziehen lassen. Wir halten nur inne, um festzustellen, daß die Festlandbrücke Beringia lange untergegangen ist und die 90 km breite Beringstraße zurückgelassen hat, daß sich eine neue Bevölkerung von Walfängern und Seehundjägern – mit ungeklärten Beziehungen zu den Großwildjägern – überall längs der arktischen Küste von Alaska bis

Labrador und Grönland verbreitet hat. Diesem Eskimo werden wir am Ende dieses Buches begegnen, wie es Spätankömmlingen zukommt. Zuerst werden wir die Nachfahren der alten Siedler im Auge behalten. Wir wollen die Ergebnisse eines unterschiedlichen Wachstums in Tausenden von Jahren betrachten, was die Bevölkerungszahl und was die geistigen Errungenschaften betrifft, und wir werden dabei eine ungeahnte Differenzierung entdecken. Das ursprüngliche Amerika ist ein Land, für das es sehr wenige Verallgemeinerungen gibt. Man kann nicht einfach sagen, daß die Indianer die Friedenspfeife rauchten, daß sie ihre Abstammung von ihren Müttern herleiteten, daß sie Birkenrindenkanus benutzten, daß sie in Tipis aus Tierhäuten wohnten und ihre Feinde skalpierten. Einige Indianer taten all diese Dinge, andere wieder rauchten Zigaretten oder kauten Tabak, leiteten sich von der Familie des Vaters her, paddelten in Booten, die aus mit Häuten überzogenem Weidengeflecht bestanden, oder auf zusammengebündeltem Schilfrohr umher, wohnten in mehrstöckigen Steinhäusern oder nahmen ganze Köpfe als Siegertrophäen. Ebensowenig kann man von einer indianischen Sprache reden; bis zur Zeit von Kolumbus gab es mehr als 500 Indianersprachen nördlich von Mexiko, abgeleitet aus einem Dutzend ursprünglicher Sprachfamilien, deren Herkunft, Entstehung und Geschichte noch im Schleier des Dunkels gehüllt liegt.

»Nördlich von Mexiko« wird deswegen gesagt, weil es sich hier um ein Buch über Menschen handelt, die dort lebten. Aber ist diese berühmte Grenze auch natürlich? In frühester Zeit dürfte diese Linie wohl kaum zu merken gewesen sein. Unterschiede in Sprache und Lebensweise wären einem eher bewußt geworden, wenn man diese Linie entlang von Ost nach West gereist wäre. Sie von Norden nach Süden überschreitend, hätte man nur geringste Veränderungen angetroffen. Natürlich hätten sich diese geringen Veränderungen zu gravierenden Unterschieden ausgeweitet, wenn man weit genug nach Süden gegangen wäre und auch zeitlich später begonnen hätte. Wir denken an die großen Stadtstaaten, ihre komplexe gesellschaftliche und religiöse Ordnung, die Steintempel und gewaltigen Pyramiden, die künstlerische Pracht und die fast zwanghaft erscheinende Opferbereitschaft – Höhepunkte der altmexikanischen Zivilisation. Das war nicht immer so. Der Mensch, der sich seinen Weg nach Süden bahnte, jagte im Tal von Mexiko ebenso Mammuts, wie er es weiter nördlich getan hatte. Ein Jäger war sogar bei Tepexpán unter einem Strom von Lava begraben worden, sehr zur Verwirrung der Archäologen. Die Entdeckung wirklicher Mammutreste mit Wurfspießspitzen beim nahen Santa Isabel Iztapán hat inzwischen aus dem ersten Fund ein glaubwürdiges Fossil gemacht. Auch hier war das Sammeln von Samen eine Ergänzung, und dann kam die Zeit, als die Bedeutung der Jagd als wichtigere Nahrungsquelle zurückging. Und es war hier in Mexiko, wo diese größere Umwälzung begann.

Mais kommt auf

Irgendwo begannen Frauen, die Nahrung von Wildpflanzen sammelten, einen Teil der Ernte in die Erde zu stecken, damit er wachse und gedeihe. Die erste aller amerikanischen kultivierten Pflanzen könnte eine Art kleiner Kürbisse gewesen sein. Bohnen kamen ebenfalls zeitig auf, genau wie der Amarant (Fuchsschwanz) mit seinem reichlichen Ertrag an winzigen Samen. Annähernd zur selben Zeit, vielleicht vor 7000 oder 8000 Jahren, begann eine andere Pflanze ihren komplizierten Weg der Kultivierung: Zea mays – der Mais. Zuerst erschien er vielleicht als natürlicher Hybride, durchlief eine Reihe von natürlichen und später beabsichtigten Kreuzungen und Rückkreuzungen, die seine Kolbengröße und seine Anpassungsfähigkeit an unterschiedliche klimatische Bedingungen immer weiter verbesserten. Mit der Zeit wurde er zum Prüfstein der bedeutenden amerikanischen Kulturen und stand an erster Stelle unter den Kulturpflanzen, die die Neue Welt der Alten Welt gab. Eine Auswahl aus einer langen Liste sind: Kartoffel (Solanum), Tomate, Tabak und Kakao. Keine davon war außerhalb der beiden Amerikas vor dem Jahre 1492 bekannt. Und auch der verwirrende Fall der Süßkartoffel (Ipomoea), die anscheinend auch außerhalb bekannt war, widerlegt nicht den Anspruch des Indianers, unabhängig von der übrigen Welt seine eigene Landwirtschaft entwickelt zu haben.

So alt, wie die Idee der Kultivierung auch ist, mußten doch erst einige tausend Jahre vergehen, bis sie die Existenzgrundlage verschiedener indianischer Gruppen bestimmen konnte, und das auch nur in geeigneten Gegenden. Mit den wichtigen drei Nutzpflanzen Mais, Bohne und Kürbis war es nicht mehr notwendig, ständig des Wildes und der Wildfrüchte wegen unterwegs zu sein. Dauerhafte Unterkünfte und größere Gemeinschaften wurden üblich, was wiederum eine kompliziertere gesellschaftliche Organisation erforderte. Da war auch zu sichern, daß die geheimnisvollen Kräfte, die das Erntewachstum überwachten, indem sie in rechtem Maße Regen und Wärme spendeten, durch angemessene Riten und Opferungen in günstiger Stimmung gehalten wurden. Mehr und differenziertere Werkzeuge und Geräte wurden gebraucht, man hatte mehr Zeit, sie zu verzieren. Das erfolgte in künstlerischen Stilarten, die jeweils ihren lokalen Stempel trugen.

Um ungefähr 1750 v. u. Z. hatte sich ein unumkehrbarer kultureller Aufschwung an der Golfküste, der Heimat der Olmeken, angebahnt, der die Grundlage der mexikanischen Zivilisation bilden sollte. Er nahm später noch an Größe und Brillanz zu und umschloß dann auch die Mayas, Tolteken, Zapoteken, Mixteken, Huasteken und Azteken, bis die spanische Conquista ihn gewaltsam beendete. Vereinzelte Strahlen seines Glanzes reichten bis weit nach Norden, in die Wüsten Arizonas und die Wälder um den Mississippi. Wir wollen nun zurückgehen und versuchen, ihn zu rekonstruieren. Beginnen werden wir damit in den Wäldern des Südostens.

Kapitel 2

Südöstliche Woodlands: Mounds und Monarchen

Wir verließen Nordamerika in dem Stadium, das die Archäologen als »archaisch« bezeichnen – ein Stadium, das durch eine aus der Not geborene große Bereitschaft gekennzeichnet ist, mit neuen Nahrungs- und Ausrüstungsquellen zu experimentieren und bei der Nutzbarmachung all dessen, was die Umwelt zu bieten hatte, immer wirksamer zu werden. In dem riesigen Gebiet des östlichen Nordamerika, das wir die »Woodlands« nennen, gab es viele Möglichkeiten. Da waren Hirsche in Fallen zu fangen oder mit dem Wurfspieß (später mit Pfeilen) zu töten, kleinerem Wild und Vögeln mit Schlingen nachzustellen, Fisch mit Haken zu angeln oder in Fischwehren zu erbeuten und Süßwassermuscheln an Flüssen und Seen sowie Venusmuscheln zu Tausenden an der Meeresküste zu sammeln. Das Pflanzenreich bot Früchte, Samen, Nüsse und süßen Baumsaft als Nahrung, Fasern für Tauwerk und Korbwaren, Rinde und Holz für Unterkünfte, Wasserfahrzeuge und Behälter. Für Geräte standen weiterhin Stein, Muschelschalen und Horn zur Verfügung. Am Südufer des Oberen Sees fanden die Menschen eine neue Sorte von geschmeidigem »Stein«, den man durch Hämmern zu nützlichen Gegenständen verformen konnte. Wenn er durch zu starkes Schmieden brüchig wurde, konnte seine Elastizität durch Erhitzen im Feuer wieder hergestellt werden. Das war das gediegene Kupfer. Es wurde schon sehr früh, nämlich ab etwa 5000 v. u. Z., abgebaut und, wie wir noch sehen werden, bedeutsam für den Osten und den mittleren Westen. Aber der wichtige Unterschied zwischen Metall und Stein wurde nördlich von Mexiko nicht vollständig erfaßt. Die Möglichkeit des Ausglühens entdeckte man zwar, die echte Metallurgie jedoch nicht.

Das Leben kann nie besonders leicht oder gesichert gewesen sein, aber es scheint doch, daß die Menschen mit der Natur ins Gleichgewicht kamen. Zeigte die Natur Unterschiede von einer Gegend zur anderen, kamen auch die ansässigen Menschengruppen notwendigerweise in ihren

Aktivitäten zu Differenzierungen, und als Folge davon ihr Aussehen, ihre Sitten und Sprachgewohnheiten.

Obwohl solche Gruppen – und wir können jetzt beginnen, von Stämmen zu sprechen – sich mehr oder weniger innerhalb fester Grenzen aufhielten und ihre Individualität entwickelten, lebten sie nicht in völliger Isolation. Eine der Überraschungen amerikanischer Archäologie ist der Beweis eines weit verbreiteten Tauschhandels mit materiellen Objekten in sehr früher Zeit. Das Kupfer vom Oberen See fand seinen Weg an die Meeresküsten; Seemuscheln wurden ins Landesinnere gebracht. Möglicherweise bereisten einzelne Händler mit ihren Artikeln weite Gebiete, aber es ist eher anzunehmen, daß diese Dinge anfangs mit den Nachbarstämmen getauscht wurden. Ähnlich breiteten sich Ideen von ihrer Quelle in einer Art kultureller Förderkette weiter aus.

Die Wirkung dieses Prozesses bestand darin, daß sich eine einheitliche Lebensweise – in archäologischen Begriffen eine Kultur – auf eine große Anzahl von Gruppen ausweiten konnte. Das geschah, obwohl sie ihre Sprachen wechselseitig nicht verstanden und ihre Kontakte gleichermaßen kriegerisch wie auch kooperativ sein konnten. Zwei solche klar definierte Kulturen beginnen sich um 3000 v.u.Z. herauszubilden: unterhalb der Großen Seen die Old Copperkultur und in Neuengland und den kanadischen Küstengebieten die Red-Paintkultur. Jahrtausendelang bearbeiteten die Schmiede von Old Copper die Metallklingen mit ihren Hämmern, ohne daß damit Nordamerika völlig aus der Steinzeit herausgeführt worden wäre. Und für eine ähnliche Zeitstrecke zerrieben die Red-Paint-Menschen Hämatit, um die Innenwände der Gräber und vermutlich auch die Verstorbenen mit der Farbe von Blut und Leben zu bemalen. Schön gearbeitete Werkzeuge aus Schiefer, Quarz, Knochen und Horn wurden den Toten beigegeben. Vieles davon war offensichtlich für keinen anderen Zweck hergestellt worden. Hier sehen wir eine frühe Äußerung der Beschäftigung mit dem Phänomen Tod, das bei diesen primitiven Menschen ebenso wie auch bei späteren so große Bedeutung für ihr Leben hatte.

Adena – Hopewell, die Tradition der Begräbnismounds

Ein wenig westlich vom Red-Paint-Gebiet, vom südlichen Ontario bis hinunter nach Michigan, begannen die Menschen, ihre Toten in eiszeitlichen Geschiebehügeln zu bestatten, kleine Hügel, die nach Abtauen der Eisschicht zurückblieben. Wenn es nicht genügend natürliche gab, wurden künstliche Erdhügel errichtet.

In Ohio hatte eine andere Menschengruppe seit ungefähr 2000 v. u. Z. ihre Bestattungspraktiken herausgebildet, indem sie vom Norden nicht nur die Sitte übernahmen, den Toten mit rotem Ocker zu bemalen, sondern ihre Ton- oder Holzgrabmäler ebenfalls unter Hügeln anlegten. Diese Mounds waren alle künstlich angelegt, die Erde Korb um Korb herbeigeschleppt worden. Die Benutzung der Eiszeitgeschiebehügel war vielleicht nur eine Arbeitsersparnis, als sie versuchten, es ihnen gleichzutun.

Begräbnismounds waren nicht die einzigen Erdarbeiten, die von diesen Ohio-Menschen ausgeführt wurden. Wir nennen sie Adena. Der Name geht zurück auf die heutige Stadt in der Nähe einer ihrer wichtigsten Siedlungsplätze. Das Land von Adena ist reich an großen Einfriedungen, kreisförmigen und eckigen, bis zu 90 m im Durchmesser großen. Einige umfassen Bestattungsmounds, andere nicht, aber alle sind heute allgemein unter der Bezeichnung »Heilige Kreise« bekannt. Die Adenareligion ist ein fesselndes Thema, zu dem ein riesiger Siedlungsplatz in Louisiana mit dem ungewöhnlichen Namen Poverty Point einen Schlüssel liefert. Poverty Point mit seinen sechs ineinanderliegenden achteckigen Wällen, fast 2 m hoch und an der breitesten Stelle über 360 m im Durchmesser, paßt

Ein Haus der Adenazeit aus Flechtwerk und mit Strohdach (Rekonstruktion). Die Vorderansicht ist offengelassen worden, um die zentrale Feuerstelle zu zeigen

nicht ganz zu Nordamerika. Viel von dem, was man hier fand, könnte als Heimat das Land der Olmeken bei Vera Cruz haben. Hier handelt es sich möglicherweise um eine Ausstrahlung des gewaltigen Wachstums der mexikanischen Kultur, deren Grundlage die Landwirtschaft war. Sie sollte das Schicksal der Woodlands mitbestimmen. Wie diese Anregung hierherkam, dafür haben wir noch keine schlüssigen Beweise.

Die Leute von Adena wurden natürlich nicht etwa über Nacht Mexikaner. Sie übernahmen und veränderten die Mounds, sie bauten Kürbisse, Sonnenblumen und andere Kulturpflanzen an, waren davon aber nie völlig abhängig, denn sie nutzten noch Wildfrüchte, die es im Überfluß gab. Sie übernahmen den Tabak und rauchten ihn in röhrenförmigen Pfeifen. Sie produzierten einfache Tonkrüge und Schüsseln mit gerundetem oder spitzem Boden. Ihre Behausungen waren rund und mit nach außen geneigten Wänden aus Flechtwerk angelegt, die hohen Dächer bestanden aus Stroh oder Matten. Anscheinend haben sie sich tätowiert, trugen Flußmuschelperlen und polierte Halsanhänger aus Stein und Kupfer. Sie fertigten Webearbeiten aus Pflanzenfasern an. Ganz anders als die Red-Paint-Menschen legten sie keinen großen Wert darauf, ihre Toten mit auserwählten Grabbeigaben zu bestatten. Sie schenkten – wieder ganz anders als diese – nicht allen Verstorbenen die gleiche Aufmerksamkeit. Der unterschiedliche Grad an Prunk, der bei Adenabegräbnissen aufgewendet wurde, zeigt den Beginn einer sozialen Differenzierung in den Woodlands. Und sie sollte dort bis in historische Zeiten andauern.

Bis ungefähr um 200 (d. h., als Britannien von den Römern besetzt war) war der Höhepunkt der Adenakultur überschritten, und eine andere, neue, aber nicht unähnliche sollte sie ablösen. Wir nennen sie Hopewell, wieder nach einem Siedlungsplatz in Ohio, und sie scheint sich nicht durch irgendeine Art kriegerischer Eroberung ausgebreitet zu haben. Offenbar von Illinois stammend, überschwemmte die Hopewellkultur das Land von Adena und noch weiter darüber hinaus. Genau wie bei Adena müssen Einzelheiten des Alltagslebens weitgehend geschlußfolgert werden: Jagen, Fischen, Sammeln von Wildfrüchten, eine Zunahme der Bodenkultivierung mit minimalem Vorkommen von Mais. Was Hopewell wirklich bemerkenswert macht, ist seine besondere Vorliebe für Kulthandlungen, als deren Ergebnis immer mehr und größere Begräbnismounds entstanden, und eine Kunst der Plastik, die nirgendwo auf dem nordamerikanischen Kontinent übertroffen wurde.

Die Mounds konnten bis zu 12 m hoch sein und eine oder mehrere Grabstätten enthalten. Dabei nehmen wir an, daß einige der Toten geopfert worden waren. Die Mounds wurden in zwei Stufen gebaut. Ihre

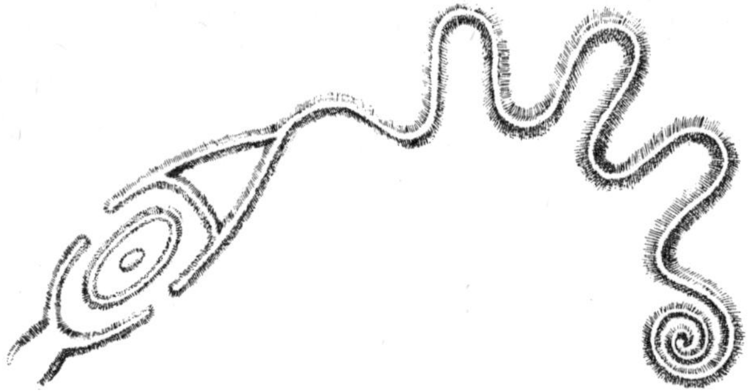

Der Schlangenmound in Ohio aus der Vogelperspektive. Die Anlage ist von den Kiefern bis zum Schwanz etwa 400 m lang, 4,50 m bis 6,00 m im Querschnitt und bis zu 1,20 m hoch. Es wird angenommen, daß es sich um ein Werk der Menschen von Adena-Hopewell handelt

extreme Größe beweist, daß eine herrschende Schicht mit priesterlicher Autorität vorhanden war, die die für den Bau nötigen Arbeitskräfte befehligte. Ein bemerkenswertes Zeugnis für ihre Fertigkeit und ihr Organisationstalent ist der große Schlangenmound. Er befindet sich bei den Resten des einst dichtbesiedelten Hopewellsiedlungsplatzes, jetzt Mound City, Ohio, genannt. Die Anlage windet sich als Schlange 405 m einen natürlichen Höhenrücken entlang, ihr Schwanzende ist eng aufgewickelt, ihre Kiefer schließen sich um einen kleinen kegelförmigen Mound. Er entstand wahrscheinlich kurz nach der Zeitenwende und ist nicht typisch Hopewell. Die Abbildung zeigt den Umriß der Schlange aus der Vogelperspektive. Es ist ein fesselnder Gedanke, daß kein Indianer sie je so sah.

Die Kunst der Mounderbauer

Parallel zu ihrem entwickelten rituellen und gesellschaftlichen Leben unterhielten die Menschen von Hopewell ein weitverzweigtes Handelssystem, das ihnen Rohmaterial für ihr künstlerisches Handwerk lieferte. Obsidian aus dem Felsengebirge, von der Golfküste Muschelschalen, Kupfer von den Großen Seen, Glimmer aus den Appalachen, Pfeifenstein aus Minnesota und sogar etwas Silber aus Kanada wurden zu Werkzeugen und Schmuckgegenständen von hohem künstlerischem Wert verarbeitet. In Scheiben von Glimmer schnitten sie Silhouetten von natürlichen und abstrakten Formen einschließlich Menschenköpfen und Vogelklauen. Kupfer wurde in dünne Scheiben gehämmert und ähnlich behandelt, oder man machte daraus Äxte, Ahlen, Angelhaken und Schmuck für die Ohren. Im Modellieren von Tonfigürchen und Schnitzen von steinernen Tabakpfeifen übertrafen die Künstler von Hopewell alle übrigen. Besonders die Pfeifen mit Darstellungen von Vögeln, Kröten oder Säugetieren, die als Vollplastiken geschnitten sind und auf einer rechteckigen Plattform stehen, zeigen eine Naturtreue und Feinheit in der Bearbeitung, die ihnen dauerhafte Anerkennung brachten. Sie beweisen auch die Existenz einer Gruppe von hochtalentierten Spezialisten, wie sie nur in Gesellschaften heranwachsen, in denen bei der Sorge um die Nahrung nicht mehr die Mitarbeit jedes einzelnen erforderlich ist.

Die kleinen Figürchen verraten uns, wie die Menschen etwa aussahen: Die Frauen trugen gegürtete Röcke und waren mit weiten Armreifen behängt, ihre Babys waren nackt, die Männer mit Lendenschurz, Brustschmuck und teilweise geschorenen Scheiteln ausgestattet.

Mississippi, die Tradition der Tempelmounds

Die Hopewellkultur setzte später ein als die von Adena und breitete ihren Einfluß von New York bis zum Golf von Mexiko aus, auch in westliche Richtung bis zum Missouri. Bis 550 stand sie noch in Blüte. Erst zur Zeit des europäischen Mittelalters schwand die kulturelle Schöpferkraft in den östlichen Woodlands. Um 700 wurde dann eine andere, stärkere Anregung aus Mexiko spürbar. Sie könnte mit mexikanischen Händlern, den Pochteca, gekommen sein, die neue Ideen genauso wie ihre Waren mitbrachten. Eine der Neuheiten war die andere Verwendung der Mounds – nicht mehr als Grabstätte, sondern als Basis für Tempel. Eine neue, größere Kultur entwickelte sich, die bis in historische Zeiten dauern sollte, auch wenn ihr Höhepunkt überschritten war. Ihr Zentrum lag an den fruchtbaren Ufern des Mississippi, und nach ihm wird sie benannt.

Die Fruchtbarkeit war wichtig, denn hier herrschte eine Lebensweise, die in hohem Maße auf dem Maisanbau beruhte; das einzige Ackergerät war die Hacke mit dem Feuersteinblatt. Die wachsende Nahrungsproduktion ermöglichte auch immer größere Konzentrationen von Menschen. So finden wir regelrechte Städte mit strohgedeckten Weidengeflechthäusern, die dicht um religiöse Zentren gruppiert sind. Hier handelt es sich um Pyramiden, auf denen Tempel stehen. Das ist das mexikanische Muster, aber während man im weit entfernten Teotihuacan die Mounds und Tempel aus Stein baute, sind die Mississippimounds ganz aus Erde

Der große Mound bei East St. Louis, Illinois, bildete einst das Zentrum von Cahokia, einer Stadt der Mississippikultur aus dem 12. Jahrhundert mit wahrscheinlich 30000 Einwohnern. Dieser Mound hat eine Fläche von 6,4 ha, ist bis zu 30 m hoch und besteht aus Erdmassen, die ohne technische Hilfsmittel aufgehäuft wurden

und die Tempel einfache einstöckige Bauten aus Pfosten mit Strohdach. Genau wie in Mexiko waren die Mounds oder Pyramiden rechteckig mit steil geneigten Seitenflächen und einer Treppe (hier aus Erde oder Baumstämmen), die auf die flache Plattform führte. Höhe und Grundfläche waren ganz unterschiedlich; die zeitweilige Erneuerung der Tempel geschah vorrangig durch das Aufbringen einer dicken neuen Schicht auf die gesamte Pyramidenoberfläche. Kleinere Erhöhungen wurden für die Häuser der Häuptlinge und Vornehmen gebaut. Für sie wurden außerdem Begräbnismounds in der Art von Hopewell errichtet.

Die größte Ansiedlung – besser schon Stadt – dieser Kultur, die bis jetzt entdeckt wurde, liegt gleich vor den Toren von St. Louis, Missouri, und wird Cahokia genannt. In ihrem Zentrum steht eine riesige Pyramide mit einer Grundfläche von 64000 m^2 und einer Höhe von 30 m. Ihr Rauminhalt ist auf 616000 m^3 geschätzt worden. Andere kleinere Pyramiden und Plattformen gruppieren sich um sie herum auf einer großen Plaza. Sie ist von einem Damm abgeschlossen, der einst noch einen Palisadenzaun trug. Die Bevölkerung von Cahokia um 1200, dem Höhepunkt der Stadt, wird auf 30000 Personen geschätzt. Viele andere dichtbevölkerte Zentren gab es ebenfalls – vom Süden Floridas bis nach Oklahoma.

Die Kunst von Mississippi ist sehr eindrucksvoll, wenn sie nicht gar dem Besten von Hopewell gleichkommt. Getriebene Arbeiten aus Kupferplatten und Gravierungen bzw. sogar Ätzungen auf Muschelschalen ragen heraus. Die Motive zeigen Adler und Geier, Federschlangen, Totenköpfe und rituell geschmückte Krieger und Priester, die zu springen oder zu fliegen scheinen. Alles geht möglicherweise auf mexikanische Anregungen zurück. Ein großer Teil der Motive beschäftigt sich mit dem Tode. Das Vorhandensein bestimmter Symbole – beliebt ist das sogenannte »Weinende Auge« – verrät die Ausbreitung des Gedankengutes von Mississippi über den Süden bis hinauf in den Norden. Archäologen bezeichnen die Religion, die in diesen Symbolen zum Ausdruck kommt, als den »Totenkult«, »Bussard- (desgl. Geier-)kult« oder einfach den »Südlichen Kult« (Southern Cult). Plastisch gestaltete Tabakpfeifen werden noch immer hergestellt, eine berühmt gewordene zeigt einen bewaffneten Krieger, der sein Opfer enthauptet. Aber die bemerkenswerteste Kunst von Mississippi ist die Keramik. Schalen, Flaschen und Krüge werden in großem Formenreichtum produziert, sogar in Gestalt von Fröschen oder Vögeln. Einige kugelförmige Flaschen mit Hals sind wie siamesische Zwillinge verbunden, und alle stehen auf flachem Unterteil oder auf Füßen. Die Verzierung ist gemalt, graviert oder geprägt, in geometrischen, symbolischen Mustern von unbeirrbarer Genauigkeit.

Der Untergang der Mounderbauer

Wir sagten, daß Cahokia um 1200 seinen Höhepunkt hatte. Als dann weiße Männer in das Gebiet des Mississippi kamen, lagen die großen Erdbauten unbewohnt. Andere Städte wie Moundville in Alabama und Etowah in Georgia waren wohl ebenso vergangen. Überbevölkerung, ungünstige klimatische Bedingungen, innere Zwietracht oder Kriege mögen die Ursachen für den Untergang gewesen sein. Wir kennen die genauen Gründe nicht. Zur Zeit der Mississippikultur war der »weiße Mann« schon im Land. Als Augenzeuge hat er den endgültigen Untergang erlebt und geholfen, ihn zu beschleunigen, denn die von ihm auf dem Kontinent eingeschleppten Seuchen haben die einheimische Bevölkerung ganz drastisch reduziert.

Wir verdanken unsere Kenntnis von der bis hierher dargestellten Geschichte den Archäologen, die ihre Arbeit auf der Basis Tausender winziger Hinweise mit Spaten, Bürste, spitzfindigen Kniffen, klugen

Einfällen und Analogieschlüssen zu historischen Stämmen durchführten. Die Akte über den frühen Menschen ist längst noch nicht komplett. Möglicherweise bleibt noch einmal soviel zu entdecken, wie man bis jetzt schon weiß, oder wichtige Annahmen könnten durch neue Fakten wieder entkräftet werden. Ein ganz großes Fragezeichen steht hinter den prähistorischen Beziehungen, die möglicherweise zwischen der Neuen und der Alten Welt bestanden; aber das ist zu spekulativ. In der weiteren Darstellung werden die Beschreibungen der Indianer der östlichen Woodlands auf Angaben von Menschen beruhen, die sie in Aktion sahen.

Der historische Südosten

Gemeinsame Ernährungsgrundlage im gesamten Gebiet der Woodlands waren das Jagen und Fischen sowie die Landwirtschaft, die zwar wichtig blieb, aber nie dominierende Bedeutung erlangte. Es gab feste Behausungen aus Pfosten, Stroh oder Rinde, manchmal mit Erde verfugt, bewohnt von einer oder mehreren Familien. Die Bewohner trugen einfache Kleidung. Wasserfahrzeuge waren vorhanden. Eine Tendenz zu losen Bindungen zwischen den Stämmen ist zu bemerken. Kriegführung war eine Art Selbstzweck. Die Abweichungen von all diesen Gemeinsamkeiten sind so zahlreich wie die Stämme selber, und es sind – oder waren – tatsächlich sehr viele. Die Anzahl der Stammesmitglieder bewegte sich von ein paar hundert bis zu ein paar Tausenden. Jede Gruppe hatte ihre eigene Sprache oder zumindest ihre Mundart, die nur wenigen oder gar keinem Nachbarn verständlich war. Vier größere Sprachfamilien, ausgehend von zwei Grundstämmen, dominieren in unserem östlichen Gebiet. Es sind Algonkin/Muskogisch und Sioux/Irokesisch. Sprache und Lebensweise haben zwar wenig miteinander zu tun, aber diese Gruppen eignen sich zur Klassifizierung. Ins Zentrum des Muskogischen werden wir zuerst gehen: zu den Natchez.

Die Natchez

Die Natchez wohnten im heutigen Bundesstaat Mississippi und hatten eine Form der alten Mississippikultur bewahrt, die auch noch erhalten war, als Ende des 17. Jahrhunderts die Franzosen kamen. Obwohl an die Größe und Komplexität von Cahokia nicht zu denken war – die Natchez und ihre Nachbarn, die Taënsa, zählten zusammen nicht mehr als 5500 Menschen –, bauten sie noch Tempelmounds und bewahrten ein starres soziales Kastensystem, von dem man einst geglaubt hatte, es sei in Nordamerika fremd.

Äußerlich unterschieden sich die Leute kaum von den anderen südlichen Woodlandbewohnern. Die Grundbekleidung bestand aus dem Lendenschurz: ein Streifen Hirschleder oder Stoff, der zwischen den Beinen hindurchführte und vorn und hinten über einem Gürtel hing. Bei den Frauen war es ein knielanger umgebundener Rock. Mädchen trugen einen kurzen, geflochtenen Schurz mit Fransen, an denen Vogelkrallen hingen, die beim Gehen rasselten. Kinder hatten gar nichts an. Bei kaltem Wetter konnten die Männer zusätzlich Leggings tragen, ohne Gesäßteil und am Gürtel befestigt, dazu ein Hemd in Art eines Ponchos, aus zwei Hirschhäuten bestehend. Darüber kam ein Mantel aus Büffelhaut, mit dem Fell nach außen. Er bestand vielleicht auch aus einem halben Dutzend Biberfellen, die mit Sehnen zusammengenäht waren. Die Frauen trugen ein Stück Fell oder Stoff um den Körper gewickelt, auf einer Seite unter den Arm hindurch geführt, auf der anderen über der Schulter befestigt, und ebenfalls, wenn nötig, einen zusätzlichen Mantel. Eine Besonderheit des Südostens war ein Mantel aus Truthahn- oder Schwanenfedern, die an einem Fasernetz befestigt waren. Männer und Frauen gingen barfuß. Auf langen Reisen trug man weiche Mokassins mit Aufschlägen, die um die Waden gebunden werden konnten. Die Ledergamaschen der Frauen reichten vom Knöchel bis unters Knie.

Wenn auch die Kleidung einfach war, so gab es doch einfallsreiche Körperverzierungen. Eine Konstruktion aus Brettern mit Tonpolsterung, die an den Köpfen von Kleinstkindern angebracht wurde, ließ deren Köpfe hochgewölbt wachsen. Die Ohren beider Geschlechter waren durchbohrt und die Ohrläppchen langgedehnt, um Schmuck aus Muscheln, Stein, Kupfer oder Federn daran zu befestigen. Männer und Frauen hatten gleichermaßen Tätowierungen am Körper, an den Gliedmaßen und im Gesicht. Junge Männer mußten sich eine solche Verzierung verdienen, indem sie einen Feind im Krieg töteten. Erfolgreiche Kämpfer benutzten ihren Körper zur Registrierung ihrer Erfolge. Das Tätowieren geschah durch Einstechen des Musters in die Haut mit einer oder mehreren Knochenahlen oder mit Zähnen des Hornhechtes, das anschließend mit Holzkohle oder Ocker eingefärbt wurde. Weniger dauerhaft, aber häufig angewandt war die Gesichts- oder Körperbemalung. »Kriegsbemalung« wurde für uns zur Klischeevorstellung, das Färben des Körpers erfolgte im Frieden wie im Krieg, hier wie auf dem ganzen Kontinent. Die Farbstoffe waren meist mineralischer Herkunft, d. h. Ocker und Tone, gemischt mit Tierfett. Sie wurden zur Ganzbemalung und auch zur Musterung verwendet. Persönliche Vorliebe, rituelle Regeln oder geträumte Eingebungen bestimmten die Farbe und die Verteilung der Bemalung. Der Schutz gegen Insekten oder die Sonne sind manchmal als Grund für die Körperbemalung angegeben. Aber die eigentliche Motivation unterschied sich wahrscheinlich nicht sehr von der der weiblichen europäischen Gesellschaft, wenn es um das Make-up geht. Eine weniger häufige kosmetische Sitte, die von den Natchez berichtet wird, war das Schwarzfärben der Zähne durch tägliches Einreiben mit einer Mischung von Tabak- und Holzasche.

Als bevorzugtes Medium des erfinderischen Menschen diente in allen Zeiten sein Haar. Die Männer der Natchez schoren es in der Art einer Mönchstonsur, wobei sie einen dünnen Schopf über das linke Ohr hängenließen, eine Strähne von ein paar Haaren verblieb oben in der Mitte des Kopfes, an die Federn geheftet werden konnten. Das Kopfhaar wurde mit einer Klinge aus Schilfrohr oder Muschelschale gestutzt, oder es wurde abgesengt; den Bart zupften sie mit den Schalen der Venusmuschel oder mit Kupferpinzetten aus. Beide Geschlechter entfernten rigoros die Augenbrauen und jegliche Körperbehaarung (die ohnehin nicht stark war), wie es fast alle Indianer in beiden Amerika taten.

Anhänger und Kugeln aus Muschelschalen und Stein, Schnüre von Süßwasserperlen und Armreifen aus Hirschrippenknochen, die dünn poliert und in kochendem Wasser gebogen waren, wurden üblicherweise getragen. Zu festlichen Anlässen trug man Flaumfedern von Vögeln auf dem Kopf. Wie schon erwähnt, banden die Männer Federn ins Haar; ob dieser Putz aber vom persönlichen Geschmack bestimmt war oder, wie in einigen anderen Gebieten, große Taten des Trägers ausweisen sollte, scheint nicht näher untersucht worden zu sein.

Die Größe der Häuser betrug 5 m oder mehr im Quadrat. Ihre niedrigen Wände bestanden aus Balken, Rohr und Lehm, innen und außen waren sie mit gewebten Matten behängt, oben ruhte ein hohes, rundes Dach darauf, das mit Gras gedeckt war. Der Eingang, 60 × 120 cm oder weniger, war die einzige Öffnung. Der Rauch des Feuers zog durch die Dachbedeckung ab. Die einzige Inneneinrichtung bildeten die Betten, die tagsüber auch als Sitzgelegenheit dienten. Sie bestanden aus Schilfmatten auf einem Balkengerüst, das auf vier gegabelten Pfosten stand. Die Schilfmatten in der Größe bis zu 180 × 120 cm wurden beim Flechten mit geometrischen Mustern verziert und galten als wichtige Gebrauchsgegenstände des Alltagslebens. Schilfrohr wurde auch für Korbwaren vieler Art und Größe verwendet. Weichere Textilien, die sich für Kleidung eigneten, webte man aus Fasern von Maulbeerrinde und Nessel, manchmal aus dem Haar von Büffeln oder von Opossums.

Die Töpferwaren der Natchez scheinen hauptsächlich als Gebrauchskeramik gedient zu haben. Wie überall in der Neuen Welt wurden sie ohne Zuhilfenahme einer Töpferscheibe hergestellt.

Sowohl Männer wie Frauen beteiligten sich an der Vorbereitung und Pflege der Maisfelder. Sie beseitigten Gestrüpp mit Holzhacken sowie durch Abbrennen und jäteten Unkraut mit Hacken, bestehend aus den Schulterblättern des Büffels, die mit Griffen versehen waren. Frauen zerstampften mit zweihändigen Stößeln die Körner in Holzmörsern und kochten sie auf verschiedenste Weise. Ein französischer Beobachter berichtete von 42 Rezepten für Maisgerichte. Einige wilde Getreidekörner wurden ebenfalls verwendet, außerdem Früchte, Nüsse und Pilze.

Fischen und Jagen gehörte zu den Aufgaben der Männer. Fische wurden in Netzen gefangen oder mit Bogen und Pfeilen, die mit Schwimmern verbunden waren, geschossen. Weibliche Bären, die als die gefürchtetsten der von ihnen gejagten Tiere galten, spürte man in ihren Lagern in hohlen Bäumen auf und trieb sie mit Feuer heraus. Während sie den Baum herabkletterten, wurde wiederholt auf sie geschossen. An Hirsche konnte sich ein einzelner Jäger heranpirschen, indem er ein Geweih aufsetzte und die Bewegungen seines Jagdwildes nachahmte. Oder bis zu hundert Männer und Burschen umzingelten ein Tier und jagten es bis zur Erschöpfung. An einzelne Büffel pirschte man sich gegen den Wind heran. Das Fleisch wurde gekocht, auf Spießen von frischem Holz geröstet oder auf einem Rost aus Holzstäben, der ungefähr einen Meter über einem niedrigen Feuer auf Pfähle gelegt war, geräuchert. Dieses Röst- oder Trockengestell ist auch auf den Antillen und im nördlichen Südamerika üblich, wo der ursprüngliche Name dafür barbacoa lautet, wir nennen es »Barbecue«.

Wilde Truthähne, Wildenten und gezähmte Hunde gehörten auch zu den Fleischlieferanten. Eine kleine Hundeart, extra für den Kochtopf gezüchtet, wird einigen südlichen Stämmen zugeschrieben. Europäisches Geflügel gelangte zu den Natchez, noch bevor die französischen Reisenden ankamen, offensichtlich stammte es von einem an der Golfküste gestrandeten Schiff, die Eier jedoch aß man nicht.

Feuer entzündete man nach der klassischen Methode des Stockreibens und des Entflammens von Zunder am Reibungspunkt. Außer zum Kochen und Heizen besaß das Feuer eine wichtige Werkzeugfunktion. Durch Abbrennen gewann man die Pflanzungsflächen, zugleich wurde das Roden der Bäume erleichtert. Um ihre berühmten Einbaumboote herzustellen, fällten die Indianer Zypressen oder Pappeln und höhlten die Stämme an der Oberseite mit Feuer aus. Das verkohlte Holz entfernten sie, bis eine Wandstärke von ungefähr 7 cm erreicht war. Feuchter Ton wurde verwendet, um den Verbrennungsvorgang in Grenzen zu halten.

So ein Fahrzeug war bis zu 13 m lang, in der Mitte 1 m breit; es konnte etwa ein Dutzend Leute aufnehmen.

Das Leben eines Natchez scheint nicht allzu schwer gewesen zu sein. Die Kinder wurden nie gezüchtigt, sie erlernten richtiges Verhalten und notwendige Fähigkeiten durch einfache Nachahmung des Erwachsenen. Mädchen erfreuten sich vor der Verheiratung völliger Freiheit. Zufallskinder wurden bei der Geburt getötet oder von den Großeltern adoptiert, ganz wie es die Mutter wollte, ohne daß es eine Schande für sie bedeutete. In gewissem Maße war die Eheschließung von gegenseitiger Wahl bestimmt, auch wenn diese Wahl, wie wir noch sehen werden, ein potentielles Todesurteil für einen der Partner bedeuten konnte. Die Scheidung war für die oberen Schichten leicht herbeizuführen, aber eigentliche Untreue gab es selten.

Als Vergnügen gab es Ratespiele, ferner das Chunkeyspiel. Dabei warf man Stöcke nach einer rollenden Steinscheibe und spielte um hohen Einsatz. Als Vergnügen galt auch eine Abfolge gesellschaftlicher und religiöser Feierlichkeiten. Am Schwimmen hatte man überall viel Freude, dabei wurden Wächter postiert, um Alligatoren in Schach zu halten.

Kriegführung gehörte zum Leben, blieb aber auf heimliche Überfälle beschränkt. Feindliche Dörfer, besonders gern auch einzelne Lager, wurden im Morgengrauen überfallen. Die Opfer wurden mit Keulen erschlagen und skalpiert, einige Frauen und Kinder gefangengenommen. Nach Möglichkeit brachte man zumindest einen lebenden feindlichen Krieger mit. Bei der Feier anläßlich der Heimkehr aus dem Kampf hatten sich die gefangenen Frauen und Kinder lediglich der Unterwerfung zu beugen. Der Krieger wurde entkleidet, skalpiert, mit ausgebreiteten Gliedmaßen an ein Gerüst gebunden und von allen eifrig gemartert. Dabei verhöhnte er seine Quäler, solange Leben in ihm war, und das konnte bis zu drei Tagen und Nächten dauern. Nur wenn ein kürzlich zur Witwe gewordenes Mädchen ihn als Ersatz für ihren Mann wollte, konnte er der Hinrichtung entgehen. Hernando de Sotos Expedition von 1539 fand einen Juan Ortiz, einen schiffbrüchigen Seemann, der auf diese Weise zwölf Jahre zuvor von der Tochter eines Häuptlings dem Tode entrissen worden war, worin sie Pocahontas zuvorkam.

Die Herrschaft der Großen Sonne

Wenn wir von Kleinigkeiten absehen, kann das Geschilderte für das Leben der Indianer im Großteil der südlichen Woodlands zutreffen. Gerade im Bereich der gesellschaftlichen Organisation zeigen die Natchez mehr als irgendein anderer Stamm ihr Erbe aus der Vergangenheit von Hopewell—Mississippi—Mexiko. Hier handelt es sich nicht um irgendeine urgesellschaftliche demokratische Gesellschaft, sondern um ein vollendetes Gebäude gesellschaftlicher Schichten, das beherrscht wird von einem Priesterfürsten, der Macht über Leben und Tod seiner Untertanen hat. Dieser Priesterherrscher, der der Sonne diente, wurde »Große Sonne« genannt, und die Mitglieder der auserwählten Sippe, der er angehörte, waren ebenfalls als »Sonnen« bekannt. Unmittelbar nach den »Sonnen« kamen die »Edlen« und danach die »Hochgeehrten«. Diese drei Gruppen bildeten eine Art Adelsstand; alle übrigen Bewohner zählten zu den Gemeinen, von den Höhergestellten »Stinkende« genannt. Aber dieses System besaß eine eigenartige eingeplante Mobilität. Gemeine konnten Gemeine heiraten, aber alle drei Stufen des Adels mußten Gemeine ehelichen. Die Herkunft wurde nach der weiblichen Linie gezählt, so daß die Kinder von adligen Müttern und von Vätern, die den Reihen der »Stinkenden« entstammten, als adlig geboren galten. Kinder von adligen Vätern und von Müttern aus der Klasse der »Stinkenden« wurden jedoch eine Stufe unter der des Vaters geboren, deswegen konnte der Nachfolger der »Großen Sonne« nie der eigene Sohn sein, sondern vielmehr der Sohn seiner Schwester. Je höher ein Mann an Rang war, um so mehr Frauen nahm er aus der Klasse der Gemeinen. Wie lange sich das System behaupten konnte, ist eine statistische Frage, die noch nicht beantwortet worden ist.

Die »Große Sonne« wurde mit der Ehrerbietung behandelt, die einem göttlichen Herrscher zukam, obwohl ihm ein Rat zur Seite stand. Acht Männer trugen ihn bei festlichen Gelegenheiten in einer Sänfte, damit seine Füße nicht die Erde berühren mußten. Wenn er starb, wurden seine Frauen, Berater und Diener mit einem Tabakabsud betäubt und als Höhepunkt der mehrere Tage dauernden Bestattungsfeierlichkeiten von ihren Verwandten zeremoniell erdrosselt. Eltern, die ihre eigenen Kinder töteten und dem Leichenzug auf den Weg legten, avancierten in einen höheren Rang der gesellschaftlichen Stufenleiter. Das Haus der »Großen Sonne« wurde niedergebrannt, seine Gebeine schließlich in dem auf einem Mound gelegenen Tempel bestattet. Das rituelle Töten fand in geringerem Maße auch beim Tod niederer Adliger statt, wobei zumindest der Ehegatte aus der Schicht der Gemeinen erdrosselt wurde. Normalerweise vollzog es der älteste Sohn.

Außer daß möglicherweise die Natchez die demoralisierte spanische Expedition von de Soto auf ihrem Rückzug 1543 den Mississippi hinunterjagten, hatten sie bis 1682 keinen Kontakt mit Weißen. Danach gab es in zunehmendem Maße enge Berührung mit französischen Händlern und Pflanzern. Sie erfolgte anfangs unter friedlichen Bedingungen. Schließlich und fast gesetzmäßig ergaben sich Reibereien, die zu Mord und Racheaktionen von zunehmender Heftigkeit führten. 1731 endete ein gezielter heftiger Angriff der Franzosen damit, daß eine große Anzahl von Natchez getötet oder in die Sklaverei verkauft wurde. Die Übriggebliebenen verstreuten sich als Flüchtlinge unter die Chickasaw, Cherokee (Cherokesen) und andere Stämme. Eine Handvoll Indianer, die von Natchez zu nennen sind, überlebte in Oklahoma, die Sprache scheint jedoch seit der Mitte unseres Jahrhunderts nun endgültig erloschen zu sein.

So interessant die Natchez in ihrer extremen Entwicklung eines besonderen gesellschaftlichen Systems sind, zählten sie doch keineswegs zu den wichtigsten Völkern des Südostens, weder hinsichtlich der Anzahl noch der von ihnen ausgeübten Macht. Das System der Natchez war in verschiedenen Abwandlungen auch bei ihren Nachbarn vorhanden – den Taënsa, Houma, Tunica, Chitimacha und anderen; sogar im weit entfernten nördlichen Florida wurden die Häuptlinge der Timucua in Sänften getragen. Florida, die Halbinsel, war jedoch von den seeräuberischen Calusa besetzt, deren linguistische Beziehungen noch nicht bestimmt worden sind. Man schildert sie als Kannibalen, die mittels ihrer seetüchtigen Kanus Kontakt mit den Arawak auf Kuba hatten. Vermutlich fanden durch sie gewisse Elemente aus den Antillen und vom Amazonas (wie das Blasrohr und das Fischen mit Gift) den Weg nach Nordamerika.

Nordwärts, längs der atlantischen Küstenebene, zeigte die Lebensweise wenig grundsätzlich anderes. Feldbau, Jagen, Fischen und das Sammeln von Schaltieren hielten sich die Waage. Muskogi-, siouanisch- und irokesischsprachige Völker lebten neben den Algonkin, die alle von Virginia bis Labrador bestehenden Lebensformen übernommen hatten. Hier gab es keine Mounds, keine Opferfeuer, aber die Führungsgruppe trug noch Züge der Monarchie. Als die englischen Kolonisten Powhatan als den »König von Virginia« beschrieben, gingen sie nicht so sehr fehl, obwohl »ein König in Virginia« zutreffender gewesen wäre. Er hatte tatsächlich die Herrschaft über 30 Stämme oder Dörfer, die alle klein waren. Seine Tochter war Pocahontas, La Belle Sauvage, die einen Engländer namens John Smith vor der Hinrichtung gerettet haben soll und einen anderen, John Rolfe, heiratete, der schließlich in Gravesend in England im Jahre 1617 an Pocken starb. Ein wertvoller Bildbericht dieser Küstenstämme, wie sie in den Jahren um 1580 existierten, ist uns im Werk von John White überliefert, das heute im Britischen Museum aufbewahrt ist.

Die Creek (Muskogi) und ihre Nachbarn

Weiter östlich von den Natchez lebten die stärksten muskogischen Stämme, die Creek, Choctaw und Chickasaw, ebenso die irokesischsprachigen Cherokee (Cherokesen). Die Creek, die eine lose Vereinigung von verwandten und fremden Stämmen darstellen, sollen uns als Modell dienen. Ihre Dörfer lagen gewöhnlich an Flußufern (daher die Bezeichnung »Creekindianer«, die von Kolonisten stammt) und waren als Rote und Weiße Dörfer gekennzeichnet. »Weiße Dörfer« waren Friedensdörfer und beschäftigten sich mit Heiligtümern und dem Aufrechterhalten von Bündnissen. »Rote Dörfer« machten die Kriegführung zu ihrer Sache. Die Siedlungen zeigten in ihrer Anlage Anklänge an die Vergangenheit; die Häuser waren um einen großen Platz gruppiert, der wiederum von einer Erdböschung für Zuschauer umgeben war, darin gelegen die Arena für ein Scheibenspiel, für Wettkämpfe im Bogenschießen, geselligen Tanz und die Marterung von Gefangenen; das ist hier sicher in abgeschwächter Form der mexikanische Ballspielplatz. Zwei Gebäude standen normalerweise an einer Seite der Arena. Ein großer, runder Bau mit Wänden aus Lehm diente im Winter als eine Art Ratshütte. Der andere bestand aus vier an der Front offenen Schutzdächern, die im Viereck um einen Innenhof (square) angeordnet waren. Bankreihen für Versammlungen und Feste bildeten die Ausstattung.

Dort gab es keine absoluten Herrscher. Jedes Creekdorf hatte seinen Häuptling, den Mico, dessen Einsetzung zwar auf Lebenszeit galt, dessen Fuktionen aber eher die eines Bürgermeisters als eines Fürsten waren. Ihm zur Seite stand eine Gruppe niederer Beamter, beraten wurde er von angesehenen Alten, »geliebte Männer« genannt. Der Rat trat täglich nach peinlich genauem Zeremoniell zusammen, seine Entscheidungen verkündete ein »Sprecher« oder »Ausrufer«, eine Art von Beamter, den man in vielen Teilen Nordamerikas wiederfindet.

Der Gemeinschaftssinn wurde in jeder Beziehung gefördert. Jede Familie besaß ihr eigenes Feldstück, um dort Mais, Bohnen und Kürbisse anzubauen, aber alle halfen beim Bestellen des »Dorffeldes«; nur zur Erntezeit arbeitete eine Familie in begrenztem Maße auf dem ihr allein zugewiesenen Feld. Alle trugen zu einem gemeinsamen Vorrat bei, der Besuchern, Kriegern und Notleidenden vorbehalten war.

Außer den Verpflichtungen gegenüber der Dorfgemeinschaft bestanden solche, die man seiner Sippe, seiner Gens oder seinem Clan gegenüber hatte. Ein Clan bedeutet hier eine Gruppe von Menschen, die von sich glaubt, in direkter Linie von einem gemeinsamen Vorfahren abzustammen, so daß es Inzest bedeutete, einander zu heiraten. Das algonkinische

Wort Totem ist allgemein verwendet, um den mythischen Vorfahren und Beschützer zu bezeichnen, gewöhnlich ein Tier oder eine Pflanze oder ein personifiziertes Naturphänomen, das meist von den Mitgliedern des Clanes besonders verehrt wurde. Da die Heirat innerhalb des Clans verboten war, entstammten die Eltern folglich zwei verschiedenen. Die Nachkommenschaft erbte die Mitgliedschaft des einen oder des anderen. Wo die Abstammung matrilinear war, d. h. von der Mutter hergeleitet, würde z. B. das Kind eines »Alligator-Vaters« und einer »Fuchs-Mutter« zu den »Füchsen« gehören und an den rituellen Pflichten, Privilegien und Einschränkungen, die diesem Clan eigen sind, teilnehmen. Matrilineare Abstammung war im allgemeinen typisch für Feldbauernstämme und patrilineare, d. h. vom Vater abgeleitete, für Jägerstämme. Aber das Thema ist zu umfangreich, als daß es an dieser Stelle ausführlich behandelt werden könnte.

Höhepunkt des Creekjahres war das vier Tage dauernde Busk, das »Fest des grünen Maises«, im Juli oder August. Alle Feuer wurden ausgelöscht und ein neues von den angesehensten Priestern oder den Medizinmännern entfacht. Alte Kleidung und Haushaltgegenstände verbrannte man und ersetzte sie durch neue. Alle Straftäter, Mörder ausgeschlossen, wurden amnestiert. Die festlichen Mahlzeiten bereitete man aus dem frisch geernteten Mais, der bis dahin tabu war, und aus Hirschfleisch. Und die übernatürlichen Mächte wurden angerufen. Ballspiele, einschließlich der originalen Form von Lacrosse (ein Netzschläger mit langem Griff dient zum Auffangen und Werfen des Balles – d. Ü.), sowie gemeinsames Tanzen bildeten die Festvergnügungen. Für die Männer gab es eine ausgesprochen rituelle Reinigung mit dem »Schwarzen Trunk«, einem Aufguß von Ilex vomitoria und anderen Pflanzen, der umgehend innere Reinigung bewirken sollte und zudem betäubende Wirkung hatte.

Aussiedlung

Die Kriegführung der Creek war ursprünglich auf Überfälle aus Gründen des Ruhms, des Skalpgewinns oder der Rache beschränkt. Choctaw und Cherokee waren die traditionellen Feinde, aber nie gab es einen Vernichtungsfeldzug. Mit dem Eintreffen der europäischen Kolonisten änderte sich das. Die Reduzierung der Stämme von Florida durch die Spanier brachte ein Vakuum mit sich, das die Creek noch vervollständigen halfen, um es dann aufzufüllen. Die Franzosen am Mississippi und die Engländer im Norden und Osten versuchten eifrig, die Stämme im Machtkampf für sich zu gewinnen. Die Cherokee kämpften tatsächlich für beide Seiten, die Creek bevorzugten die Engländer, aber vermieden geschickt größere Feindseligkeiten. Die Kolonie Georgia, die sich allmählich ausdehnte, hatte ihnen viele Handelswaren zu bieten. Die Händler und Pflanzer heirateten in die Familien der Creek und Cherokee ein, und ihre Mischlingssöhne spielten zunehmend eine Rolle in Stammesangelegenheiten. Die führenden Familien erwarben Negersklaven und lebten komfortabel. Nach der amerikanischen Unabhängigkeit begannen sich die Verhältnisse zu verschlechtern. Erzwungene Landkäufe wurden nach dem offenen Krieg 1813/14 durch Konfiskation großer Teile der Stammesländereien abgelöst. Um 1811 verließen Teile der Cherokee ihr Land und ließen sich jenseits des Mississippi nieder, wo einige Chickasaw und Choctaw bereits hingezogen waren. Zehn Jahre später mußten sich die ersten Creek entscheiden. Die noch Dagebliebenen wurden zwischen 1838 und 1843 gewaltsam umgesiedelt, und zwar in einer Reihe von außerordentlich strapazenreichen Auswanderungszügen. Besonders der zwangsweise Auszug der Cherokee im Winter von 1838/39 bleibt als der »Zug der Tränen« in Erinnerung. Ein Viertel aller Indianer ging zugrunde, über dreihundert allein bei einem Dampferunglück.

Seminolenfrauen aus dem heutigen Florida, die Mais zum Mahlen entkörnen

Seminolen bereiten Maisfladen. Man beachte den Holzmörser und den Stößel zum Zerstampfen der Maiskörner

Die Siedler der Creek in Florida, Seminolen genannt (Sim – a – no'le, »Weggelaufene«), wollten nicht auswandern. Geführt von dem genialen Osceola, hatten sie bereits auf seiten der Spanier und Briten gegen die Vereinigten Staaten gekämpft, und sieben Jahre lang, seit 1835, kämpften sie nun für ihre eigenen Interessen einen erbitterten Kampf in Sumpf und Dschungel, der die Armee 1500 Soldaten kostete. Das unausweichliche Ende war die Niederlage der Seminolen und die Aussiedlung der meisten von ihnen in das »Indian Territory« (heutiges Oklahoma). Einige entkamen in die Sumpfgebiete der Everglades. Dort leben sie noch heute, in seitlich offenen strohgedeckten Hütten, ausgestattet mit Singernähmaschinen, auf denen sie die farbenfreudigen, mit zahlreichen Stoffstreifen besetzten Kleider und Hemden fertigen, die seit ungefähr 1900 Stammestracht geworden sind.

Zur Zeit der zwangsweisen Aussiedlung konnten die Cherokee bereits lesen und schreiben. Sie verdankten das der Begabung von George Geist oder Guess, dessen indianischer Name Sequoyah lautete. Als Sohn eines deutschen Händlers und einer Cherokeefrau wurde er als Indianer großgezogen, und man sagt, daß er nie Englisch gelernt habe. Nach einem Unfall, der ihn zum Invaliden machte, widmete er sich in jahrelanger Arbeit der Schaffung eines cherokesischen Alphabets oder einer Silbenschrift aus einigen achtzig Zeichen. Es wurde begeistert aufgenommen und überall gelernt. Zwei weiße Drucker wurden engagiert, und 1828 erschien die erste nationale Wochenzeitung »The Cherokee Phoenix«. Als sich die unfreiwilligen Umsiedler im »Indian Territory« (Oklahoma) erneut konsolidierten, unterstützt von ihren Verwandten, die bereits dort lebten, waren sie in der Lage, schriftliche Verfassungsgrundsätze aufzustellen und gleichsam unabhängige Republiken zu gründen: die »Nationen der Cherokee«, der Creek, der Choctaw, der Chickasaw und der Seminolen, auch die »Fünf Zivilisierten Stämme« genannt. Erst 1907 fanden sie sich mit der formellen Eingliederung in den Staat Oklahoma ab.

Kapitel 3

Nordöstliche Woodlands: Wampum und wilder Reis

Die Irokesen

Wie war das mit Hiawatha? Die Lebensbeschreibung durch den Dichter Longfellow ist weniger als zuverlässig, aber trotzdem gab es einen Hiawatha, ja sogar mehrere, denn der Name wurde zum Titel von Häuptlingen bei den Mohawk. Der erste Hiawatha war ein einflußreicher Onondaga (nicht Ojibwa, wie bei Longfellow), der mit dem als Hurone geborenen Denker Deganawida zusammenarbeitete, als es darum ging, fünf Stämme – die Mohawk, Oneida, Onondaga, Cayuga und Seneca – zur machtvollen Liga der Irokesen zu vereinen. Man streitet um den Zeitpunkt, aber es war vermutlich um 1570. Die Blutrache zwischen den Mitgliedsstämmen wurde durch die genau festgelegte Sühneleistung für Mord unterbunden. Aus den Reihen der Stammeshäuptlinge setzte sich ein Rat der Liga zusammen. Bestimmte Funktionen waren innerhalb bestimmter Familien oder Clans erblich, aber die wirklichen Ernennungen entschieden die Altfrauen, und nur sie konnten diese wieder zurücknehmen. Fünfzig Häuptlinge oder Sachems berieten als Delegierte im Rat der Liga, der allein (theoretisch) Kriege sanktionieren oder verhindern konnte.

Die Abstammung war wie fast überall im Osten matrilinear; so war es auch das Haus der Frau, in das der Ehemann bei der Heirat einzog. Um häusliche Spannungen zu vermeiden, verbot jedoch die Sitte jeden Kontakt zwischen Ehemann und Schwiegermutter, ein Tabu, das bei den Stämmen weit verbreitet war.

Das Alltagsleben war dem weitgehend ähnlich, wie es für andere Woodlandstämme schon beschrieben wurde – die Männer jagten Hirsche und fischten, die Frauen bauten Mais, Bohnen und Kürbis an. Sie wohnten in unterschiedlichen Behausungen. Ein Name, mit dem die Liga sich betitelte, war »Das lange Haus«, entsprechend dem üblichen Irokesenhaus. Auf einem Pfostenfundament stand das aus Ulmenrinde gefertigte Gebäude. Das typische Langhaus war zwischen 16 und 32 m lang und besaß einen Mittelgang mit einer Tür an jedem Ende. Bis zu zwanzig Familien wohnten, voneinander abgeteilt, in einem Hause, die Kochstätten hatten sie gemeinsam im Mittelgang. Das Leben im Haus vollzog sich geräuschvoll, viel Rauch und ziemliche Beengtheit erschwerten das Wohnen.

Ebenso wie Häuserwände und Dächer stellte man Kanus, Gebrauchsgegenstände und Rasseln aus Ulmenrinde her. Birkenrinde war ihnen noch lieber, aber selten im Lande der Irokesen zu haben. Deshalb wurde sie von den benachbarten Algonkins aus dem Norden gegen Mais getauscht. Von den Algonkins des Küstenbereichs oder über sie kam auch das Wampum aus weißen oder purpurfarbenen zylindrischen Perlen, die aus den Schalen der Venusmuscheln (Venus mercenaria), Wellhornschnecken und der Strandmuscheln stammen und mühevoll geschliffen waren. Aus Fasern oder Lederstreifen gewebte Wampumgürtel besaßen symbolischen Wert beim Abschluß von Bündnissen und Verträgen, wobei jede Seite mit der anderen Partei einen Gürtel austauschte. Wampumschnüre dienten zur Akkreditierung von Stammesbotschaftern. Auch als Zahlungsmittel wurden sie verwendet, wobei die purpurnen Perlenketten zwei- oder dreimal soviel wert waren wie die weißen. Plättchenförmige Kettenglie-

Die Herstellung von sogenannten Muschelperlen, eigentlich Perlen aus Schneckengehäusen. Schalenstücke wurden in eine Holzklammer gespannt und mit einer Spitze aus Stein oder später aus Metall durchbohrt

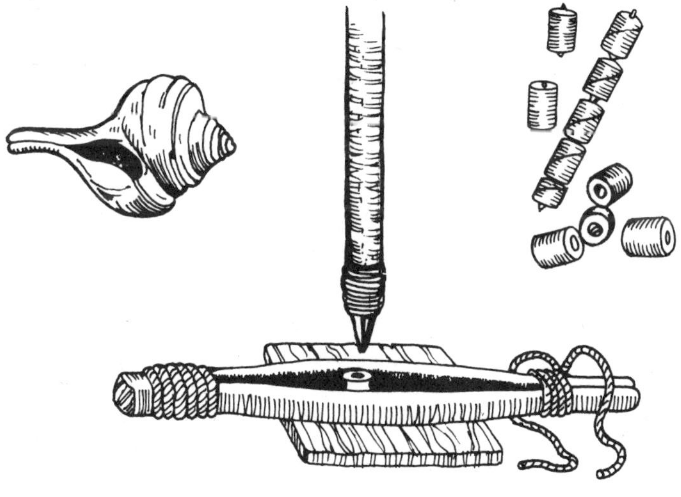

der aus Muscheln, die mittels eines Feuersteinbohrers ein Loch erhielten und mit Sandstein abgerundet wurden, bevor man sie auffädelte, gab es schon vor dem Wampum, wie historisch belegt ist. Sicherlich beherrschten holländische und englische Kolonisten, die mit Metallwerkzeugen und Schleifsteinen arbeiteten, schon sehr bald die Produktion.

Die Bekleidung bestand im Nordosten im wesentlichen aus Hirschleder; aus Faser- und Büffelwollgewebe wurden Taschen, Gürtel und Kniebänder angefertigt. Die Männer trugen Lendenschurze und Leggings (und zwar in ganz Nordamerika, lediglich die Eskimo und die benachbarten Athapasken kamen selber auf die Idee, eine Hose zuzuschneiden). Zugeschnittene und genähte Gewänder tauchten in historischen Zeiten schon sehr früh auf, aber es ist nicht ganz klar, ob man sie von den Eskimo oder von europäischen Vorbildern übernahm. Mokassins wurden regelmäßig getragen. Sie hatten weiche Sohlen, das Fußteil war, mit Ausnahme eines Einsatzes über dem Spann, aus einem Stück geschnitten. Eine angefügte Krempe oder Manschette konnte um den Knöchel befestigt werden. Feine und haltbare Näharbeiten wurden mit einem Faden aus gedrehten und geflochtenen Sehnen ausgeführt, den man durch Löcher fädelte, die man mit Hilfe einer Knochenahle oder eines Dorns eingestochen hatte. Kurze Fransen an Säumen und Rändern waren charakteristisch für die Bekleidung in den nördlichen Woodlands.

Stachelschweinborsten, Elchhaare und Glasperlen

Mokassins, Beutel, Köcher, Wiegenbänder und Kleidungsstücke, vor allem die für besondere Gelegenheiten, und davon gab es nicht wenige, waren mit Stachelschweinborsten verziert. Die Borsten befinden sich unterschiedlich lang und dick an den verschiedenen Körperstellen des Tieres, ebenso ungleich in der weißen und dunkelbraunen Färbung. Die weißen Borsten konnte man durch Kochen oder Tränken in verschiedenen pflanzlichen oder mineralischen Farbstoffen färben, besonders in warmen orangeroten, gelben und blauvioletten Tönen. (Leuchtendere und unterschiedlichere Farben erwarb man später von europäischen Händlern.) Zur Verarbeitung werden die Borsten angefeuchtet und entweder mit einer Knochenplatte flachgedrückt oder – weniger beschwerlich – zwischen den Zähnen gehalten und mit den Fingernägeln geformt und dann auf den zu schmückenden Gegenstand mit einer Sehne aufgenäht. Beim Trocknen werden die Borsten dann mehr oder weniger steif. Ein enormer Einfallsreichtum zeigt sich in den Methoden des Stickens, Faltens und Umwickelns. Man stellte die Borsten in geschmackvollen und attraktiven

Mustern zusammen. Ursprünglich waren diese sicher rein geometrischer Art. Das schloß aber klobige, schematisierende Figuren von Menschen und Vögeln nicht aus. Außer diesen Applikationsarbeiten wurden Stachelschweinborsten streifenweise in ein Sehnengeflecht gewebt, das auf einem kleinen hölzernen Bogen straff gespannt war. Die entstehenden rechteckigen Streifen konnten mit Leder unterlegt werden, bevor man sie weiterverwendete, oder man nähte sie direkt auf Beutel oder Kleider auf. Auf diese Weise war es außerdem leicht, sie von einem abgetragenen auf ein neues Stück zu übertragen.

Weiße Haare von der Wamme, der Mähne und dem Rumpf des Elchs und des Woodlandrentiers färbte man auf ähnliche Weise und verwendete sie zum Besticken von Ziergegenständen, die aus Pflanzenfasern gewebt waren. Dabei wurden die gefärbten Haare in das Gewebe geflochten. Beutel, Gürtel und besonders die Stirnbänder von Lasttraggurten (tumplines), die auf diese Weise von den Irokesen und den verwandten Huronen verziert worden waren, sind aus dem frühen 18. Jahrhundert erhalten geblieben, und es ist berechtigt anzunehmen, daß dies wirklich ein ursprüngliches Handwerk ist.

1639 eröffneten französische Nonnen des Ursulinerordens ihre erste Schule für indianische Mädchen im neugegründeten Dorf Québec und lehrten ihre Schülerinnen Handarbeit und Stickerei nach französischer Art. Blumenmuster, mehr oder weniger schematisiert und abgewandelt, verbreiteten sich unaufhaltsam in westliche Richtung bis zu den Großen Seen, über die nördlichen Prärien und Ebenen und über die Rocky Mountains bis hin zur Pazifikküste. Die Frauen der Irokesen und Huronen schufen aus Stachelschweinborsten einfache Blumen- und Blättermuster und verarbeiteten das biegsamere Elchhaar zu Figuren, die ebenso zart und kunstvoll waren wie die französischen Seidenstickereien. Die Nonnen benutzten Elchhaar, wenn die Seide aus der Heimat knapp wurde. Vielleicht wird man nie erfahren, ob indianische oder weiße Frauen diese Haare anstatt der Seide zuerst verwendeten, aber es ist wohl sicher, daß die Indianer schon vor der Begegnung mit den Weißen um die Verwendungsmöglichkeiten dieser Haare wußten.

Als die Niederländer die Insel Manhattan von den Wappingindianern kauften, waren Glasperlen der Hauptteil des Handelspreises. Für die Weißen waren sie eine Kleinigkeit, aber es ist wahrscheinlich, daß sich die Indianer in der damaligen Zeit nicht betrogen fühlten. Glasperlen, leuchtend und farbecht, bereits gelocht und poliert, bedeuteten eine starke Arbeitseinsparung und brachten Produkte, nach denen »er« oder »sie« sich sehnte. Man betrachte die kalkweißen Muschelplättchen auf dem Umhang des Königs Powhatan. Vergleicht man ihn mit der farbenprächtigen

Perlenstickerei, die die Illustrationen dieses Buches zeigen, so kann man sich die künstlerische Entfaltungsmöglichkeit vorstellen, die die leuchtend bunten Glasperlen den geschickten Frauen und ihren eitlen Männern brachten. Sicher ist manche Perlenstickerei der Indianer aus dem späten 19. Jahrhundert in ihrer Prachtentfaltung übertrieben (etwas Ähnliches geschieht bei den Gewändern der gegenwärtigen Indianerrenaissance), aber wenn wir die frühe Einfachheit über Gebühr loben, wagen wir, das zu einer Tugend zu erheben, was einfach notwendige Beschränkung war.

Gleich nach den Perlen kamen die europäischen Textilien: Tuch, Wollstoff und Kattun. Da man dafür bezahlen mußte, dauerte es lange, bis die Lederbekleidung ganz verschwand, aber spätestens Ende des 18. Jahrhunderts trugen die Frauen der Irokesen lange Gewänder und kurze Leggings und die Männer lange, an der Vorderseite zusammengenähte Leggings, dazu einen kurzen Rock oder Lendenschurz, und zwar alles aus Stoff, der mit Perlen und Borten appliziert war. Die runde Kopfbedeckung des Kriegers, einst aus Leder, wurde nun auch aus Stoff gemacht, versehen mit einem silbernen Reif und einer einzelnen Feder, die in einer Tülle auf dem Scheitel beweglich befestigt war. Später wurde noch eine perlenbesetzte Schiffchenmütze modern.

Die Geisterwelt

Wie es bei Bodenbauern zu erwarten ist, verlangte die Religion der Irokesen regelmäßige gemeinschaftliche Kulthandlungen, bei denen sie die »Drei Schwestern« – Mais, Bohne und Kürbis – und andere Geister anriefen und ihnen dankten. Der Höchste, wenn nicht gar der Allmächtigste unter ihnen war der »Herr des Lebens«, ein »Schöpfer«, dessen Güte ständig von seinem eigenen bösen Bruder bedroht wurde. Zur Wintersonnenwende feierte die Gemeinschaft aller Irokesen eine lange dauernde Zeremonie des Danksagens und der Erneuerung, der öffentliche Beichten vorausgingen. Obwohl die erste Reaktion auf die Jesuitenmissionare diesen das Märtyrertum einbrachte, vermutet man, daß einige christliche Gedanken nolens volens die irokesische Theologie beeinflußt haben, und zwar zeitgleich mit ihrem ersten Auftreten. Ungefähr 1799 begründete ein Senecahäuptling namens Handsome Lake, ehemals ein Trinker, eine reformierende Bewegung mit einer Anpassung der älteren Glaubensvorstellungen an die protestantische Ethik (vor allem der Quäker). Diese Lehre bildet noch heute das Kernstück der irokesischen Religion.

Ein reines, ursprüngliches Merkmal des irokesischen religiösen Lebens war der Glaube an eine geistige Kraft, die allen Dingen innewohnt, die verstärkt und beeinflußt werden – oder unglücklicherweise verlorengehen – könnte. Und zwar geschähe das durch Einzelwesen, die gewöhnlich ebenso launenhaft wie die Feen im Märchen ihre Bedingungen stellen. Die Irokesen nannten diese Macht orenda, die Sioux wakanda; im englischen Kontext ist der Begriff »Medizin« häufig im Gebrauch. Solch eine persönliche Beziehung zur Geisterwelt ist bei den Völkern der Jäger und Sammler am besten entwickelt. Sie existiert bei allen gemeinschaftlichen Tätigkeiten der Irokesen, weil die Jagd für ihren Lebensunterhalt ständige Bedeutung hatte.

Außer den »Hütern des Glaubens«, die die großen Zeremonien leiten, finden wir eine Gruppe von »Medizinmännern«, deren in Träumen erworbene Macht sie zur Heilung von Krankheiten befähige, wobei sie magische und medizinische Mittel kombinierten. Und das schien gut für die Menschen, weil die Wälder voll übelwollender Geister stecken sollten, die körperlos waren, aber gräßliche Gesichter hatten. Ihre Sendung bestände darin, denen, die sie erblickten, Krankheit zu bringen. Die Opfer könnten von den Mitgliedern des »Bundes der Falschgesichter« geheilt werden, die in der Lage wären, die Geister in ihren eigenen Bannkreis zurückzuweisen, indem sie sie mit Holzmasken darstellten. Die Masken für die »Falschgesichter« mußten aus einem lebenden Baum gehauen und ausgeschnitten werden, die feine Bearbeitung des Holzes wurde später ausgeführt. Die Gesichter, rot oder schwarz bemalt, blickten unheilvoll verzerrt mit stierenden Augen aus Messing oder Weißblech und trugen zerzaustes Wuschelhaar. Ein besonderer Bund von Krankheilern, genannt »Strohgesichter«, tanzte mit Maisstampfern und Rührlöffeln bei Erntefesten und Winterzeremonien. Dazu trugen sie Masken, aus Maisstroh geflochten. Miniaturmasken wurden auch als Talisman getragen.

Solche Masken sind immer noch in Gebrauch. Es gibt eine literarische Beschreibung über eine Gruppe von »Falschgesichtern«, die nachts durch die Dörfer fährt und die bösen Geister vertreibt, indem sie mit Schildkrötenrasseln auf die Karosse ihres Ford schlägt.

Handel und Krieg

Die ursprüngliche irokesische Kriegführung vollzog sich nach dem üblichen Muster. Man machte einen Überfall, um Gefangene zur Adoption oder zur Opferung durch Marter zu bekommen. Die bevorzugte Waffe war eine kurze Holzkeule mit einem schweren kugelförmigen Kopfteil.

Dieser ursprüngliche Tomahawk wurde später durch ein kurzes Beil mit Stahlklinge europäischer Herkunft ersetzt.

Englische Tomahawks hatten gewöhnlich eine gerade Schneide, die frühen französischen bevorzugten eine spitze Klinge, genannt Sponton. Die Kombination mit einem Pfeifenkopf oberhalb der Klinge war eine englische Erfindung. Dafür wiederum mußten die Indianer zahlen, ebenso wie für den so begehrten Stoff, die Perlen, die Messer, die Messingkessel, um die nicht sehr phantasievollen irokesischen Töpferwaren zu ersetzen. Dazu kamen noch die Gewehre, die mehr Angst einjagten, obwohl ihre Wirkung kaum gefährlicher war als die von Pfeil und Bogen. Der Preis, den die französischen, holländischen und englischen Händler forderten, waren Biberfelle. Alle vornehmen Europäer trugen große Filzhüte, und der beste Filz wurde aus Biberfell hergestellt.

Der Handel begann an der Küste und zog sich den St.-Lorenz-Strom hinauf. Die Stämme der Algonkin im Norden hatten den Biber. Die Huronen und ihre Anhänger, die Erie, Tobacco und die »Neutral Nation«, saßen in der Mitte zwischen ihnen und den französischen Posten in Quebec. Bis in die 40er Jahre des 17. Jahrhunderts waren die Huronen als Zwischenhändler reich geworden (und auch ein wenig nachlässig), indem sie Mais, Tabak und Bohnen von ihren verbündeten Stämmen einhandelten, dafür Pelze aus dem Westen eintauschten, die sie wiederum den Händlern für industriell hergestellte Waren verkauften. Die irokesischen Bibergebiete waren bald erschöpft, nicht aber der Bedarf der Irokesen an

Hölzerne Keulen mit einer Kugel als Kopf (der ursprüngliche Tomahawk). Diese Art war bei den Indianern der östlichen und zentralen Woodlands weit verbreitet

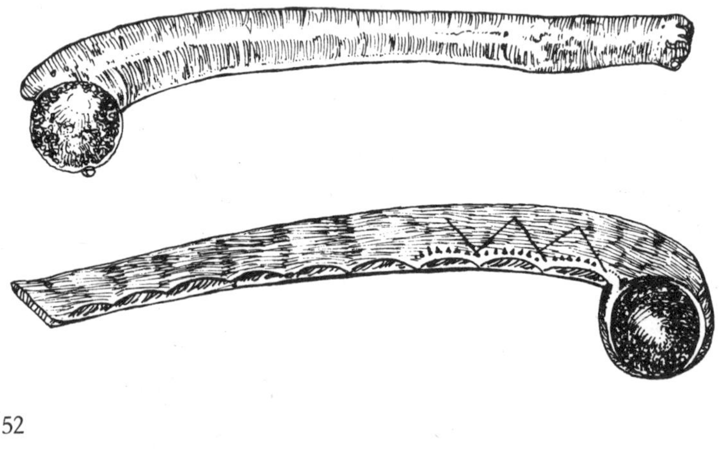

Wampumgürtel der Huronen aus purpurfarbenen und weißen Perlen; 1. Vertragsgürtel mit »Ratsfeuer« (in der Mitte) und doppelten Friedenspfeifen; 2. Gürtel, der zu 1. gehört und den weißen »Pfad des Friedens« zeigt; 3. Missionarsgürtel von Jesuiten mit drei Kreuzen, Symbol für die Dreieinigkeit, und einem Lamm aus der Zeit vor 1649; 4. Gürtel des »Bundes der vier Nationen«, um 1710/20

Handelswaren. Diplomatische Bemühungen, die Felle direkt zu ihnen und damit zu ihren Handelspartnern, den Holländern, nach Neuamsterdamm (New York) durchzuschleusen, schlugen fehl. Im März 1649 überfielen die Seneca und Mohawk das völlig überraschte Volk der Huronen. Schwer geschädigt und weiter demoralisiert, brannten die Huronen ihre eigenen Dörfer nieder und zerstreuten sich als Flüchtlinge nach Osten und Westen. Eine Gruppe wurde bezeichnenderweise bei den Irokesen aufgenommen. Im folgenden Dezember erlitt die »Tobacco-Nation« (Tionontati) bei einem Überraschungsangriff eine totale Niederlage. Einige der Fliehenden wandten sich zu der »Neutral Nation« (Attiwandaronk), wo sie den Tod fanden oder versklavt wurden. Doch 1650/51 erlitten auch diese das gleiche Schicksal und wurden in alle Winde zerstreut. 1654 kamen die Erie an die Reihe. 1713 wurden die Tuscarora die »Sechste Nation« der Irokesenliga, die siouanischsprachigen Tutelo und einige Nanticok aus dem Süden nahm man als »jüngere Brüder« auf. Überreste anderer Küstenstämme wurden ebenso integriert. Die Schwierigkeiten hinsichtlich der Abstammung und die Einschränkung bei Eheschließungen beseitigte man durch volle Aufnahme in die Clans.

So nahmen die Irokesen zahlenmäßig zu bzw. sie glichen ihre eigenen Kriegsverluste aus und profitierten durch die Nutzung der Landgebiete, die verlassen worden waren, noch bevor sie diese überfielen. Jedoch ihr Ziel, die Handelsrouten für Pelze allein unter Kontrolle zu halten, konnten sie nie ganz erreichen. Als sich eine Schockwelle, verursacht durch Seuchen und Kriege, nach Westen bis Michigan und Wisconsin bewegte, folgten sofort die französischen Händler. Die indianischen Pelzlieferanten, die in Kanus nach Quebec paddelten, machten den starken französischen Flottillen Platz, die die Seen und Flüsse regelmäßig befuhren. Sowohl Frankreich als auch England strebten danach, die Militärmacht der großen Liga für sich zu nutzen. Irokesenhäuptlinge wurden in London gefeiert, und Queen Anne von England schenkte ihrem »Gläubigen Mohawk« ein silbernes Abendmahlsservice. Zum größten Teil übte die Liga Neutralität, und gerade dadurch könnte der britische Sieg gesichert worden sein. Aktiveren Beistand gab man den Briten im Unabhängigkeitskrieg, nach dessen Ende ein großer Teil der Irokesen nach Kanada auswanderte. Joseph Brant, Thayendenagea, der wie sein Großvater London besucht hatte, starb als Oberst der Britischen Armee im Ruhestand im heutigen Brantford, Ontario. Die Seneca und einige andere kleine Gruppen, die auf seiten der Vereinigten Staaten waren, haben nun ihre eigenen Reservationen in New York und Pennsylvania. Die kanadischen Irokesen haben fest darauf bestanden, direkte vertragliche Beziehungen nur mit der Britischen Krone zu haben und nicht Kanada zu unterstehen. Aber ihrem Bemühen um Anerkennung sowohl beim »Völkerbund« und dann bei den Vereinten Nationen (UNO) war kein Erfolg beschieden.

Die algonkinsprachigen Stämme

Ganz kurz haben wir die Stämme der Algonkin in Neuengland schon erwähnt. Wieder finden wir einfache Bekleidung aus Hirschleder, schlichte Tongefäße, Einbaum und Rindenkanu. Die Nahrung bestand aus Wild, Fisch, Mais, Bohnen, Nüssen und Beeren, zudem verwandte man Ahornzucker. Die Häuser waren viereckig oder kuppelförmig gebaut, mit Rinde oder mit Rohrmatten gedeckt. Die Dörfer wurden mitunter zu Verteidigungszwecken mit Palisaden umschlossen. Politisch gesehen gab es über 60 Gruppen oder Stämme, wovon die meisten klein und miteinander durch lose Konföderationen verbunden waren. Relativ wenige erlebten noch das 18. Jahrhundert. Man sagt, daß die Pilgerväter zuerst auf ihre Knie hin- und dann über die Indianer herfielen. Das stimmt nicht ganz, ist aber auch nicht völlig falsch. Als die Pilger landeten, war die indianische Bevölkerung des Küstenbereiches bereits durch Epidemien drastisch reduziert worden, die europäische Kabeljaufischer eingeschleppt hatten. Die Indianer lehrten die Kolonisten den Maisanbau und halfen ihnen über den ersten harten Winter. Aber der Zusammenstoß wurde unvermeidbar. Auf der einen Seite standen die weißen Puritaner

Hölzernes Wiegenbrett, an das Kleinstkinder, in Felle gewickelt und auf Moos gepolstert, angebunden wurden. Zu den Amuletten, die an dem Bügel hingen, gehörte mitunter ein perlenbesetzter Beutel mit der Nabelschnur des Kindes

mit ihrer religiösen Mission, die Fruchtbarkeit dieses Landes noch zu steigern, den Sabbat zu halten, Hexenzauber auszurotten und die »Wilden« in ihre eigenen Verhaltensmuster zu zwängen. Auf der anderen Seite die halbnackten »Heiden«, die den Lauf der Zeit nicht nach Stunden, sondern Jahreszeiten maßen, die offen in Polygamie lebten und durch Tanz und Beschwörungen die Geister um Hilfe anriefen. Der offene Streit zwischen ihnen begann 1637 mit dem Pequotkrieg und ging sporadisch weiter, angeheizt durch Prämien für indianische Skalpe. Zudem hatten die Pocken ihren Tribut gefordert.

Heute sind viele Stammesnamen nur noch als geographische Bezeichnung bekannt: Manhattan, Massachusetts, Nantucket. Die Mohikaner (Mahican oder Mohegan) bleiben durch Fenimore Coopers Roman in Erinnerung, auch wenn die Geschichte strenggenommen den »letzten« von ihnen kaum gesehen hat. Einige Stämme stießen, wie wir gesehen haben, zu den Irokesen; andere flohen nach Westen. Nur in Maine und in den kanadischen Meeresprovinzen bewahrten sich solche Gruppen wie die Penobscot, Passamaquoddy, Malisit und Micmac, gemeinsam bekannt als

Abnaki oder Wabenaki, einigermaßen ihre Identität. Restliche Gemeinschaften zerstreuten sich längs der Küste, sie haben inzwischen alle stark gemischte indianische, weiße und schwarze Erbteile, aber noch immer sind sie stolz auf ihren indianischen Ursprung. Die Wampanoag aus Mashpee auf Kap Cod, die ihr eigenes Museum und Kulturzentrum haben, sind ein geeignetes Beispiel für diesen neuen Geist.

Die Völker des wilden Reises

Wandern wir nun nach Westen, in Richtung nach den Großen Seen und zum Oberlauf des Mississippi. Noch befinden wir uns vorerst in den Woodlands, aber wir nähern uns allmählich ihrer Grenze. Die Lebensweise ändert sich nicht wesentlich. Die Häuser sind kuppelförmig, kegelförmig oder rechteckig und mit Rinde oder Schilfrohrmatten gedeckt, entsprechend der Umgebung oder der Jahreszeit (einige Stämme benutzen alle drei Typen). Die Männer schoren sich die Köpfe fast ganz kahl und schützten sie mit Otterfellmützen vor der Kälte. Die Frauen trugen lange Röcke aus zwei Hirschhäuten mit Schulterbändern und anknüpfbaren Ärmeln. Taschen und Gürtel, Kniebänder und Tragegurte waren aus Pflanzenfasern oder Büffelwolle gewebt. Im südlichen Teil dieses Gebietes liefert der fruchtbare Boden reichliche Ernten an Mais, Bohnen und Kürbis. Im Norden, wo der Mais schlechter wächst, kommt man auf ein neues wichtiges Nahrungsmittel: den wilden Wasserreis (Zizania aquatica). Da der Wasserreis im Überfluß in den zahllosen seichten Seen und Flüssen gedeiht, ernährte er eine relativ zahlreiche Bevölkerung, und er wird noch heute von den Indianern geerntet – und das ohne die zermürbende Arbeit, wie wir sie von den Reisfeldern der Alten Welt kennen. Zur Reifezeit im Spätsommer ragen die Pflanzen meterhoch aus dem Wasser. Man stakt mit einem Kanu hindurch, und die indianischen Frauen brauchen bloß die Halme über Bord zu ziehen und die Körner herauszuschlagen. An Land schüttet man den Reis in ein Erdloch, das mit Hirschleder ausgekleidet ist, 15 cm tief und 60 cm im Durchmesser, und stampft ihn, damit die Spreu sich löst. Das Ausblasen erfolgt, indem man ihn gegen den Wind aus einem Rindenbehälter ausschüttet. Gegessen wird der Reis in vielen Varianten, in Suppen und Fleichbrühen, zu Fisch oder Fleisch (Bär, Hirsch oder Hund), gekocht – naturell oder mit Ahornzucker gemischt – und auch geröstet. Der Name eines wichtigen Stammes, der Menomini, bedeutet »Reisvolk«.

Andere Stämme dieses zentralen Gebietes sind die Ojibwa (die die Amerikaner Chippewa nennen), die Ottawa, Potowatomi, Mascouten,

Kegelförmige Hütte, mit Rinde bedeckt, wie sie von den Ojibwa und anderen Stämmen der zentralen und nörlichen Woodlands neben dem kuppelförmigen Wigwam benutzt wurde

Sauk und Fox, Miami und Illinois. Alle sprechen die Sprache der Algonkin, ausgenommen die Winnebago und östlichen Dakota, die sich einer siouanischen Sprache bedienen. Einige dieser Gruppen existieren noch heute dort, andere überlebten, wenn überhaupt, als kleine gemischte Gruppen in Oklahoma. Manche Stämme könnten Abkömmlinge des Volkes sein, das einst die Figurenmounds errichtet hatte. Bevor sie zerstreut wurden, waren sie als Händler weit und breit bekannt.

Pfeifen

Ihr Handelsgut waren Kupfer und vor allem Pfeifenstein. Dieses Material, nach George Catlin, dem Indianermaler des 19. Jahrhunderts, Catlinity genannt, wurde in einem bestimmten Gebiet im Tagebau gefördert. Das bedeutendste Vorkommen in Minnesota galt für die Stämme als neutrales Gebiet. Das Gestein ist grau oder leuchtendrot und läßt sich sofort nach der Gewinnung leicht bearbeiten, wird aber dann nach und nach hart. Es wurde zu Tabakspfeifen verarbeitet, die manchmal gerade wie ein Zigarrenhalter, häufiger aber gewinkelt oder T-förmig waren. Zumindest in späteren Zeiten könnte der Pfeifenkopf mit Ornamenten in Blei oder einem anderen weichen Metall ausgelegt und mit Schnitzereien verziert gewesen sein. Jedoch erreichte man nie wieder – auch nicht annähernd – die künstlerische Leistung der Pfeifenmacher der Hopewell- oder der Mississippikultur.

Die Pfeife war immer mit einem zusätzlichen Holzstiel kombiniert, der bemalt, geschnitzt oder dicht mit Stachelschweinborsten umwickelt war. Federn und Perlenketten, die von den Stielen herabhingen, schmückten die Zeremonialpfeifen, denn diese – manchmal waren es nur die Pfeifenstiele – hatten für religiöse und weltliche Zeremonien eine äußerst wichtige Funktion. Der Rauch des Tabaks, pur oder mit Weidenrinde (»kinikinik«) gemischt, war wie der Weihrauch angenehm für die Geister und wurde somit »Beförderungsmittel« für das Gebet. Unter besonderen Umständen ersetzte die Pfeife die Wampumgürtel des Ostens. Abkommen wurden durch das Weiterreichen der Pfeife zum gemeinsamen Rauchen besiegelt. Gesandte trugen die Pfeifen als diplomatisches Beglaubigungszeichen, und das »Rauchen der Friedenspfeife« war nicht bloß eine Redewendung. Aber auch die Anführer im Krieg trugen sie, um sich überirdische Hilfe zu sichern.

Die Ähnlichkeit des Pfeifenstiels mit einer Schilfrohrpfeife, einem Blasinstrument, veranlaßte die Franzosen, sie chalumeau zu nennen, davon leitet sich das Wort »calumet« ab.

Schutzgeister

Die hiesige Religion ist zugeschnitten auf die Bedürfnisse der Jäger und Sammler. Entwicklungstendenzen in Richtung auf ein komplexeres System, wie es bei den Bodenbauern zu finden ist, haben sich nicht voll durchgesetzt. Da gibt es den »Großen Geist« – Gitche Manitou –, der das Oberhaupt einer unbändigen Menge von niederen sowohl guten als auch bösen Geistern ist. »Donnervogel«, der Regenbringer, und die Winde sind gute Geister. Die »behörnte Schlange« und der »Unterwasser-Panther« sind übelwollend. Nanabozho, der Hase, ist der große Lehrer und Kulturbringer der Menschen, aber er ist launisch. Man nimmt tatsächlich von allem Lebendigen eine geistige Entsprechung an, die die Macht hat, den an die Erde gebundenen Menschen zu helfen, wenn man ihr angemessen gegenübertritt. So wissen wir, daß Jungen und manchmal Mädchen in die

Wälder geschickt werden, um dort zu fasten und um eine Vision zu beten. Das Ergebnis ist ein Traum, in dem ein Geist, gewöhnlich in Gestalt eines Tieres, Hilfe und Schutz verspricht. Dabei kann der Betroffene aufgefordert werden, sich nach seiner Rückkehr bestimmter Speisen zu enthalten oder sich einer anderen offenbar willkürlichen Einschränkung zu unterwerfen. Eventuell empfängt er ein spezielles Leid, eventuell auch das Recht, seinen Körper oder sein Gesicht auf besondere Weise zu bemalen. nach der Vision wird gewöhnlich ein »Medizinbeutel« bereitet, der Gegenstände enthält, die den Geist und Helfer symbolisieren, einen Zahn, eine Kralle oder Feder, Farbe, Pfeilspitzen oder andere Dinge, die mit dem Traum in Zusammenhang stehen. Der Beutel wird andächtig behütet und nur geöffnet, wenn der Schutzgeist anzurufen oder zu ehren ist. Später werden wir von Clans, Gemeinschaften oder Stämmen hören, die von der Macht solcher heiligen Talismane abhängen.

Die Medizinmänner

Der Kampf gegen die bösen Geister war die Aufgabe des Medizinmannes oder Schamanen, dessen Ursprung wie auch der Name weit zurück nach Sibirien reicht. Schamanen gingen mit der Geisterwelt sorgfältiger als gewöhnliche Sterbliche um, sie versetzten sich in Trancezustände, lernten Krankheiten erkennen und heilen, fanden verlorenes Eigentum wieder und sagten die Zukunft voraus. Sie galten als große Zauberer und beeindruckten ihr Publikum mit offensichtlicher Unempfindlichkeit gegen Kohleglut und kochende Flüssigkeiten. Obwohl die Medizinmänner – aber auch Medizinfrauen – sehr versiert in bewährten Kräuterheilmitteln waren, nutzten sie in ihrer Praxis viel Psychosomatisches. Oft stellte ein Schamane nur die Diagnose und überließ die Heilung einem anderen. Das

Rassel aus einem getrockneten Kürbis, der mit Steinchen oder getrockneten Maiskörnern gefüllt ist. Bei den östlichen und auch südwestlichen Stämmen in Gebrauch

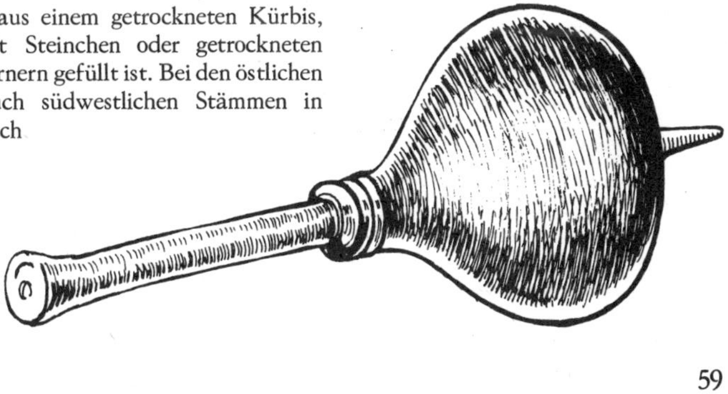

geschah manchmal durch das Absaugen eines Fremdkörpers, wie z. B. eines Kieselsteines vom Leib des Patienten, wobei »heilende Lieder«, von Trommeln oder Rasseln begleitet, gesungen wurden.

Möglicherweise entstand die Midéwiwin oder »Große Medizingesellschaft« der Stämme der Oberen Seen als Gegenstück zum irokesischen oder sogar christlichen Ritual. Die Aufnahme hing vom entsprechenden Traum ab und war davon bestimmt, ob man die hohe Eintrittsgebühr zu jeder der vier Stufen, die für ein Mitglied erreichbar waren, zahlen konnte. Einmal im Jahr (mindestens) sollte diese Gesellschaft in einer niedrigen mit Matten bedeckten Hütte, die bis 20 m lang sein konnte, zusammentreffen. Dort sollten ursprünglich in geheimer Zusammenkunft Riten zelebriert werden, die der Heilung, dem Zauber und der Unterweisung dienten. Zur Ausstattung der Mitglieder gehörte ein Beutel aus einem ganzen Tierfell (Otter, Biber, Bisamratte usw.), darin war außer Heilkräutern, Farben und anderem eine Meeresmuschel. Als Teil der Vorgänge in der »Medizinhütte« erschossen sich die Mitglieder angeblich gegenseitig durch bloßes Vorzeigen der Tasche. Nach einer Weile hätten sich die Opfer wieder bewegt, die Muschel ausgespien und seien wieder ins Leben zurückgekehrt. Ein bemerkenswertes Nebenprodukt dieser Zeremonien waren die Birkenrindenrollen, auf denen als Gedächtnis-

Medizinbeutel der Grand Medicine Society oder Midewiwin der Ojibwa aus Otterfell. Die Pfoten und der Schwanz sind mit Borstenstickerei und kleinen kegelförmigen Blechhülsen verziert. Solche Beutel enthielten Amulette, Farbe zur Körperbemalung und heilige Muschelschalen. Mit Muscheln oder Schneckengehäusen schossen Mitglieder dieser Gesellschaft auf die Knaben bei der Initiation, um sie mit heilenden Kräften zu versehen. Die Beutel waren oft Grabbeilage stütze die Überlieferungen und Gesänge der Gesellschaft in einer Bilderschrift aufgezeichnet waren – die weiteste Annäherung an eine Schrift im indianischen Nordamerika.

Die Europäer kommen

Für den Historiker ist es schwer, die Wohnsitze aller dieser Völker in einem bestimmten Zeitraum genau zu lokalisieren. Wir haben gesehen, wie die Schaffung eines Marktes für Biberfelle blutige Kämpfe um die Kontrolle der Wasserwege, die zu den französischen Posten führten, hervorrief. Dabei vernichteten die Irokesen einige Stämme und brachten andere aus dem Gleichgewicht. Die Aufregungen hatten eine Flut von Flüchtlingen nach dem Seengebiet zur Folge, wobei einige weiterzogen, andere sich mit den dort Ansässigen verbanden. Gegen Ende des 17. Jahrhunderts kamen französische Pelzhändler und bald auch erste Kolonisten. Manche heirateten indianische Frauen oder lebten mit ihnen zusammen. Dabei nahm das Indianerblut mehr und mehr fremde Anteile auf. Diese Indianer kämpften auf dieser oder auf jener Seite im Krieg der Franzosen und Engländer bis 1759 mit. Nach dem französischen Rückzug konnten sie sich mit den Siegern einigermaßen einigen, denn die Britische Krone hatte erklärt, daß alles Land westlich der Alleghenies den Indianern gehören sollte. Der Ottawahäuptling Pontiac, der versucht hatte, die Stämme zu vereinen, um die Engländer aus dem Seengebiet zu vertreiben, konnte seine Streitkräfte auf die Dauer nicht zusammenhalten und schloß 1763 Frieden, der nicht lange dauern sollte. Die amerikanische Unabhängigkeit öffnete den Siedlern die Tore, und eine Zeit mörderischer Überfälle und grausamer Rachefeldzüge begann. Ein Prophet der Shawnee, Tenskwatawa, begann die Rückkehr zu den alten indianischen Sitten zu predigen. Sein Bruder Tecumseh, ein Mann von außergewöhnlicher Begabung, versuchte, erneut eine große Allianz aller Stämme zu schaffen. Während er unten am Mississippi mit den Creek verhandelte, wurden seine Anhänger, die sich versammelt hatten, durch eine Schlacht bei Tippecanoe in Indiana zerstreut. Tecumseh zog sich nach Ontario in Kanada zurück und fiel dort als Brigadegeneral der britischen Armee im Kampf gegen die Amerikaner 1813 in der Schlacht an der Thames. Während die weiße Flutwelle noch anstieg, zogen sich einige Indianer aus dem mittleren Westen bis nach Texas zurück. Ein Teil der Kickapoo wandte sich zusammen mit ehemaligen Negersklaven nach Coahuila in Mexiko. Andere blieben in kleiner werdenden Reservaten, viele gingen zugrunde. In Tama, Iowa, bewohnt ein Rest der Fox selbsterworbenes Land.

Star-that-Travels, auch Bacon Rind genannt, ein 1863 geborener Osage. Man beachte die tätowierten Schultern und den z. T. geschorenen Kopf (die Skalplocke wird von dem Stirnband aus Otterfell verborgen). Die Osage lebten am Rande des Präriegebietes und behielten einiges bei, was für die Woodlands charakteristisch war

Kapitel 4

Die Anziehungskraft der Büffelprärien[1]

Vor dem Pferd

Die Hochprärien erstrecken sich über eine Entfernung von 3000 km von Alberta bis Texas. Das Gebiet ist trocken, windig und lediglich unterbrochen durch ein paar inselartige, niedrige, kiefernbewachsene Hügel und von Flüssen, die einmal nur dünn rieseln und ein andermal zu reißenden Strömen werden können. Im Westen bilden die Rocky Mountains die Begrenzung. Von Osten erheben sie sich aus den grünen Hochgrasprärien, in welche die Woodlands auslaufen. Wir sprachen schon einmal von ihnen als dem Lebensraum der Großwildjäger, die dann kein Großwild mehr zu jagen hatten.

Genau wissen wir nicht, was aus den frühesten Menschen der Plains und Prärien geworden ist. Ausgrabungen belegen, daß sie sich sehr lange hielten. Vielleicht sind sie in einigen Präriestämmen späterer Zeiten aufgegangen, aber die Indianer der Prärie, wie wir sie uns gewöhnlich vorstellen, sind eine Erscheinung aus viel, viel späterer Zeit.

Das ganze Jahr über waren die Ebenen für einen fast unbekleideten Fußgänger eine wenig einladende Umwelt, besonders weil er schon ein Obdach und einen sicheren Nahrungsvorrat aus den Wäldern kannte. Und doch bargen sie eine Versuchung, der man kaum widerstehen konnte: 60 Millionen, vielleicht sogar 100 Millionen Büffel.

Kleiner als sein Vorgänger aus dem Pleistozän, kann der Bison bison immerhin noch eine Schulterhöhe von 1,80 m aufweisen. Genau wie der europäische Bison lebte er auch in Wäldern, aber nur im offenen Weideland konnte er in dieser ungeheuren Menge auftreten, wobei man sich vorstellen muß, daß er sich über Tausende von Jahren ohne ernsthafte Störung durch den Menschen vermehren konnte. Raubtiere sorgten für eine natürliche Auslese in den Herden. Der größte Eingriff durch äußere Umstände bei der ansonsten ungehinderten Vermehrung war wohl die hohe Verlustquote beim Durchqueren von Flüssen. Da die Büffel große »Wanderer« waren, zogen die riesigen Herden bei den jahreszeitlich be-

Frauen der Wichita decken ein »Grashaus« mit Stroh. Die typische Behausung der halbseßhaften Stämme der Caddo in der südlichen Prärie

dingten Wanderungen weit hin und her. Das verlangte von jenen Menschen, die ganz und gar von ihnen abhängig waren, ein echtes Nomadendasein. Und es gab dort einige dieser Art, wahrscheinlich nicht sehr viele; es ist auch nicht sicher, ob die Prärien seit dem Auftreten des Großwildes dauernd bevölkert gewesen sind.

Wer immer nur den Büffeln folgte, hatte zwar eine gesicherte Ausbeute, aber es kostete ihn auch höchste Anstrengung. Die meisten Menschen dieser frühen Zeit zogen es daher vor, nur zeitweilig Büffeljäger zu sein, indem sie von ihren festen Dörfern am Westrand der Woodlands oder von den Hochgrasprärien aus regelmäßige Jagdzüge unternahmen. Andere wanderten den Missouri und seine Nebenflüsse aufwärts und brachten somit auch den Maisanbau bis weit in die geschützteren Flußtäler der Prärien. Einige Jahrhunderte lang gab es dort Völker, die noch bis zur Zeitenwende von der Tradition von Hopewell zehrten. Vielleicht zogen sie sich wegen klimatischer Veränderungen zurück. Im Süden stießen caddosprachige Stämme, alte Nachbarn der Natchez, bis ins östliche

Texas vor und bauten ihre großen Hütten wie Bienenkörbe aus Gras inmitten ihrer verstreuten Maisfelder. Andere von der Sprachfamilie der Caddo zogen nach Norden zum Upper Republican River und errichteten große rechteckige Hütten aus Pfosten und Reisig, die sie mit gestampfter Erde bedeckten. Später wurden die Hütten in kreisförmigem Grundriß gebaut. Von den oberen Woodlands schoben sich die Völker der Algonkin und der siouanischen Sprachfamilie nach Westen vor. Noch waren Mais, Kürbis und Bohnen ihre Existenzgrundlage, aber ein- oder zweimal im Jahr zogen alle, die dazu in der Lage waren, in die Lebensräume der Büffel. Die Männer erlegten das Großwild, Frauen besorgten mit Hunden den Abtransport. Als Unterkunft nahm man ein kleines Lederzelt mit. Die leichten Stangen zogen die Hunde hinter sich her. Der Februar galt als beste Zeit, wollte man die Büffelfelle zur Bekleidung verwenden, und im Herbst hatte man die höchste Fleischausbeute, wenn die Tiere von der Sommerweide fett geworden waren.

Inzwischen wird der Leser erkannt haben, daß die ursprüngliche Bevölkerung Amerikas keineswegs als etwas Statisches anzusehen war. Wenn wir die Stämme aufzählen wollen, die ungefähr im Jahre 1600 an der Ostgrenze der Ebenen lebten, werden wir beim Winnipegsee mit den Jägern und Fischern der Cree und der Assiniboin beginnen müssen. Dann werden wir von Minnesota nach Süden mehr oder weniger der Reihe nach auf die Sioux oder Dakota treffen (wilder Reis und etwas Mais), auf die Ponca, Pawnee, Omaha, Iowa, Oto, Missouri, Kansa oder Kaw, die Osage und Quapaw und schließlich die verwandten Wichita und Caddo. Die meisten dieser Stämme betrieben die Landwirtschaft zumindest zeitweilig. Zwischen ihnen und der Golfküste wohnten die Tonkawa, die Atakapa und die Karankawa. Die Tonkawa und Atakapa ernährten sich reichlich von Büffelfleisch, die Karankawa aßen sehr viel Fisch. Alle drei sollen zuverlässigen Berichten nach außerdem Kannibalen gewesen sein.

Auch am Missouri finden wir Anklänge an Landwirtschaft. Man wohnte in Erdhütten, ganze Dörfer erstreckten sich längs des hohen Westufers des Missouri. Zuerst die Arikara (Ree) von der Sprachfamilie der Caddo, dann die Mandan von der siouanischen Sprachfamilie und, wo der Fluß nach Westen biegt, die Hidatsa oder Minitari, ebenfalls siouanischsprachig.

Und wie sah es in den eigentlichen Prärien aus? Nordwestlich bis zu den hügligen Ausläufern der Rocky Mountains wanderten die Blackfoot. Sie kannten keinen Maisanbau und pflanzten lediglich Tabak für ihre Zeremonien an. Sie kämpften in förmlichen Schlachten gegen die Shoshoni, dabei schützten sie sich mit großen Schilden. Aus den Bergen kamen die Comanchen und die Kiowa, ihnen waren die verschiedenen Gruppen von Apachen aus dem athapaskensprachigen Norden vorausgegangen. Die Gesamtbevölkerungsanzahl betrug ungefähr 136 000.

Der »Medizinbund« kommt auf

In den Jahren 1540/1542 dröhnten die Prärien unter dem Donner von Pferdehufen, einem Geräusch, das seit mehreren tausend Jahren dort verklungen war. Die Pferde gehörten zur Expedition des Francisco Vasquez de Coronado, und es ist unwahrscheinlich, daß einige von ihnen entliefen, wie das immer wieder behauptet worden ist. Als 1603 die spanische Kolonisierung am Rio Grande ernsthaft begann, wurde den Indianern der Gebrauch von Pferden verboten. Aber weder Pferde noch Indianer ließen sich immer befehlen. Pferde entliefen, Indianer verübten Überfälle. Bis ungefähr 1640 waren die südlichen Apachen beritten, und bald danach verhandelten die Kiowa Pferde an die Wichita und Pawnee. Jenseits der Berge brachten die Ute Pferde über die Shoshonen nach Norden in die mit Beifuß bewachsenen Ebenen von Oregon und Washington zu den Nez Percé und zu den Cayuse, deren Stammesname zum Synonym für »Pony« wurde. Die Comanchen, die es um 1700 in diese Prärien verschlagen hatte, kamen bald in den Ruf, die beste »leichte Kavallerie« der Welt zu haben.

Vom Süden und vom Westen ging eine »wahre Pferdeflut« aus. Die Dörfer der Mandan und Arikara wurden zu Handelszentren, über die Pferde zu den Sioux und anderen Stämmen östlich des Missouri kamen. Der Handel nahm einen gewaltigen Aufschwung, und am Ende des 18. Jahrhunderts gab es zwischen den Stämmen große Jahrmärkte. Europäische Artikel regten dazu an, aber der Anlaß war indianischer Unternehmungsgeist. Da wurden von der einen Seite Pferde gehandelt und der Überschuß an Fleisch und Fellen, den die berittene Jagd einbrachte; von der anderen Seite wurden außer Mais und Bohnen der lokalen Produktion vor allem Stoffe, Metallwaren und besonders Gewehre über indianische Zwischenhändler aus dem Osten angeboten. Die Geschäfte wurden mittels Zeichensprache zwischen den Stämmen abgewickelt. Nicht Laute, sondern Gesten, die Vorgänge und Figuren ausdrückten, ermöglichten trotz völlig fremder Sprachen eine Verständigung.

Es dauerte mindestens 150 Jahre, bis alle Stämme beritten waren, aber die Auswirkungen waren enorm. Die Jagd auf die 60 Millionen Büffel war plötzlich nicht mehr anstrengend und mühselig, sondern vollzog sich erregend einfach wie auf Zielscheiben. Eine Herde konnte man jetzt umzingeln und in eine galoppierende Kreisbewegung zwingen. Dann schoß man aus nächster Entfernung aus dem Sattel die ausgewählten jungen Kühe ab. Die Frauen konnten mit Packpferden und Pferdetravois gewaltige Fleisch- und Felladungen abtransportieren, weit mehr als die 20 kg, die früher von den Hunden geschleppt werden konnten. Wohin die Büffel auch wanderten, der Mensch konnte ihnen folgen, allerdings nur, solange er mit seinen Nachbarn im Frieden lebte. Und das tat er natürlich nicht.

Ebenso wie die Weißen ein Jahrhundert später nach Westen drängten, um Ackerbau zu betreiben, zogen die Indianer westwärts, wobei sie den Feldbau aufgaben. Die Arapaho und Cheyenne, die Crow und Teton (westliche Sioux oder Dakota) verließen freiwillig ihre Erdhütten und Grabstöcke, um ganz und gar Jäger zu werden, oder sie wurden vertrieben. Im Norden gaben die Assiniboin (in Kanada »Stoneys«) und Teile der Ojibwa und Cree die Möglichkeiten auf, die ihnen der Wald bot. Die Jäger der Blackfoot – das waren die Blackfoot selbst, dazu die Blood und die

Ein Hundetravois bei den Indianern der Prärie, ein Überbleibsel aus den Zeiten, als man noch keine Pferde hatte. Foto um 1870

Ein Pferdetravois der Indianer der Prärie

Piegan mit ihren Anhängern, den Atsina (Gros Ventres) und den Sarsi – wurden stärker und zahlreicher und rächten sich nun an den Shoshonen, von denen sie vorher gequält worden waren. Die Kutenai, die Flathead, die Nez Percé und andere Stämme des Columbiaplateaus ritten regelmäßig über die Gebirgspässe, um Büffel zu jagen. Zu Pferd sah man die Prärien in ganz neuem Licht. Mindestens neun Stämme verließen ihre Wälder für immer und wurden Nomaden.

Pferde waren der Schlüssel zum neuen Leben. Ihr zahlreicher Besitz wurde zu einer Prestigeangelegenheit; die Fertigkeit, sie anderen Stämmen zu stehlen, Ehrensache. Und es gab Anlaß zur Vergeltung, denn gelegentliche Todesfälle erforderten Rache. Da waren aber auch andere Ursachen für Rivalität: Zugang zu den besten Jagdgründen und besonders der Zugang zu den Handelswaren der Weißen. Bereits 1738 hatte Sieur de la Vérendrye bei dem Stamm der Mandan überwintert, und nach und nach rückte die Handelsgrenze immer weiter vor. Die Pelzhandelsgesellschaften wollten Biberfelle, waren aber darauf eingerichtet, mit Stoff, Metall, Schießpulver und Alkohol auch die Fleischlieferungen und die Häute zu bezahlen, die nötig waren, um ihre eigenen Fallensteller bei Laune zu halten. Die Handelsbeziehungen waren oft kompliziert. Es war durchaus möglich, daß man einer Gruppe Weißer eine Ladung Biberfelle stahl, um sie dann an eine andere zu verkaufen. Und Gefangene, die man als Sklaven verhandeln konnte, wurden durch Kriegszüge noch zusätzlich eingebracht. Beträchtliche Mengen an weiblichen Gefangenen verkaufte man 1759 ins französische Kanada, später wurden die Plantagen des Südens ein einträglicher Absatzmarkt. Die Geschäfte brachten keine Freundschaft zwischen den Stämmen. Es gehörte zum Handelswesen der Indianer, daß die Feinde von heute am nächsten Tag Verbündete sein konnten.

Das Leben in den typischen Stämmen

Von den vielen Stämmen, die das Pferd inzwischen zur Büffeljagd verwendeten, betrachtet man neun als besonders typisch für die neue Kultur der Prärien. Es sind die Blackfoot, die Atsina, die Assiniboin, die Teton Dakota, die Crow, die Arapaho, die Cheyenne, die Kiowa und die Comanchen. Diese Aufzählung ist einigermaßen geordnet, dem Verlauf von Norden nach Süden folgend, aber die Standorte der Stämme waren nie allzu dauerhaft. In den Jahren um 1870 betrachteten die Teton in voller Überzeugung die Black Hills als ihre heiligen und unsterblichen Jagdgründe, obwohl noch nicht einmal hundert Jahre vergangen waren, seitdem die ersten Teton (die Oglalas) hier Fuß gefaßt und die Kiowa vertrieben hatten. Nachdem sie erst einmal Pferde besaßen, bedeuteten Entfernungen wenig für die Indianer der Prärie. Es ist bekannt, daß die Blackfoot aus Montana Raubzüge bis weit nach Süden in die Bereiche des mexikanischen Staates Durango unternahmen.

Die grundlegenden Merkmale der neuen Kultur der Prärie waren einerseits die volle Ausnutzung des Pferdes und des Büffels, die dauernde Verwendung eines Lederzeltes, des Tipis, die Institution einer Gruppe von Männern mit Disziplinarfunktionen und der jährliche Sonnentanz. Auf der anderen Seite stehen das Fehlen jeglichen Nahrungsmittelanbaus und die Preisgabe der Tongefäßherstellung. Natürlich gab es in diesem Rahmen Unterschiede zwischen den »typischen« Stämmen, was die Sprache, die soziale Struktur, das Aussehen, Einzelheiten in der Bekleidung und künstlerische Talente betrifft. Die Beschreibung des Lebens in den Prärien, die nun folgt, muß als Synthese verstanden werden.

Das Baby wurde im Familientipi geboren, die Mutter – auf Knie und Ellenbogen gestützt – hielt sich an zwei Stangen, die an ihrem Bett befestigt waren. Weibliche Verwandte waren dabei anwesend, nie aber der Vater oder irgendein anderer Mann, außer vielleicht ein Heilkundiger, dessen Traumkräfte ihn dazu befähigten, bei der Entbindung helfen zu können. Die Behandlung durch ihn bestand möglicherweise aus Gesang, Verbrennen von Süßgras (Hierochloe) oder dem Einreiben der Gebärenden mit entbindungsfördernden Mitteln, z. B. einer gekauten Wurzel. Die ersten vier Tage fütterte eine Tante das Baby. Zwei Tage nach der Geburt durchbohrte die Mutter die Ohren ihres Kindes mit einer heißen Ahle und steckte kleine eingefettete Hölzchen in die Löcher. Danach verbrachte das Baby viele Stunden in einem moosgepolsterten Hirschlederbehälter, der an ein Wiegenbrett geschnürt war und von dem ein perlen- oder quillbesticktes Beutelchen herabhing, in das man seine Nabelschnur eingenäht hatte. Noch in den ersten Lebenstagen lud man einen berühmten Krieger ein, um dem Kind einen Namen zu geben. Das Honorar dafür war in Pferden zu bezahlen. Die Namen, die man übrigens auch an Mädchen verlieh, waren gelegentlich verborgene Anspielungen auf Heldentaten vergangener Kriege oder auch Namen von inzwischen Verstorbenen. Diese Namen konnten mehrmals im Leben gewechselt werden. Schmeichelnde Namen für Frauen, wie z. B. »Lachendes Wasser«, waren als Kosenamen geeignet und wurden parallel zum richtigen Namen verwendet. Die letzte Namensänderung konnte sich sogar nach dem Tode vollziehen, denn man hielt es für unpassend bzw. gefährlich, den Namen des jüngst Verschiedenen auszusprechen.

Die Kindheit war frei von Sorgen. Züchtigungen gab es selten, höchstens eine Bestrafung mit Wasser auf die Nase, um einem Kind das laute Weinen abzugewöhnen, weil Kindergekreisch Feinde alarmieren konnte. Jungen stellten mit ihren kleinen Bogen Vögeln und Kaninchen nach. Nach einer Büffeljagd suchten sie die mutterlosen Kälber und töteten sie. Die Felle übergaben sie den Mädchen zur Verarbeitung. Wettkämpfe im Bogenschießen waren beliebt, und im Winter spielte man »Schneeschlange«, d. h., man ließ lange glatte Wurfspieße so weit wie möglich einen gefrorenen Hang hinuntergleiten. Mit größter Begeisterung beschossen sich Gruppen von Jungen mit Vogeleiern oder Schlamm, oder sie zogen von Tipi zu Tipi und verlangten von den Leuten Eßbares, damit die sich vom Unheil loskauften.

Die Jugendlichen hatten wenig oder gar nichts an, aber wenn sie dann Bekleidung erhielten, war es die gleiche wie die der Älteren. Zur Grundbekleidung der Männer gehörte der schon beschriebene Lendenschurz; ohne ihn ertappt zu werden galt als große Schande für die meisten Männer der Prärie. An Wichtigkeit folgten die Mokassins. Eine für die Prärie charakteristische Art besaß eine separate harte Sohle aus Rohleder.

Weichsohlige Mokassins, die aus einem Stück gefertigt waren, wurden ebenfalls getragen. Die Leggings für die Männer reichten bis zum Oberschenkel, wie sie auch in den Woodlands getragen wurden. Ganz anders als die breiten geraden Stoffröhren, die dann später folgten, waren die früheren Lederleggings maßgeschneidert und paßten genau um die Beine. Die für besondere Gelegenheiten waren mit Querstreifen bemalt, hatten am Saum Perl- oder Quillstickerei, dazu Fransen aus Menschen- oder Pferdehaar sowie aus Leder, und waren an der Basis mit Stachelschweinborsten (Quill) oder einem Stoffstreifen umwickelt. Einige hatten zusätzlich Lederlappen, die mit kurzen Fransen verziert oder durchlöchert waren und über den Fuß des Trägers herabfielen.

Ein wichtiges Bekleidungsstück war der Mantel aus Büffelfell – eine ganz weichgegerbte Büffelhaut samt Fell. Man konnte ihn mit strenger Würde tragen oder sich bequem hineinwickeln.

Durch das Reiten änderte sich vermutlich die Oberbekleidung der Männer. Noch 1830 trugen viele ein Gewand, das bis zu den Knien reichte und aus zwei Elch- (Wapiti-) oder Hirschhäuten bestand. Weite Ärmel waren darangenäht und manchmal am Unterarm und Handgelenk abgesäumt. Die Schneiderkunst wurde nach Norden zu unter dem Einfluß der Tundrabewohner wesentlich ausgeprägter. Die späteren Hemden der Prärieindianer waren nur hüftlang und sahen wie ein Poncho mit Ärmeln aus. Zwei Häute vom Dickhornschaf bildeten nach Größe und Form das beste Ausgangsmaterial. Dieses Kleidungsstück wurde manchmal auch aus Stoff geschneidert, aber noch häufiger nahm man als Ersatz für das Hirschlederhemd das geknöpfte Hemd des weißen Mannes, zivil oder im Uniformstil, und trug einen Gürtel darüber.

Die Frauen hatten kurze Leggings, die unter dem Knie festgebunden waren. Die Grundbekleidung bestand ähnlich dem langen Hemd der Männer aus zwei zusammengenähten Hirsch- oder Elchfellen, wobei die Beinteile der Tiere die Ärmel bildeten. Einzelheiten im Zuschnitt waren von Stamm zu Stamm verschieden. Im Süden galten Leggings und ein langer Rock als ausreichend, dazu trug man, wenn nötig, den Büffelmantel über die Schultern. Die besten Kleider waren mit Anhängern von Perlenschnüren oder handelsüblichen Metallfingerhüten oder Bentaliummuscheln geschmückt. Die weiten Ärmel und Schulterteile konnten mit Stachelschweinsborsten oder mit Glasperlen bestickt sein (letztere machten sie besonders schwer). Der beliebteste Schmuck bestand aus Reihen von Elchzähnen, die manchmal durch Imitationen aus Knochen ersetzt wurden. Lange Kleider aus farbigem Tuch waren später ähnlich verziert.

Eine Kopfbedeckung gab es im allgemeinen nicht. Die Männer des

Foto eines Wichitamädchens, aufgenommen in Fort Sill, Indian Territory, um 1870. Es sagt mehr über die Würde der Frau bei den Indianern der Prärie als die Bilder von federgeschmückten »Prinzessinnen« heutiger Indianerparaden

Nordens trugen manchmal im Winter eine Pelzkappe, im östlichen Bereich zogen sie eine Otterfellmütze, ähnlich einem Husarentschako, vor. Augenschutzblenden aus Rohleder waren bekannt. Die Männer der Hochprärie trugen ihre Haare lang, manchmal sogar mit angeklebten Locken künstlich verlängert. Die Männerhaarmode reichte vom bis auf die Skalplocke völlig kahlen Schädel bis zur raffinierten Frisur mit Haarzöpfen, Pony über der Stirn, Seitenlocken und Haarknoten. Die Frauen trugen das Haar im allgemeinen gescheitelt, gleich, ob es in Zöpfen geflochten war oder offen blieb, die Scheitellinie färbten sie mit Ocker oder Zinnober rot. Nur die Männer steckten sich Federn ins Haar. Je nach Anzahl, Lage, Farbe und Anordnung sagten sie hinsichtlich der Kriegserfolge und Vorrechte ihres Trägers etwas aus. Andere Dinge, die man ebenfalls ins Haar band, waren eventuell Amulette und auch Zeichen für erfolgreiche Verführungen. Die Männer der Prärie teilten mit ihren östlichen Verwandten die Vorliebe für eine künstliche Bürste aus gefärbten Hirschhaaren und Federbüscheln des Truthahns, die manchmal mit einer geschnitzten Knochenleiste gespreizt wurde und vom Scheitel bis ins Genick herabhing. Ursprünglich war sie an eine Haarlocke geknüpft, heutzutage muß sie wegen der modernen kurzen Haare an einer Schnur, die unter dem Kinn zusammengebunden wird, befestigt werden.

Kriegshauben

Gab es keine perlenbestickten Stirnbänder? Nun ja, kaum. Gab es einen Kopfputz aus Adlerfedern? Ja, aber nur für ausgezeichnete Männer. Das Recht, so etwas zu tragen, was heute zu jedem »echten« Indianer dazugehört, mußte man sich durch Tapferkeit im Krieg und bei Raubzügen verdienen; daher stammt auch der Ausdruck »Kriegshaube« (warbonnet). Die Grundlage dieses Kopfputzes ist eine Kappe aus Hirsch- oder Büffelhaut. An ihrem Rand sind die Schwanzfedern vom jungen Goldadler, die an den Spitzen schwarz sind, in Schlingen befestigt. Ein schmaler Lederstreifen verbindet sie nochmals in halber Höhe, um sie auszurichten. Ein Stirnband, das mit Stachelschweinborsten, Perlen oder sogar Vogelklauen verziert ist, reicht von Ohr zu Ohr, wo es in herabhängende Bänder oder Streifen von Hermelinfell ausläuft. Daunenfedern kann man unten am Kiel der Adlerfedern befestigen, an die Spitzen klebt man Büschel gefärbten Pferdehaares. An der Rückseite befindet sich bisweilen eine lange Leder- oder Tuchschleppe, die eine oder mehrere Reihen von Federn trägt. Ein Lederriemen unter dem Kinn bewahrt den Kopfputz davor, zum Spielball des Windes der Prärien zu werden.

Diese Form des Kopfputzes soll zuerst bei den Teton aufgekommen sein und gehört weitgehend in die Zeit, als man bereits Pferde besaß. Im frühen 19. Jahrhundert war der Kopfschmuck der Prärie sowohl in der Form als auch in der Auswahl der Federn viel variabler. An den Lederkappen waren Büffelhörner befestigt, dazu oft ein hoher Kamm von Adlerfedern, der bis zu den Fersen reichte. Die Blackfoot bevorzugten einen steifen Kranz von Federn, die aufrecht in einem breiten Kopfband standen. Ein Kopfputz mit Hörnern, der von den Blackfoot erhalten blieb, ist mit Adlerfedern bedeckt, und zwar von den Flügeln und dem Körpergefieder, auch Flaumfedern sind dabei. Dazu gehört noch eine breite Schleppe scharlachroten Tuches, an der kurze Federn und Messingglöckchen in Querreihen angebracht sind.

Der echte Kriegsschmuck kündete nicht nur von Tapferkeit, er verlieh seinem Träger auch magischen Schutz, noch dazu, wenn gewisse Tabus eingehalten wurden. Ein Häuptling der Cheyenne, Roman Nose, besaß einen Kriegsschmuck, dessen übernatürliche Wirkung darauf beruhte,

Schwitzhütte mit zurückgeschlagener Bedeckung, Teton Dakota (Sioux) in der Rosebud Reservation in Süddakota im Jahre 1898. Dampf entstand, indem man Wasser über erhitzte Steine spritzte, die von draußen hereingerollt wurden. Das Schwitzen war zur rituellen Reinigung fast überall in Nordamerika üblich

daß er nie etwas aß, was mit Metall in Berührung gekommen war. Als er bei der Belagerung einer Armee-Einheit unter Forsythschen Truppen auf Beechers Island im Jahre 1868 erfuhr, daß man ihn mit Fleisch bewirtet hatte, das mit einer eisernen Gabel vom Feuer genommen worden war, wußte er, daß er sterben mußte. Er stürzte sich wiederholt in die Gewehrsalven der Soldaten, bis er fiel.

Bei einigen Stämmen mußte ein Mann Adler für seinen eigenen Bedarf selbst fangen. Nachdem er ihnen die Schwanzfedern ausgezupft hatte, mußte er sie aber wieder freilassen. Die Methode der Hidatsa bestand darin, sich in einer flachen Grube, unter Reisig versteckt, auf die Lauer zu legen. Obenauf lag ein Fleischköder. Sobald der Vogel, verführt von seiner ordinären Vorliebe für Aas, sich über den Köder hermachte, wurde er von unten gepackt. Angesichts der Größe des Vogels und der Kraft seiner Fänge wie seines Schnabels und des erwarteten Widerstands, sich von seinen Steuerfedern zu trennen, mögen die Tage des Fastens und der Reinigung, die dem Jäger dann auferlegt waren, sehr dienlich sowohl für seine Nerven als auch für äußere Verletzungen gewesen sein. Nicht alle Stämme lehnten das Töten der Adler ab, aber dieses Fangen brachte weniger Enttäuschung als das Bogenschießen auf ein Ziel in der Luft.

Die Suche nach einer Vision

Hier waren es die jungen Männer, die geistliche Hilfe mittels Visionen suchten. Nackt und bisweilen mit weißem Ton bemalt, wehklagten und beteten sie, tagelang aufrecht stehend, an einem einsamen Platz. Vielleicht mußte erst ein Fingerglied abgeschnitten oder andere Stücke des eigenen Fleisches geopfert werden, bis die Geister endlich einen vielsagenden Traum schickten. Weitere nächtliche Visionssuchen konnten das ganze Leben lang immer wieder unternommen werden, obwohl man auch spontan Offenbarungsträume hatte. Das feste Muster solcher Träume braucht niemanden allzusehr zu überraschen, wenn man die kulturellen Voraussetzungen des Träumenden und die Fähigkeit des menschlichen Gedächtnisses, Traumbilder in verständliche Formen zu bringen, in Betracht zieht.

Mädchen suchten keine Visionen. Während der Pubertät wurde ihnen die Abgeschlossenheit erspart, unter der die Mädchen aus weniger großzügigen Gegenden zu leiden hatten. Sie verbrachten die Tage mit Lernen, indem sie die Aufgaben der älteren Frauen übernahmen. Als jedoch der Reichtum der Präriekultur zunahm, gab es eine gewisse Tendenz, Töchter angesehener Familien vor der Heirat sehr zu verwöhnen.

Zur Frauenarbeit gehörte die Fellverarbeitung. Man machte daraus Zeltbahnen, Kleidung, Mokassins und Behälter. Aus den langen Sehnen von Hirsch und Büffel stellten die Frauen Fäden zum Nähen her. Sie kochten das Fleisch, das die Männer erbeutet hatten, oder sie trockneten und zerrieben es, mit wilden Kirschen gemischt, zu Pemmikan. Entsprechend der Jahreszeit pflückten sie Beeren und gruben nach Wurzeln. Und sie verzierten die besten Kleidungsstücke, Beutel, Sättel und Kindertragen – eben fast alles, was aus Fell oder Rohleder hergestellt wurde – mit Borstenstickerei, Perlen oder Farbe. Besonders für die rohledernen Parfleches, lange flache Taschen, in denen Pemmikan aufbewahrt wurde, verwendeten sie Farben, ebenfalls für die Lederseite der Büffelmäntel. Die Muster waren geometrisch oder abstrakt. Die beredten kleinen Malereien von Kriegsheldentaten führten die Krieger selbst aus.

Die Bearbeitung von Fellen

Um die Felle zu bearbeiten, befestigte man sie auf dem Erdboden oder spannte sie in einen Rahmen. Alle Fleischreste wurden mit einem Steinschaber entfernt. Ein axtförmiges Werkzeug aus Horn mit einer Feuersteinklinge diente dazu, die Tierhaut auf eine gleichmäßige Stärke zu bringen. Sollte die Haut als Rohleder verwendet werden, war damit die Bearbeitung schon abgeschlossen. Sollte es feines Hirschleder werden, rieb man das Fell mit einer Mischung von Hirn, Leber, Asche, Fett und manchmal auch Seifenkraut ein, bevor man es in Wasser einweichte. Ziehen, Spannen und weiteres Abschaben waren nötig, bis das Fell geschmeidig wurde. Das Entfernen der Behaarung geschah in gleicher Weise wie das Abschaben der Fleischreste oder mit einer Art Ziehklinge. Das Fell wurde zu diesem Zweck über einen Baumstamm gespannt.

Zwischen elf und zwanzig Fellen von Büffelkühen brauchte man für eine einzige Tipiplane. Bei solch einem großen Vorhaben arbeiteten alle Frauen gemeinsam unter der Leitung eines Fachkundigen, danach wurden sie vom Besitzer festlich bewirtet. Die Zeltstangen wurden von den Männern geschlagen, die sie von Ausflügen ins mit Fichten bestandene Hügelland mitbrachten. Aber das Aufstellen der Tipi war Aufgabe der Frauen. Drei oder vier Tipistangen, je nachdem, um welchen Stamm es sich handelte, wurden etwa einen halben Meter unterhalb der Enden zusammengebunden und als Grundgestell aufgerichtet, andere Stangen darangelehnt und die ganze riesige Zeltbahn mit der letzten Stange hochgezogen. Man legte sie danach rundherum und befestigte sie unten mit

Holzpflöcken. Zwei ohrenartige Klappen, beide auf besonderen Stangen von außen gehalten, konnten so verstellt werden, daß sie die Luftzufuhr und den Rauchabzug regulierten. Haken oder Steine hielten den unteren Rand der Zeltbedeckung. Die Feuerstelle mitten im Tipi war etwas ausgeschachtet. Von den Stangen ließ man verzierte Fellvorhänge als Begrenzung herabhängen. Betten aus Kleidungsstücken waren an der Außenwand angeordnet, Rückenstützen aus geflochtenen Weidenruten wurden auf einer Art Dreifuß befestigt. Der Ehrenplatz befand sich an der Rückseite des Tipi dem Eingang gegenüber. Eine genaue Vorschrift regelte die Sitzordnung und die Art des Eintretens.

Ehe

Es gab beträchtliche Unterschiede zwischen den Stämmen der Prärie hinsichtlich der Partnersuche. Wir finden sowohl matrilineare als auch patrilineare Clans, doch das Heiratsverbot innerhalb eines Clans wurde nicht immer völlig durchgesetzt. Dieses System befand sich wohl in einem Zerfallsprozeß. Das Werben vollzog sich zumindest nach außen hin diskret. Junge Männer suchten nach Gelegenheiten zum Gespräch mit den Mädchen, wenn diese gerade Wasser holten oder Beeren pflückten, und brachten der Auserwählten Abendständchen auf Holzflöten dar. Klatsch sollte vermieden werden, aber nach Einbruch der Dunkelheit war es bei beiden Geschlechtern üblich, daß sie heimlich an der Zeltwand als Verabredungssignal kratzten, und zwar da, wo sich das Bett des oder der Geliebten befand. Ein gemeinsames Durchbrennen gab es auch, jedoch zur »besten« Form der Heirat gehörte es, den Eltern der Braut Pferde zu schenken. Das wurde oft durch eine reichliche Mitgift vergolten. Eine Scheidung vollzog sich ganz einfach, indem nämlich eine Partei die andere hinauswarf. Aber ein hoher Prozentsatz der Ehen blieb stabil. Polygamie war allgemein üblich und nahm später, als man Pferde hatte, noch stärker zu: Je erfolgreicher ein Jäger war, desto mehr Frauen brauchte er, um seine Beute für die Händler aufzubereiten. Einzelne Fälle, daß ein Mann dreißig Frauen hatte, sind von den Blackfoot berichtet worden. Im besten Fall heiratete ein Mann die Schwestern seiner ersten Frau, sobald sie das entsprechende Alter erreicht hatten.

Sexuelle Unberührtheit wurde überall geschätzt, jedoch der Erfolg der Cheyennefrauen, sie lange Zeit zu bewahren, bot den anderen Stämmen Anlaß zur Verwunderung. Während man von einem Mann erwartete, daß er seinen Launen nachgab, und bei einigen Stämmen der Raub und sogar das Verborgen von Ehefrauen fest eingebürgerte Gewohnheiten waren, wurde der Ehebruch durch eine Frau traditionell mit dem Abschneiden ihrer Nase bestraft.

Es gab einige Männer, und nicht nur in der Prärie, die sich der Rolle eines muskelbepackten Kriegers nicht gewachsen fühlten. Für sie gab es keinen Mittelweg: Sie trugen Frauenkleidung und machten Frauenarbeit, ja ihnen wurden sogar verantwortliche Aufgaben bei bestimmten Riten zugewiesen. Gewöhnlich konnte man sie unter dem Begriff Berdache finden. Sie gaben den Missionaren immer wieder Anlaß zu endloser Seelenerforschung.

Kriegführung

Die Ausbildung für den Krieg begann bereits sehr früh, aber selten erhielt ein junger Mann auf seinem ersten Kriegszug andere Beschäftigungen als die des Lagerkochs oder eines Handlangers. Vorrangige Beweggründe für die Teilnahme am Krieg waren persönlicher Ruhm, das Erbeuten von Pferden und die Rache. Auf einem Rachefeldzug tötete man bisweilen blindlings, doch die totale Vernichtung der Feinde wurde selten ins Auge gefaßt. Pferderaub war aus Prestigegründen nötig. Man konnte dann große Mengen davon an die weniger Erfolgreichen verteilen. Höchstes Ansehen brachte die Anhäufung von Kriegsauszeichnungen, die bei Festlichkeiten öffentlich aufgezählt wurden. Solche Auszeichnungen waren ganz speziell abgestuft, wie nach einem Punktsystem. Das wurde bei den einzelnen Stämmen unterschiedlich gehandhabt, jedoch galt immer das gleiche Kriterium, sich nämlich freiwillig dem Tod auszusetzen und ihn zu verachten. Und so war das Berühren eines Feindes mit bloßen Händen oder der Waffe – einen »Coup« ausführen – ehrenhafter, als ihn zu töten, was ja auf längere Sicht immer noch geschehen konnte. Einen toten Feind zu berühren, fand geringere Anerkennung. Andere Heldentaten, die öffentliche Anerkennung erfuhren und in einigen Fällen Vorbedingung für die politische Führung waren, bestanden in Folgendem: Man mußte ein Gewehr erbeuten, Verwundungen hinnehmen, einen Skalp erobern oder ein angebundenes Pferd stehlen, ohne daß es bemerkt wurde.

Kriegszüge regte gewöhnlich ein einzelner Stammesangehöriger an, wobei er sich meist auf einen Traum berief. Oft veranlaßte er den Angriff auch, ohne einen Traum gehabt zu haben. In diesem Falle forderte er den Besitzer einer Pfeife mit magischen Kräften auf, die Expedition zu führen.

Mit Genehmigung der Älteren wurde dann auch gerüstet, das bedeutete für Frauen, Knaben oder einen Berdache schwerste Arbeit. Kriegsinsignien wurden in Rohledertaschen transportiert, Pferdediebe gingen gewöhnlich zu Fuß, sie hofften auf Beute, um heimwärts reiten zu können. Zusätzliche Mokassins wurden immer mitgenommen, ebenfalls ein Vorrat an Pemmikan. Zu den Waffen gehörte die gefährliche Kriegskeule der Prärie mit ihrem eiförmigen Steinkopf, der mit Rohleder an einem elastischen Holzstück befestigt war. Beliebte Kriegslist war immer die Überraschung: mit den Pferden verschwinden, bevor der Verlust entdeckt wurde.

Brauchte man Skalpe, überfiel man einen einsamen Reisenden oder eine einzelne Hütte, ohne daß die Opfer darauf gefaßt waren. Zu einem richtigen Kampf konnte es bei Verfolgungen oder bei Fehleinschätzungen der Anzahl von Feinden kommen. Einige Stämme hatten dauerhafte Schutzwälle aus Steinen oder Holzbalken an einer gut gewählten Stelle errichtet, hinter die sich die bedrängten Krieger dann zurückziehen konnten.

Verluste sollten vermieden werden. Ausnahmen bildeten lebensmüde »verrückte Hunde«. Aber auch sie konnte man retten, ohne daß es eine Schande war. Gefangene hatten die Chance, adoptiert zu werden, obwohl Zorn auch zur unzeremoniellen Folterung verleiten konnte. Die Leichen wurden skalpiert und gelegentlich auch verstümmelt. Die Krieger legten ihren Putz an und bemalten sich, bevor sie feierlich ins Dorf einzogen und sich von den Frauen lobpreisen ließen, sofern sie erfolgreich von einem Beutezug zurückkehrten. Die Frauen waren es, die um die Skalpe tanzten.

Als wichtige Einrichtung im Leben der Prärie galt die Mitgliedschaft in Gesellschaften von Männern. Je nach Stammesbrauch konnten diese Gesellschaften einfach freiwillige Vereinigungen sein oder straff geregelte Organisationen, die alle Männer bestimmter Altersstufen erfaßten. Nach etwa vier Jahren übernahm eine Altersgruppe die Lieder, Rechte und Pflichten der nächstälteren Abteilung, die wiederum alles von ihren Senioren überliefert bekam; die älteste Gruppe wurde ganz verabschiedet. Während die Aufrechterhaltung der öffentlichen Ordnung, besonders bei gemeinsamer Jagd und bei Lagerwechsel, im allgemeinen einer solchen Gesellschaft anvertraut wurde, hatten andere auch Privilegien, die sogar Übeltaten erlaubten, wie z. B. den Raub der Ehefrauen eines anderen Bundes. Ein Ehemann, der seine Frau wieder zurücknahm, wurde ausgelacht und fand keine Anerkennung. Jede Vereinigung hatte ihre eigenen Sitten, Insignien und Verpflichtungen, die manchmal bis zur selbstmörderischen Tapferkeit im Krieg führten, wie bei den erwähnten »verrückten Hunden«.

Heilige Bündel

Die Idee der »Medizinbündel«, dieser Kollektionen verehrter Symbole mit übernatürlicher Kraft, gab es sogar auf Stammesebene. Die Cheyenne hatten ihre vier »Heiligen Pfeile«, die jedem Mann, aber nie den Frauen, innerhalb des Stammes regelmäßig, und zwar in einem umfangreichen Ritus von vier Tagen, gezeigt wurden. In anderen Stämmen befanden sich Bündel mit besonderen Kräften in Privatbesitz. Diese gab der Eigentümer an den Erben weiter, oder sie konnten käuflich erworben werden. Die Aufbewahrung oder der Besitz solcher Bündel waren nicht etwa leicht zu übernehmende Verpflichtungen. Dazu gehörte z. B. das Erlernen endloser Lieder und kleinster ritueller Einzelheiten.

Die politische Organisation war lose. Die Einheit, die man gewöhnlich einen Stamm nennt, umschloß normalerweise alle Menschen einer gemeinsamen Sprache. Das konnte hinsichtlich der Bevölkerungszahl ein paar hundert bis zu einigen Tausenden bedeuten. Stämme mit stark verwandten Dialekten konnten als größere Gruppierungen verbunden sein. Das betrifft z. B. die Konföderation der Blackfoot, zu der die eigentlichen Blackfoot (Siksika), die Blood (Kaina) und die Piegan gehörten. Genauso war es mit der westlichen Gruppe der Sioux, den Teton (Titõwã, »Bewohner der Plains«). Dazu gehörten die Oglala, die Hunkpapa, die Blackfoot (Sihasapa), die Brulé, die Sans Arcs, die Miniconjou und die Two Kettles. Das Wort Dakota (örtlich »Lakota«) bedeutet »Verbündete«.

Gefahren für den Wildbestand und die begrenzten Weideflächen für Pferde ließen es bei starken Stämmen nicht zu, daß große Gruppen auf längere Zeit gemeinsam lagerten. Für den größten Teil des Jahres lebten die Stämme aufgeteilt in »Bands«. Eine Band konnte aus ein paar verwandten Familien oder auch nicht verwandten Anhängern eines besonderen Anführers bestehen. Die Cheyenne besaßen die formell ausgeprägteste Stammesregierung. Sie bestand aus einem Rat von vierundvierzig Männern, die zehn Bands vertraten. Die Funktionen von Kriegshäuptlingen und Friedenshäuptlingen hielt man streng auseinander. Die Struktur war demokratisch, in der Praxis zuweilen nahe an der Anarchie. Immer wieder gingen von Zeit zu Zeit starke Persönlichkeiten daraus hervor, die in der Lage waren, alle Angelegenheiten über einen sehr langen Zeitraum hinweg fest in die Hand zu nehmen. Diese Tendenz verstärkte sich unter den besonderen Bedingungen des Widerstands gegen den weißen Mann.

Büffeljagd im Sommer und Sonnentanz

Als Jahreszeit für Stammesversammlungen nutzte man den Sommer. Da gab es die große gemeinsame Büffeljagd und den Sonnentanz. Von ungefähr Juni bis September lagerten die Bands in einem großen Kreis, jede an ihrem ihr zugewiesenen Platz. Das war die Zeit für Pferderennen, Würfeln, Ratespiele, Feiern, zum Prahlen, Werben und Besucheabstatten. Die Jagd wurde, wie schon gesagt, von den Bünden streng, fast polizeilich überwacht. Jede vorzeitige Störung der Büffelherden strafte man gewöhnlich, indem man das Zelt des Frevlers zerstörte oder ihm noch Schlimmeres antat. Sommerfelle waren gut für die Tipis und die Jungtiere erstklassig im Fleisch. Aber es gab nichts vom Büffel, das keine Verwendung gefunden hätte. Ein Fachmann, der sich besonders intensiv mit den Blackfoot beschäftigt hatte, kam auf achtundachtzig Verwendungsmöglichkeiten (außer als Nahrung), von Schilden bis zu den Schlitten, von Wasserbehältern bis zum Klebstoff.

Wenn die Beeren reif waren, wurden die Vorbereitungen für den Sonnentanz getroffen. Diese große Zeremonie der Erneuerung und der Bitte um Glück, die wahrscheinlich zuerst bei den Cheyenne und Arapaho zu finden war, hatten im 19. Jahrhundert viele andere Stämme übernommen. Obwohl sie der Patenschaft einer einzelnen Person unterstand (meistens wegen eines Gelübdes in der Not), erforderte ihre Durchführung die Zusammenarbeit von Männer- und Frauengesellschaften und Praktikern mit speziellen Kenntnissen in Riten, die zu umfangreich sind, um hier im einzelnen dargestellt zu werden. Das wichtigste war ein heiliger Baumstamm, der wie ein Feind »gefangen« in der Mitte eines kreisförmigen und nur angedeuteten Hauses aus Stangen und frischem Grün stand. An der Spitze des Baumes war eine Puppe befestigt oder auch eine Figur aus Rohleder, die manchmal bewußt phallisch gestaltet war. In den meisten Fällen gab es Zeremonien mit einem heiligen Bündel. Das Ganze dauerte acht Tage. In dieser Zeit starrten die Teilnehmer des Rituals in die Sonne. Ein paar junge Männer erfüllten Gelübde, indem sie noch mehr taten. Bemalt und bekränzt unterwarfen sie sich freiwillig der Qual, mit Seilen, die in Holzstäbchen endeten, welche durch das Brustfleisch gesteckt waren, an dem heiligen Stamm angebunden zu sein. Sie bliesen auf Pfeifen von Adlerknochen, verlagerten ihr Körpergewicht ruckartig nach hinten, so daß sie an den Stäbchen hingen, und tanzten, bis das Fleisch nachgab. Die Narben trugen sie voller Stolz und in der Gewißheit göttlichen Segens, den sie auf ehrenhafte Weise gewonnen hatten. Das und die Stärkung der Stammessolidarität führten zum Verbot des Sonnentanzes in den Tagen der Reservation. Aber inzwischen ist er in ab-

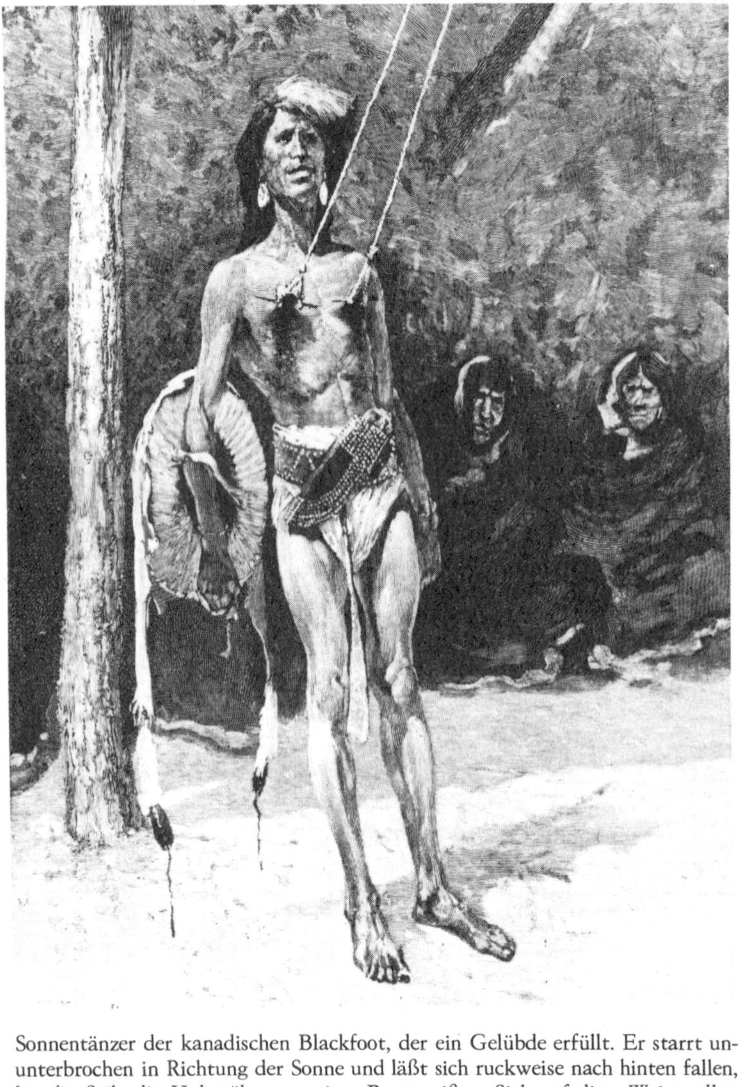

Sonnentänzer der kanadischen Blackfoot, der ein Gelübde erfüllt. Er starrt ununterbrochen in Richtung der Sonne und läßt sich ruckweise nach hinten fallen, bis die Seile die Holzstäbe aus seiner Brust reißen. Sich auf diese Weise selbst Schmerzen zuzufügen, war eine regelmäßige Erscheinung am Rande des großen, alljährlichen Sonnentanzes gewandelter Form erneut ins Leben gerufen worden. In den letzten Jahren ist sogar die selbstauferlegte Folter wieder gestattet.

In einer niedrigen, kuppelförmigen Dampfbadehütte unterzog man sich der für diese und andere Zeremonien notwendigen Reinigung. Heiße Steine oder Tonklumpen wurden hereingebracht und mit Wasser übergossen. Das Dampfbad war zwar mit Gebeten verbunden, doch genau wie das Rauchen durfte man es auch einfach zur Erholung genießen.

Tod

Die kurze Blütezeit der typischen Kultur der Prärie war etwas für die im Vollbesitz ihrer Kraft befindliche Jugend. Man respektierte zwar das Alter, und Großeltern waren wichtig für die Erziehung der Kinder, aber physische Unbeweglichkeit in einer höchst mobilen Gesellschaft blieb ein schweres Hindernis. Jungen Männern wurde ständig gesagt, daß es besser sei, im Kampf zu sterben, als langsam dahinzuwelken. Als Opfer der harten Gesetze des Nomadenlebens durften die Schwachen ohne jeden Vorwurf am Wegesrand zurückgelassen werden – oder sie wurden schnell von einem Sohn getötet. Andererseits war der Tod eine Gelegenheit zum ostentativen Trauern, wobei die Witwen ihre Haare abschnitten, oft auch Fingerglieder, und sich tiefe Wunden an den Gliedmaßen beibrachten. Wo es keine Bäume gab, war es üblich, die Körper der Verstorbenen auf ein hohes Gerüst zu binden, so daß die Präriewölfe nicht herankamen. An dieser Stätte konnte man ein Pferd und vielleicht einen Hund töten. Die Bestattungszeremonien wurden schnell absolviert, denn die Seelen der Verstorbenen suchten für ihre letzte Reise Gesellschaft.

Die Stämme in den Dörfern

Die Lebensweise in der Prärie lockte viele an. Hätte es keine Störungen gegeben, wären vielleicht noch mehr Stämme aus den Bergen und Hochplateaus des Westens heruntergekommen. Für die feldbaubetreibenden Stämme im Osten war die Verlockung weniger stark. Die Mandan, Hidatsa und Arikara hatten es in ihren Erdhütten am Missouri, gewissermaßen in zwei Welten lebend, am besten, bis sie durch die Pocken auf einen kleinen Rest dezimiert wurden.

Die Mandan waren seit einigen Jahrhunderten seßhafte Bewohner der Prärie. Der Sonnentanz bedeutete ihnen nichts, sie hatten ihr eigenes jährliches Zeremoniell, das okipa. Mittelpunkt war ebenfalls ein heiliger

Baumstamm, der jedoch ständig, von einem Holzzaun umgeben, im Dorf stand. Zur selbstgewählten Folter der jungen Männer gehörte hier das Hängen von den Dachbalken der Hütte. Holzstäbchen waren durch Brust und Schultern gesteckt, manchmal verwendete man Büffelschädel als zusätzliche Belastung.

Große schwärmerische Aufmerksamkeit hat man den Mandan wegen ihrer Annahme, walisischer Abstammung zu sein, und ihrem Untergang entgegengebracht. Das Hirngespinst mit Wales hat etwas mit einem Prinzen namens Madoc aus dem 13. Jahrhundert zu tun, obwohl der historische Beleg fehlt. Trotzdem wird in ihm der Ursprung für eine Reihe von Indianerstämmen gesehen, und zwar von den Tuscarora am Atlantik bis zu den Modoc in Kalifornien. Die Mandan verfügten in ihrer Sprache über einige Wörter, die zufällig dem Walisischen ähnelten. Sie verwendeten Boote aus mit Häuten überzogenem Weidengeflecht. Einige waren auch von hellerer Hautfarbe. Aber Sprachwissenschaftler haben vergeblich irgendein keltisches Element in ihrer siouanischen Sprache aufzuspüren versucht. Und das runde Boot aus Fell über einem Weidenrahmen gibt es in Südamerika und im Orient genauso wie in Wales und am Missouri. Auch die helle Hautfarbe ist nicht überraschend, wenn man an die Besuche der Pelzhändler seit 1770 denkt und an den Glauben der Mandan, daß sich durch Geschlechtsverkehr Zauberkraft übertrage, wobei die Ehefrau als Übermittler der Zauberkraft diente. Und Zauberkraft mußten natürlich die haben, die ihnen Gewehre mitbrachten.

Von vielleicht 9000 reduzierte sich die Bevölkerungszahl der Mandan auf tragische Weise durch wiederholte Pockenepidemien immer weiter. Nach der Pockenwelle von 1837 waren noch 23 männliche Stammesmitglieder übrig. Sie wurden zu Zielscheiben für die Teton, wehrten sich aber und adoptierten Männer in den Stamm, um ihn wieder zu vergrößern. Sie vereinten sich 1865 mit den Hidatsa und Arikara in einem einzelnen Dorf und bewahrten ihre Unabhängigkeit. Das Okipazeremoniell feierten sie weiter bis 1888, und ihre Sprache wurde noch vor zwanzig Jahren oder sogar noch länger gesprochen. Trotzdem ist wahr, daß nicht ein einziger Mandan reiner Abstammung übriggeblieben ist.

Das Opfer für den Morgenstern

Den Skidi vom Stamm der Pawnee, die weiter stromabwärts nach Nebraska hin ausgesiedelt waren, wird keine fremdländische Herkunft wie den Mandan zugeschrieben. Sie selbst glaubten, vom Morgenstern und

Petalésharo (Pita-risaru, »Man Chief«), Anführer der »Asking-for-Meat«-Gruppe der Skidi Pawnee. Foto von 1858

seiner Braut, dem Abendstern, abzustammen. Und doch sind Einzelheiten ihres höchst spektakulären Ritus offensichtlich mexikanischen Ursprungs. Vielleicht übernahmen sie ihn von wandernden aztekischen Händlern ungefähr zur Zeit des Kolumbus. Regelmäßig überfiel eine Kriegstruppe der Skidi ein feindliches Lager und suchte dort ein junges Mädchen heraus. Monatelang wohnte das Mädchen in der Hütte dessen, der sie gefangen hatte. Sie wurde freundlich behandelt, und ihr wurden (scheinbar) keine Andeutungen darüber gemacht, was auf sie zukam. An einem Frühlingsmorgen wurde sie hinausgeführt und ausgezogen. Die linke Körperhälfte malte man rot an als Symbol für den Tag, die andere schwarz für die Nacht. Dann band man sie mit Handgelenken und Knöcheln an ein aufrecht stehendes Gestell. Als der Morgenstern aufging, berührte ein Priester sie mit einer brennenden Fackel leicht in den Achselhöhlen und in der Leistengegend, ein anderer stieß ihr einen Pfeil ins Herz, ein dritter öffnete ihre Adern mit einem Feuersteinmesser. Dann wurde jedes männliche Wesen, das alt genug war, einen Bogen zu spannen, aufgefordert, auf den Körper zu schießen. Danach gingen die Leute heim, tanzten, sangen und zeugten. Den entstellten Körper ließ man mit dem Gesicht nach unten an einem einsamen Platz zurück, um die Erde fruchtbar zu machen.

Im Jahre 1816 wurde ein Mädchen von dem erwähnten Gestell befreit und gerettet, und zwar durch Pita-risaru (Petalesharo, »Mannhäuptling«), dem Sohn des obersten Häuptlings der Skidi. Seine Tat fand in den USA viel Beifall, aber Opferungen sollen noch mindestens bis zum Jahre 1837 stattgefunden haben.

Der Weg nach Little Bighorn und weiter

Die Indianer der Prärie lieferten einen dreißig Jahre andauernden Kampf ums Überleben und verloren ihn. Von den Indianerkriegen gibt es ausführliche Berichte in allen Variationen. Das kann hier nur kurz zusammengefaßt werden. Die Geschichte beginnt im Süden mit der Entscheidung der neuentstandenen Republik Texas, um die hier streifenden Stämme der Comanche, Kiowa und Lipan zu vertreiben. Texas sollte Mitglied der Vereinigten Staaten werden, bevor dieses Ziel erreicht war. Weiter im Norden wurde als Lösung vorgeschlagen, große Gebiete als dauernde Jagdgebiete für die Indianer zu reservieren. Weiße Männer sollten sie nur passieren dürfen, wenn sie nach Oregon oder Kalifornien zogen. Diese Politik führte zu einer Reihe optimistischer und unhaltbarer Verträge, die einerseits von Indianern unterzeichnet waren, denen der kleingedruckte Vertragstext unverständlich blieb, und andererseits von Staatsbeamten, die nichts von der Begrenztheit der Vollmachten eines Häuptlings wußten. Der entscheidende Faktor war tatsächlich das Voranschreiten europäischer Technik. Eisenbahnen und Telegrafen, Windkraftpumpen und Erntemaschinen zerstörten das Märchen von der »Großen Amerikanischen Wüste« gerade in dem Augenblick, als die Ströme landloser Einwanderer millionenfach über den Atlantik kamen. Ein ständiger Druck wurde auf die Regierung ausgeübt, die Größe der

Red Cloud (1822-1909), der berühmte Kriegsanführer der Oglala Dakota. Er erreichte, daß die Armeestützpunkte aufgehoben und der geplante Straßenbau zu den Goldfeldern Montanas aufgegeben wurden. Nach dem Vertrag von Fort Laramie im Jahre 1868 hielt er Frieden

Reservationen einzuschränken. Und das geschah nicht nur durch kleine Siedler und große Geschäftemacher, sondern auch durch die Quäker, die die Leitung des »Bureau of Indian Affairs« unter Präsident Grant jahrelang in der Hand hielten. Der weiße Mann betätigte sich innerhalb seiner Kultur nicht weniger aktiv als der Indianer, und der Zusammenstoß blieb unvermeidbar. Örtliche Gewalttaten auf beiden Seiten führten zu Vergeltungsmaßnahmen. Die Armee hatte die Aufgabe, den »Frieden wieder zu sichern«, indem sie die Indianer an die Kandare nehmen sollte. Heute schreibt man der US-Kavallerie diesen Schurkenstreich zu, wird aber damit kaum der Tatsache gerecht, daß die US-Infanterie auch ihren Teil dazu beitrug. Was die Verluste betrifft, zeigt die Statistik zwischen 1789 und 1898, daß durch die Armee 4000 Indianer getötet wurden. Ferner starben 7000 Soldaten und Zivilisten.[2]

Der Widerstand der Indianer zeigte sich uneinheitlich, das brachte Verwirrung und führte dazu, daß einzelne Indianergruppen angegriffen und niedergemetzelt wurden als Vergeltung für Überfälle, die sie gar nicht begangen hatten. Es tauchten einige Indianerführer auf, die als Persönlichkeiten anerkannt waren. Red Cloud vom Stamm der Oglala schaffte es, daß die Armeeposten vom Vertragsland wieder abgezogen wurden. Später verlor er seinen Einfluß, weil er sich ins Unvermeidbare fügte. Der merkwürdige Crazy Horse, auch ein Oglala, bewies sein militärisches Genie bei Little Bighorn und an anderen Orten. Sitting Bull, ein Hunkpapa, war ein Kämpfer eigener Art, wirkte gleichzeitig als Medizinmann und Politiker. Sein Ansehen und seine Entscheidung bewirkten, daß die größte Zusammenkunft der Indianer der Plains zustande kam, die es je gab. Sie fand im Sommer 1876 an dem Fluß statt, den die Indianer Greasy Grass und die Weißen Little Bighorn nennen.

Alle Abteilungen der Tetons waren anwesend, dazu die verbündeten Cheyenne und Arapaho. Ihre Absicht war es, einen Sonnentanz und eine Büffeljagd zu veranstalten, um damit ihre Verachtung einem Regierungsbefehl gegenüber zu demonstrieren. Sie wurden zum Rückzug in die Grenzen der Reservation aufgefordert, da ihnen sonst eine Behandlung als Feinde drohen würde. General Terry leitete eine große militärische Operation zur Unterwerfung ein. Die Hauptabteilung fuhr auf Dampfern den Missouri und Yellowstone hinauf, um sich mit den Truppen des Generals Crook und des Oberstleutnants Custer in einem Umzingelungsmanöver zu vereinen. Crook stieß am Rosebud River auf Crazy Horse und wurde im Kampf zum Stehen gebracht. Custer kürzte seine Marschroute ab und kam zwei Tage vor der Hauptabteilung zu dem großen Lager. Er hörte nicht auf die Warnungen seiner Kundschafter aus dem Stamm der Crow und der Arikara, teilte seine Truppe in vier Abteilungen und griff an. Am Sonntagnachmittag, dem 25. Juni, war alles entschieden. Am Abend hatten die Abteilungen an den Flanken und die Nachhut zwar nur 57 Leute verloren, waren aber an den steilen Felsufern des Flusses hilflos in die Enge gedrängt. Außerhalb ihrer Sichtweite lagen die 208 Gefallenen der von Custer geführten Abteilung.

Am nächsten Tag brachen die Indianer das Lager ab, in Trupps zogen sie davon. Einige gingen auf die Jagd, andere suchten kleine Gefechte, und einige gaben freiwillig auf. Crazy Horse sollte im nächsten Jahr unter den Bajonetten von Aufsehern eines Armeegefängnisses sterben. Sitting Bull zog mit mehreren tausend Anhängern langsam nach Manitoba (Kanada) und stellte sich unter den Schutz der Großen Mutter (Queen Victoria) und des Oberaufsehers Walsh von der berittenen Polizei des Nordwestens. Fünf Jahre später führte er eine Truppe Versprengter zurück in die USA, durchquerte mit Buffalo Bill Codys »Wildem Westen«,

Sitting Bull (1831-1890), ein Häuptling der Hunkpapa vom Stamm der Teton Dakota. Er war der geistige Führer der Indianer, die Custers Kolonne 1876 am Little Bighorn River vernichtend schlugen

einer Zirkusshow, die USA und ließ sich dann zu einem offenbar friedlichen Leben in der Reservation nieder.

1877/78 schlugen sich die Cheyenne unter Dull Knife und Little Wolf auf tragische Weise nach Norden durch, um aus einer ungesunden Reservation des Indianerterritoriums zu entkommen. Im Herbst 1877 drangen die Nez Percé unter Joseph am Ende ihres heldenhaften Kampfes, von Idaho kommend, in die Prärien ein, um nach Kanada zu gelangen. Aber 45 km vor ihrem ersehnten Ziel brach all ihre Hoffnung zusammen. In den Städten hatten Ledermanufakturen eine Methode gefunden, das schwere Fell des Büffelbullen, das bis dahin nicht auf dem Markt war, zu behandeln. Die weißen Jäger kamen, und um 1875 war die südliche Büffelherde ausgerottet, dasselbe geschah bis 1884 mit der des Nordens. Die Indianer lebten von Zuteilungen durch die Regierung. Zähe alte Rinder wurden zu den Agenturen gebracht, damit sie dort zum Hohn auf die einstige Methode »gejagt« würden. Es gab noch ein paar Pferderaubzüge, aber keine ausgesprochenen Kämpfe mehr. Die Indian Agents (Reservationsbeamte der Regierung), die nach politischen Gesichtspunkten eingesetzt wurden, entpuppten sich als zwielichtige Leute. Die Idealisten unter ihnen fielen den Indianern kaum weniger lästig als die Profitmacher. Die Langeweile war den einstigen Kriegern ein fast schlimmerer Feind als der Hunger – bis dann ein Hoffnungsschimmer im Westen aufleuchtete.

Geistertanz

Um 1870 sagte ein Indianer namens Tävibo vom Stamm der Paiute eine Welterneuerung voraus, bei der die Indianer eine indianische Erde erben sollten. In den Jahren um 1880 wurde dieselbe Offenbarung einem Wóvoka, der vielleicht Tävibos Sohn war, während einer Sonnenfinsternis zuteil. Der neue Prophet war ein fleißiger, verheirateter Viehpfleger, der auch unter dem Namen seines Arbeitgebers Jack Wilson bekannt war. Später änderte er seinen Paiutenamen Wovoka, »Cutter«, zugunsten des klangvolleren Kwohitsauq seines Großvaters, »Big Rumbling Belly«. Die Erlösung, die er lehrte, konnten alle Gläubigen erlangen, die auf eine gelassene, in seiner Vision vorgeschriebene Weise tanzten. Die Lehre verbreitete sich mit unterschiedlichem Erfolg nach Westen und Osten. Die Indianer der Prärie, die nun begierig auf einen Messias, einen Erlöser, waren, brachten das Fahrgeld für verschiedene Delegationen nach Nevada auf. Auf ihrem Heimweg ins Dakotagebiet geschah Folgendes mit der einstigen Versöhnungslehre: Christus, der von den Weißen mißachtet

Hemd der Arapaho für den Geistertanz, bemalt mit der heiligen Schildkröte und anderen Symbolen. Diese Art des »Geisterhemdes« bei den Dakota sollte den Träger unverwundbar machen. Die Idee stammt von der ebenfalls als zauberkräftig geltenden Bemalung der Kampfschilde

worden war, würde diese nun alle davonjagen. Die Büffel und die Toten würden in einem Indianerparadies zu ewigem Leben auferstehen, Männer und Frauen müßten Hand in Hand in einem großen Kreis schlurfend tanzen, bis die besonders Begnadeten im Trancezustand zusammenbrechen würden, um ihre eigenen Visionen zu erhalten. Der Einspruch des Militärs sollte sie nicht kümmern. Hemden aus Hirschleder oder Mehlsäcken, die mit Traumzeichen bemalt waren, würden ihre Träger unverwundbar machen. Wer skeptisch war und genügend Weitsicht hatte, blieb daheim. Die Hoffnungsvollen und Verzweifelten, und das waren ungefähr 10 Prozent aller Teton, tanzten.

Die weißen Farmer und die Städter des Neuen Westens aber gerieten in Panik und schrien nach Truppen. Die Regierung tat sich wichtig. Buffalo Bill Cody verließ seinen Zirkus, um sich in dieser Angelegenheit zu engagieren. Der unergründliche Sitting Bull ermutigte in aller Ruhe zu dem, was da jetzt unter dem Namen Geistertanz bekannt wurde. Im Dezember 1890 schickte man Indianerpolizei zu seiner Verhaftung. Er fügte sich zunächst seiner Festnahme, gebärdete sich dann herausfordernd und wurde von Leutnant Bull Head und Sergeant Red Tomahawk erschossen. Sechs Polizisten und acht »Feinde« starben in dem darauf folgenden Handgemenge.

Als Folge der Stimmungsmache unter der Zivilbevölkerung hinsichtlich eines drohenden Aufstandes ließ man 3000 Soldaten bei den Siouxagenturen aufmarschieren. Ebenso viele Indianer flüchteten daraufhin in die Bad Lands, um dort zu tanzen. Erfahrene Unterhändler und Beamte mahnten zur Geduld, das kalte Wetter würde sie schon wieder zurückbringen. Der vielgefürchtete Hump brachte seine Leute zurück und ließ sich als Kundschafter werben. Dann ereignete sich einer jener schauderhaften Vorfälle, die Generationen in Erinnerung bleiben werden.

Wounded Knee

Die Gruppe von Big Foot aus dem Stamm der Miniconjou in einer Stärke von ungefähr 300 Leuten bekam es mit der Angst zu tun. Sie wollten sich denen anschließen, die die Bad Lands schon wieder verlassen hatten. Sie wurden von einer Abteilung des 7. Kavallerieregiments und des 1. Artillerieregiments aufgehalten und schlugen in der Nähe der Poststation am Wounded Knee Creek ihr Nachtlager auf. Der hochbetagte Big Foot, der mit einer Lungenentzündung sterbenskrank war, erhielt ein Armeezelt mit einem Ofen und wurde von einem Arzt behandelt. Am Morgen des 29. Dezember traten die Soldaten an, um die 106 Krieger zu entwaffnen. Der Medizinmann Yellow Bird erinnerte sie daran, daß ihre Geisterhemden kugelfest seien. Ein Schuß wurde abgefeuert, und bei der Massenvernichtung, die nun folgte, starben über 200 Indianer, die Hälfte davon Frauen und Kinder, ferner 31 Soldaten. Andere erlagen später ihren Wunden. Es muß noch hinzugefügt werden, daß nur wenige der beteiligten Reitertruppen und Schützeneinheiten schon einmal im Einsatz gewesen sein können, denn seit einem Jahrzehnt hatte es in den nördlichen Prärien keinen Krieg mehr gegeben.

Und auch jetzt gab es keinen. Nach ein oder zwei unentschlossenen Geplänkeln war der Siouxkrieg am 16. Januar 1891 offiziell vorbei. Dem Geistertanz selber war nicht so leicht beizukommen. Ein Medizinmann der Arapaho, der zufällig ebenfalls Sitting Bull hieß, brachte ihn nach Süden in die Reservationen des Indian Territory, dem heutigen Oklahoma. Dort wurde sein apokalyptisches Versprechen allmählich in den Hintergrund gedrängt, und er blieb nur noch als Gesellschaftstanz erhalten. Es fand sich ein neuer Weg zur geistigen Erlösung.

Peyote

Peyote (Lophophora williamsii) ist ein kleiner Kaktus, der längs der mexikanischen Grenze gedeiht. Seine oberen Teile enthalten verschiedene Alkaloide, einschließlich Mescalin. Kaut man sie, erregen sie Übelkeit, die aber dem Gefühl des Wohlbefindens und manchmal psychodelischen Visionen weicht. Der Peyotekult wird nicht von Tänzen begleitet und ist dem Wesen nach eine pazifistische Bewegung. Er vermischt indianische und christliche Elemente, und sehr bald war seine Anerkennung in den USA als »The Native American Church« (also die »Kirche der amerikanischen Eingeborenen«) trotz orthodoxen Widerstandes gesichert. Der Moralkodex ist streng, und die Gottesdienste, die die ganze Nacht dauern, sind keineswegs besonders spektakulär. Sie bestehen aus Singen, Trommeln, Beten, Predigen und besinnlichem Nachdenken. Innerhalb unseres Jahrhunderts hat sich der Kult auch nach Kanada ausgebreitet. Er gab den Anstoß für die Entwicklung eines speziellen, aber interessanten Heimgewerbes. Man verfertigt rituelle Federfächer, perlenbesetzte Taschen für die getrockneten Peyoteköpfe und Amtsstäbe für die Anführer, außerdem auch profane Schmucksachen, die alle Mitglieder zwecks gegenseitigen Erkennens und aus Gemeinschaftsgeist tragen.

Geistertänzer der Arapaho um 1893

Kapitel 5

Südwesten I: Die Pueblos bleiben erhalten

Die Entstehung in Mythos und Wirklichkeit

Hier tauchten nicht die Enten in das Urwasser nach Schlamm, um der Welt der Zuñis Gestalt zu geben. Diese Indianer waren laut Überlieferungen in Legenden selber schon da, aber ganz tief unten, unter der tiefsten der Vier Welten, aus denen das Universum ihrer Auffassung nach besteht. In völliger Finsternis drängten sie sich aneinander.[3] Zuerst benutzte man als Leiter eine Ponderosafichte aus dem Norden, damit stiegen sie in die Dritte Welt hinauf. In die Zweite Welt gelangten sie mit einer Leiter aus Douglastanne aus dem Westen, und mit einem Espenstamm aus dem Süden erreichten sie die Erste Welt. Schließlich gelangten sie mittels einer Silbertanne aus dem Osten heraus in diese Welt des Lichtes. Aber bevor die Menschen sich über ihre völlige Freiheit freuen konnten, mußten die Göttersöhne mit ihren scharfen Feuersteinmessern eine kosmetische Korrektur an ihnen vornehmen. Sie schnitten ihnen die Schwänze ab, stutzten ihnen die Ohren (die waren so lang, daß man eines als Bett und das andere als Zudecke verwenden konnte) und befreiten sie von den Schwimmhäuten zwischen den Fingern und den Zehen. Schwimmhäute waren fürwahr überflüssig, denn da, wo die Zuñis ans Licht kamen, soll es zwar am Rande schlammig gewesen sein, aber sonst befand sich der Platz mitten im trockenen Südwesten.

Dort bewegten wir uns schon einmal im Verlaufe dieses Buches, als wir das Verschwinden der Mammuts und Riesenbisons beobachteten. Der Mensch mußte damals den Versuch wagen, andere Nahrungsquellen zu finden. Wir nannten diese Stufe die archaische und folgten ihrem Fortgang im Gebiet der Woodlands. Nun drehen wir noch einmal die Zeit zurück, um das Bild des Archaischen als sogenannte Wüstentradition (Desert Tradition) weiter zu verfolgen. Die Zuñis haben dieses Bild längst vergessen, denn die Geschichte ihres eigenen Ursprungs berichtet schon fast am Anfang von den Maisjungfrauen. Archäologen müssen prosaischer herangehen, aber ihre Entdeckungen sind voller Dramatik.

Ein Paradoxon der Kulturgeschichte des Südwestens besteht darin, daß hier in einem Gebiet des Kontinents, das unterhalb der Subarktis das unfruchtbarste zu sein scheint, die einzige Zivilisation Nordamerikas entstand, die ausschließlich auf dem Pflanzenanbau beruhte.

Der Südwesten, wie wir ihn hier nennen werden, erstreckt sich vom Südrand Utahs und Colorados über Arizona und New Mexico bis zu einem schwer zu begrenzenden Gebiet weit südlich der mexikanischen Grenze. Im Norden breitet sich das Land in einer Höhe von 1600 m und mehr aus.[4] Manchmal hat die Erosion phantastische Felsendome entstehen lassen, wie z. B. beim Monument Valley, das die Westernfilmproduzenten so lieben. An der Nordwestseite fließt der Colorado zwischen den kilometerhohen Wänden des Grand Cañon. Andere kleinere, aber auch ganz ansehnliche Cañons wie der Chaco und der Chelly bewahren für uns Überreste der Menschen, die in der Vergangenheit dort Schutz suchten. Der jährliche Niederschlag beträgt weniger als 50 cm, ist aber gewöhnlich sehr heftig. Die Tagestemperaturen können zwischen −15 °C und +35 °C schwanken. Nadelbäume wachsen, wo sie können, vor allem in den höheren Lagen. Die Durchschnittshöhe geht im südlichen Arizona auf ungefähr 300 m über dem Meeresspiegel zurück, wo der Salt und der Gila River einen Ausgleich bieten zum Jahresniederschlag, der nur 10 cm oder weniger ausmacht. Hier wächst der Kaktus häufiger als die Kiefer.

Zwischen den Plateaus und der Wüste, jedoch etwas weiter östlich, befindet sich ein Gebiet gewundener kleinerer Gebirgsketten.[5]

Welche dieser drei Kulturen zuerst auftauchte, ist Gegenstand einer Diskussion, in die wir uns nicht einzumischen brauchen. Seit 3000 oder 4000 Jahren lebten die Menschen des Südwestens in Übereinstimmung mit der »Wüstentradition«. Sie sammelten Samen, Wurzeln und Kaktusfrüchte, fingen Kleinwild in Schlingen, wohnten in Höhlen oder Reisighütten. Ihr wichtigstes Handwerk, das sie kunstfertig beherrschten, war die Herstellung von Korbwaren. Regionale Unterschiede zeigten sich nur langsam. Die besondere Struktur des Mogollón wird um 200 v. u. Z. sichtbar und entwickelte sich noch zwölf Jahrhunderte weiter. Die Belege sind weit verbreitet, vieles aber kann schon aus dem Beweismaterial einer einzelnen Höhle, der von Tularosa in New Mexico, entnommen werden. Um 2000 v. u. Z. ist offenbar Mais einer ziemlich einfachen Sorte angebaut worden, war aber noch keineswegs Hauptnahrungsmittel. Tausend Jahre später verstärkte der Anbau von Bohnen und Kürbissen den Trend zum Bodenbau. Die Quelle aller Neuerungen, die vielleicht nicht auf direktem Wege kamen, war Mexiko. Von dort kam um 200 v. u. Z. auch die Tongefäßherstellung.

Töpferwaren, die im Grunde genommen unzerstörbar sind, bilden den wahren Schlüssel zum Verständnis aller Entwicklungsströme, Besonderheiten und Wechselbeziehungen des Südwestens. Auch Bruchstücke von Topfscherben können auf Grund der strengen Formgebung, der Farbe, der Bemalung und anderen Dekors sowie der Tonsorten in ihrer Herkunft genau bestimmt werden. Das Verzeichnis aller Typen und Varianten, die schon klassifiziert werden konnten, ist sehr umfangreich.

Mogollon

Die frühesten Mogollonerzeugnisse sind rötlich-braun. Krüge und Schüsseln wurden aus Tonwülsten zusammengesetzt, innen und außen geglättet und mit einem Anstrich von feinem Ton überzogen, bevor man sie brannte. Die Töpferei hat die Archäologen in die Lage versetzt, Mogollon als selbständige Kultur zu datieren. Nicht weniger wichtig für die Bestimmung sind die festen Behausungen.

Die Idee eines halb unterirdischen Hauses mit einem Überbau aus Baumstämmen und Erde gab es nicht nur im Südwesten. Wir begegneten ihr schon am Missouri. Die Version von Mogollon konnte rund sein oder (öfter) annähernd viereckig und war ungefähr einen Meter in die Erde eingetieft. Als Eingang diente eine lange, schmale Rampe auf der Ostseite. Schwere Pfosten, die senkrecht in die Grube gesetzt waren, trugen die Dachbalken. Kleinere Stämme bildeten die Wände. Sie waren entweder in den Boden der Grube eingelassen oder von der Erdoberkante her nach innen gelehnt. Reisig oder Matten und eine Schicht Erde außen vervollständigten den Bau. Die Größe war unterschiedlich, und die Anordnung innerhalb des Dorfes scheint eine zufällige gewesen zu sein. Die Dörfer waren klein und meist am Berghang angelegt, so daß man sie leichter verteidigen konnte. Bestimmte Häuser außergewöhnlicher Größe deuten darauf hin, daß sie als Versammlungszentrum des Dorfes dienten. Damit wird bereits der komplizierte Zeremonialismus vorgezeichnet, der mit dem Entstehen des Kults der »Maismutter« einhergeht.

Die Menschen von Mogollon liefen in Sandalen, die aus Weide geflochten waren, trugen Röcke oder Schurze aus Pflanzenfasern, später vermutlich aus Baumwollmaterial. Vor der Kälte schützten sie sich mit Decken aus Fellstreifen oder zusammengeknüpften Federn. Perlenketten und Gehänge aus Muscheln, Steinen und Knochen vervollständigten die Kleidung. Sie arbeiteten mit einem einfachen hölzernen Grabstock und jagten sowohl mit Pfeil und Bogen als auch mit der Speerschleuder. Sie machten Musik auf Rohrflöten, spielten mit Holzwürfeln, rauchten Tabak aus Stein- oder Tonpfeifen, bis dann die unvermeidliche Schilf-

1 Nordamerika während der letzten Eiszeit, der Wisconsin-Eiszeit. Man sieht die Beringlandbrücke von Sibirien her und den vermutlichen Weg der Einwanderung. Als sich Beringia heraushob, wurde die Nordhälfte des Kontinents, mit Ausnahme eines Teils des nördlichen Alaska, und zeitweilig auch ein Korridor östlich der Rocky Mountains, auf dem der Einwanderungsweg entlangführte, von Eis bedeckt

2 Pleistozäne Tiere, die von den Paläoindianern gejagt wurden: (von links nach rechts) langhörniger Bison, Mastodon, Kamel, Erdfaultier, Pferd, Mammut. Wahrscheinlich starben sie alle bis 5000 v. u. Z. in Nordamerika aus

3 (Gegenüber) Paläoindianer auf der Jagd mit einer Speerschleuder (atlatl), die als Verlängerung des Unterarms wirkt und dem Geschoß zusätzlich Schubkraft verleiht

4 Paläoindianer (Folsom) pirschen sich an langhörnige Bisons heran. New Mexico um 9000 v. u. Z.

5 Jäger, Fischer, Sammler und Bauern im ursprünglichen Nordamerika. Die angegebenen Nahrungsquellen sind nur jeweils die wichtigsten und nicht als ausschließlich zu betrachten

6 Mais (Zea mays), Bohnen (Phaseolus) (obere Reihe) und Kürbis (Cucurbita) (unten links) waren die dominierende Dreiheit der indianischen Landwirtschaft. Sonnenblumen (Helianthus) (Mitte links) wurden wegen ihrer Kerne verbreitet angebaut. Wilder Wasserreis (Zizania) (Mitte rechts) war eine von vielen nicht kultivierten Pflanzen mit lokaler Bedeutung. Verschiedene Arten von Tabak (Nicotiana) (unten rechts) wurden angebaut oder wildwachsend gepflückt

7 Das Graben von Bewässerungskanälen, Hohokamkultur südliches Arizona um 700. Die Hohokamleute waren vermutlich die Vorfahren der neuzeitlichen Pimaindianer. (Rekonstruktionszeichnung)

8 The White House im Cañon de Chelly, nördliches Arizona; eine der vielen Befestigungsanlagen in den Felsen, die die Anasazileute um 1300 wegen Wassermangels aufgaben

9 Ein strohgedeckter Tempel der Taënsa (Nachbarn der Natchez) auf einem Mound zeigt letzte Spuren des Einflusses aus dem klassischen Mexiko. Mississippikultur, aus dem 16. Jh.

10 Die Kunst der Mounderbauer: a Trompeterschwan aus Schildpatt, Ohio; b Krallen eines Falken aus Glimmer, Ohio; c gravierter Muschelanhänger mit Abbildung von Panther und Adler, Texas; d Gefäß »Mutter und Kind«, Illinois; e steinerne Tabakspfeife als fliegender Falke, Ohio; f Schlange aus Glimmer, Ohio;

d

e

g

g Pfeife in der Form eines Kriegers oder Priesters, der ein Opfer enthauptet, aus dem Spiromound, Oklahoma;

j

k

h Muschelschale mit eingeritztem Vogelkopf, Spiromound; i geflügelter Mann aus getriebenem Kupferblech, Missouri; j steinerne Pfeife in der Form eines Chunkeespielers mit Steinscheibe, Oklahoma; k dreiteiliges Tongefäß, Tennessee. a, b, d, e und f entstammen der Kultur von Hopewell (von 300 v. u. Z. bis ungefähr 500); c und g bis k gehören zur Mississippikultur (ungefähr von 700-1500)

11 Wichtige Stämme des Ostens und Südostens mit ihren ungefähren Wohnsitzen

12 Mais, Kürbisse und Tabak gedeihen in Secotan, einem Dorf der Küstenalgonkin (North Carolina). 1585 von John White gemalt

The manner of their fishing.

15 Mantel aus Hirschleder, verziert mit Figuren aus Marginellamuscheln. Er wurde von Powhatan, dem Vater von Pocahontas und Oberhaupt eines Bundes von Algonkinstämmen in Virginia, um 1610 getragen

14 John Whites berühmtes Bild eines Häuptlings von Secotan am Pamlico River, North Carolina. Man beachte die Bemalung und Tätowierung sowie den Armschutz am linken Handgelenk

13 (Gegenüber) Indianer aus Secotan beim Fischfang in einem Einbaum, gehauen aus einem Stamm. 1585 von John White gemalt

16 Moderne Seminolen in Florida. Die Seminolen, Ableger der Creek, zogen nach Westen, nachdem sie in Florida ungefähr ein Jahrhundert lang gewohnt hatten. Nur wenige leben noch im Sumpfgebiet. Selbstgefertigte Kleidung aus bänderbesetztem Stoff und die Frisuren der Frauen stammen aus der Zeit um 1900. (Umzeichnung nach Foto)

17 Krieger der Timucua, gemalt von John White um 1585. Die Timucua als einstige Bewohner des nördlichen Florida verschwanden noch vor anderen Indianern und noch bevor die Weißen im 18. Jahrhundert kamen. Sie hatten viele gemeinsame Züge mit der Mississippikultur, genau wie die Natchez

18 Ein Dorf der Irokesen, 15. Jahrhundert, im heutigen Staat New York. Sie bauten Mais an, jagten und trugen Lederbekleidung – typisch für verschiedene Irokesenstämme vor der Begegnung mit Europäern

19 Ein Irokesenpaar des 18. oder frühen 19. Jahrhunderts. Man verwendete europäische Stoffe, Bänder und Glasperlen, um spezifische Stilrichtungen zu kreieren

20 (Unten) Masken für Heilungsrituale, die von den False Face und Husk Face Societies (links und rechts) der Seneca (Irokesen) getragen wurden. Die Holzmaske der False Face mußte aus einem lebenden Baum geschnitzt werden

21 (Gegenüber) Brant, ein Häuptling der Mohawk, wurde 1710 in London während eines Staatsbesuches mit drei anderen Häuptlingen von Verelst gemalt. Der bekanntere Joseph Brant war sein Enkel

22 Handwerksarbeiten der östlichen Woodlands. (Oben) Modell eines Birkenrindenbootes von den Micmac; Tomahawk mit Pfeife englischer Herkunft; Rindenbehälter und mit Elchhaar bestickter Mokassin der Huronen von ungefähr 1865; aus Birkenrinde gefertigter Teller, mit Stachelschweinborsten bestickt, von den Ojibwa, 1863. Der Verkauf solcher verzierter Stücke an Touristen begann schon zeitig an Plätzen, wie z. B. an den Niagarafällen, wo der Rindenteller gekauft wurde. Tomahawks wurden aus England und Frankreich nach Amerika exportiert.

(Gegenüberliegende Seite) Beutel im Stil der Ojibwa aus dem 18. Jahrhundert (Verzierung Stachelschweinborstenweberei); Mokassins in der alten Art der Seneca (mit Stachelschweinborsten, Glasperlen und Seidenbandapplikationen); Beutel (aus Glasperlengewebe); Behälter für Ahlen (mit Borsten bestickt); »Tintenfisch«beutel (Blumenmuster mit Perlen gestickt); Tasche der Ottawa (gefärbter Lindenbast); Geldbörse von den Huronen (Elchhaarstickerei); Wampumketten. Alle diese Dinge, vielleicht mit Ausnahme der Geldbörse, wurden zum eigenen Gebrauch hergestellt. Der »Tintenfisch«beutel und der Beutel mit Perlengewebe könnten Arbeiten der Métis (Mischlinge vom Red River) sein

23 Dorf der Ojibwa (Chippewa) an den oberen Great Lakes, bevor sie mit Weißen in Berührung kamen. Der lockere Stammesverband der Ojibwa war abhängig von Wild und Wildpflanzen und verwendete Birkenrinde für Boote, Behälter und gewölbte Wigwams. (Re[illegible] das Vernähen der Birkenrinde zu Kanus war eigentlich Frauenarbeit)

24 Ernten von wildem Wasserreis in den Great Lakes. Wilder Wasserreis (Zizania) war eine wichtige Nahrungsquelle für Stämme im zentralen Seengebiet. (Rekonstruktionszeichnung)

25 Wichtige Stämme des Westens und Südwestens mit ungefähren Wohnsitzen

26 Indianer der Prärie auf Wanderung in einer Zeit, als man noch keine Pferde kannte. Große Hunde konnten bis zu 30 kg auf dem Travois schleppen; die Lasten der Frauen sollen doppelt so schwer gewesen sein. (Rekonstruktionszeichnung)

27 Dorf der Pawnee aus Erdhütten in Nebraska 1871, nach einer zeitgenössischen Fotografie

28 Inneres einer Erdhütte der Mandan, gezeichnet von Karl Bodmer im Jahre 1833. Verschiedene Stämme am Ostrand der Prärie – neben Mandan, Hidatsa und Arikara am oberen Missouri – bauten solche runden Hütten aus Baumstämmen, die mit Erde bedeckt wurden, mit einem Durchmesser bis zu 18 m

29 Tanz des Büffelstierbundes der Mandan, um Büffel zu beschwören; gemalt von Karl Bodmer in Dakota 1834

30 Mato-topé (Vier Bären), ein Häuptling der Mandan, gemalt von Karl Bodmer im Jahre 1834

31 Glücksspieler in einem Tipi der Prärieindianer ungefähr um 1890. Ziel des Spieles ist es, zu erraten, in welchem Mokassin ein Gegenstand verborgen ist; die Wetteinsätze waren oft hoch. (Rekonstruktionszeichnung)

32 Gegenstände der Prärieindianer. (Gegenüber) Hemd und Leggings eines Mannes vom Stamm der Blackfoot, 1842, und Kopfschmuck eines unbekannten Stammes von ungefähr 1860. (Oben) Flacher Beutel der Arápano, mit Stachelschweinborsten besetzt; Keulen mit Steinköpfen; Halsband aus Dentaliumgehäusen; perlenbestickter Sattelschmuck der Crow; bemalter Behälter aus Rohleder für Federhauben u. a. der Shoshonen; Mokassins der Cheyenne mit fester Sohle; Kopfschmuck aus rotgefärbten Hirschhaaren; perlenbestickte Streichholzbeutel; Modell einer Wiege von den Oglala; Pfeife aus rotem Ton (Catlinit)

33 Büffeljagd, gemalt von dem Amerikaner Frederic Remington im Jahre 1897

34 Büffeljagd Zeichnung eines Künstlers der nördlichen Cheyenne namens Howling Wolf

35 Teton Dakota oder Lakota (westliche Sioux), gemalt von Karl Bodmer im Jahre 1833. Man beachte die Büffelfellmäntel und rechts das Gerüst zur Totenbestattung

36 Mann der Blood (Blackfoot) mit einer Adlerfederhaube der heutigen Zeit, die nicht mehr ausschließlich den Prärieindianern vorbehalten ist

37 »Man-who-gives-the-war-whoop«, ein Krieger der Plains Cree aus den Prärien Kanadas, gemalt von Paul Kane im Jahre 1848. In der Hand trägt er ein federgeschmücktes Calumetrohr

38 Traditionelle Pueblobekleidung: (von links nach rechts) verheiratete Frau, alter Stil; Mädchen der Hopi; Frau vom Rio Grande; Mann der Hopi und der meisten Pueblos des Rio Grande; Mann aus Taos, von der Stammeshälfte der »Sommerleute«. (Umzeichnung nach Foto)

39 Alljährlicher Besuch der Shalakogeister, eine Feier des Zuñipueblo in New Mexico,

40 Schlangentanz der Hopi in Arizona. Der Antilopenpriester beruhigt die Klapperschlange, die der Schlangenpriester mit dem Mund hält. Am neunten Tag dieser umfangreichen Feier werden die Schlangen wieder freigesetzt, auf daß sie Gebete zu den Göttern brächten

41 Handwerksarbeiten der Puebloind
ner. (Oben) Geflechtteller der Hopi z
rituellen Darbietung von Maismehl (d
linke in Korbflechttechnik mit Blitzor
ment, von den Tewa aus Hano; der rech
in Spiralwickeltechnik mit einem Kach
als Muster, aus Shungopovi); Wasserf
sche aus Ton von den Hopi; hölzerne K
china-Puppe, aus Hano; kleines schwar
Tongefäß, aus dem Pueblo Santa Clar
(Links) Bestickter Tanzrock, aus Ha
Frauengürtel der Jémez; Tanzschärpe,
Brokatwebtechnik, von den Hopi. A
Gegenstände um 1915. Die Tewa aus Ha
sind ursprünglich Flüchtlinge, aber au
in der Sprache in fast allem wie die H
Zeremonialgegenstände der Hopi wer
weitgehend auch von den ande
Puebloindianern verwendet

42 Navajos aus Arizona und New Mexico. Das Mädchen ist im »Offiziersfrauenstil« gekleidet, der nach 1865 aufkam, während die ältere Frau das traditionelle handgewebte zweiteilige Kleid trägt. (Umzeichnung nach Foto)

43 Drei Wolldecken der Navajo aus dem 19. Jahrhundert. Weberin am Webstuhl

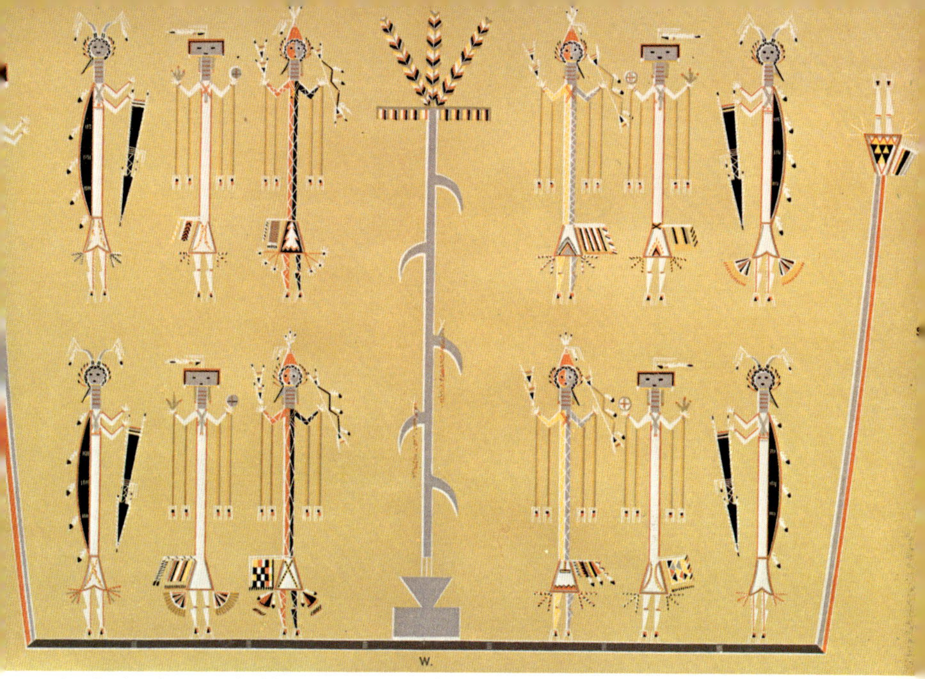

44 Sandzeichnungen der Navajo, wie man sie bei den Heilungszeremonien verwendet. Sie bestehen aus verschiedenfarbigem Sand, Ocker, Holzkohle, Maismehl, die man auf den Boden streut, und stellen Geister dar. Die Vierteilung nimmt Bezug auf die Himmelsrichtungen

45 Schmuck der Navajo aus Silber, Türkisen und Kupfer, dabei Frauengürtel und Halskette mit »Kürbisblüten«-Anhängern. Nachdem die Navajo Mitte des 19. Jahrhunderts die Herstellung von Silberschmuck erlernten, erlangte diese künstlerische und ökonomische Bedeutung

46 Paar der Chiricahuaapachen um 1880. Die gemischte Kleidung ist typisch für die Apachen dieser Zeit. Nur die stiefelartigen Mokassins des Mannes und die Kindertrage sind rein indianisch

47 Pimaindianer aus dem Grenzgebiet von Arizona und Sonora

48 In Spiralwickeltechnik gearbeitete Körbe der Pima aus gespaltenen Weidenruten und dunklen Hülsen von Martynia, 1890 (links), 1935 (rechts)

49 Drei Mohaveindianer vom Unterlauf des Colorado River aus dem 19. Jahrhundert. Die Tätowierung im Gesicht der Frau und ihr Schulterkragen aus Glasperlen sind eine Besonderheit des Stammes, wogegen der Mantel des alten Mannes, aus Streifen von Kaninchenfell geflochten, im Westen überall verbreitet war

50 Lager der Paiute in Nevada, nach einem Foto von 1870. Man sieht die Korbwaren, die als Behälter und als Kopfbedeckung der Frauen Verwendung fanden

51 Aus Brettern gezimmertes Boot (einmalig in Nordamerika), wie es die Chumashindianer an der Küste Südkaliforniens verwendeten. (Rekonstruktionszeichnung)

52 Ein Schilfboot (Balsa) in Zentralkalifornien. Balsas gab es auch am Colorado River, in Südamerika und in der Alten Welt. (Rekonstruktionszeichnung)

53 »Tanz der Weißen Hirschfelle«, ein Zurschaustellen von Reichtümern bei den Hupaindianern im nördlichen Kalifornien. Die Anführer tragen übergroße Zeremonialklingen aus Obsidian

54 (Oben) Kette aus Dentaliumgehäusen als Zahlungsmittel; Schurz einer Hupafrau aus Hirschlederfransen, die mit Bärengras umwickelt sind, 1842; aus Hanf geknüpfte kalifornische Schärpe mit Muschelperlen, Glasperlen und Spechtskalpen, Pomo um 1830.

(Unten) Kalifornische Körbe: Pomo, 1825 (ursprünglich mit Federn) (oben); Pomo mit Federn, um 1930 (links und rechts); Yurok, 1926 (altes Muster) (unten)

55 Dorf der Pomo in Zentralkalifornien. Ein Überfluß an Eicheln bestimmte die Lebensweise sehr vieler kleiner Stammesgruppen Kaliforniens. (Rekonstruktionszeichnung)

58 Hausinneres bei den Küstensalish, gemalt von Paul Kane im Jahre 1847. Eine Frau webt eine Decke aus der Wolle von Bergziegen und aus Haaren von Hunden (eine spezielle Züchtung, die heute nicht mehr existiert). Eine andere im Hintergrund mit Spinnwirtel

59 Paar der Tlingit aus dem 19. Jahrhundert in festlicher Aufmachung. Der Mann (stehend) trägt eine Chilkatdecke und hält eine verzierte Kupferplatte in den Händen; die Frau trägt eine handelsübliche »Knopfdecke«. (Umzeichnung nach Foto)

60 Totempfähle der Tlingit in Südalaska (oben links) und der Kwakiutl auf Vancouver Island (oben rechts). Der Gegensatz zwischen dem strengen nördlichen und dem überschwenglichen südlichen Stil ist deutlich zu bemerken. Weiter eine Figur des Donnervogels, Kwakiutl (links)

61 Ein hochgelagertes Boot dient zur Bestattung eines Vornehmen der Küstensalish an der Pazifikküste des Staates Washington. Darunter seine trauernden Witwen.

62 Gegenstände von der Nordwestküste:
(Oben) Eulenmaske der Kwakiutl; Korb der Haida zum Beerensammeln; hölzerne Kopfbedeckung der Tlingit für den Potlatch; Holzschalen für Fischöl von den Haida in Form von Seehund und Biber. Die Kopfbedeckung ist mit Löchern versehen, um Reifen aus Korbgeflecht zu befestigen, die den Träger als den Veranstalter von Potlatchfesten auszeichnen.

(Gegenüber) Hölzerne Fischkeule, die einen Seehund darstellen soll; »Seelenfänger« aus Elfenbein, mit Haliotis-Muscheln besetzt; Löffel, geschnitzt aus dem Horn der Bergziege, Totempfahl aus Schiefer (Argillit). Alles Gegenstände der Haida. Der Seelenfänger wurde von einem Schamanen (Medizinmann) benutzt, um einen Patienten zu heilen, dessen Seele sich »verirrt« hatte

63 Männer der Kutchin (»Loucheux«) aus dem 19. Jahrhundert. Diese Athapaskengruppe gehört zu den nördlichsten Indianern. Typisch die spitz zulaufenden Lederhemden und die Hosen mit angenähten Mokassins

64 Winterlager der Naskapi im nördlichen Quebec, 19. Jahrhundert. Rechts wird Leder geräuchert, um es widerstandsfähig gegen Nässe zu machen. Links ist ein Paar Schneeschuhe aufgehängt. (Rekonstruktionszeichnung)

1

2

3

4

5

6

65 Verzierungstechniken der nördlichen Athapasken, 1969; 1 Aufbereitung von Elchhaar; 2 Haare und (in der Mitte) Borsten vom Stachelschwein, gefärbt; 3 ein »Borsten«muster aus Elchhaar entsteht; 4 die fertige Stickerei aus Elchhaaren; 5 fertig zum Verkauf; 6 Verarbeitung von Glasperlen am bogenförmigen Webrahmen.
1 bis 5 zeigen Arbeiten der Slave Indians in den Forts Smith und Providence in den Nordwestterritorien; Foto 6 von den Dogribs in Fort Rae, ebenfalls in den Nordwestterritorien

66 Zweierkajak und Jäger der Alëuten (oben), Eskimofamilie aus Labrador nach dem Gemälde von John White, 1587 (Mitte); Eskimofrau aus dem heutigen Grönland (unten rechts)

67 (Oben) Eskimopuppenpaar von Baffin Island. Man sieht die Perfektion in der Verwendung verschiedener Farbpartien von Karibufell.
(Unten) Kajak aus Grönland als Modell, für die Robbenjagd voll ausgerüstet mit Harpune, aufgeblasener Boje für die erlegten Robben usw.
(Gegenüber) Tasche der Alëuten aus Robbendarm mit Stickerei aus Karibuhaar; Frauengürtel der Eskimo, mit Karibuzähnen besetzt; fischförmiger Netzbeschwerer aus Elfenbein; Pfeilglätter aus fossilem Mammutelfenbein; Schöpflöffel aus Walroßelfenbein; Schneebrille aus Treibholz; Schaber aus fossilem Mammutelfenbein mit Steinklinge; zwei Bögen zum Bohren aus Walroßelfenbein mit Ritzzeichnungen. Alles stammt aus dem Nordwesten Alaskas um 1825. Der aus Seifenstein geschnitzte Biber ist eine moderne Arbeit der Zentraleskimo

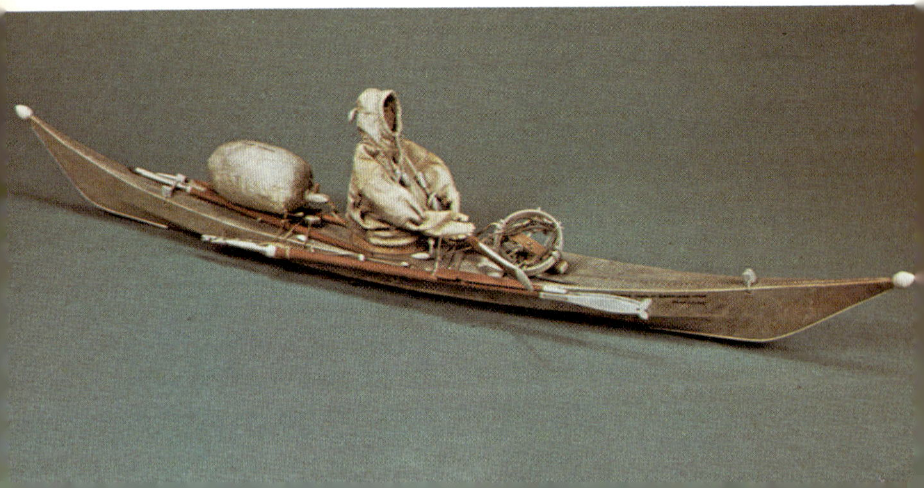

68 Zentraleskimo stechen Fische, die im Herbst an einer Flußmündung hinter einem steinernen Wehr gefangen wurden

69 Sowohl zu Heilungszwecken als auch zur geselligen Unterhaltung in den langen arktischen Nächten veranstalten die Eskimo Trommeltänze

70 Indianer in einer Zeit des Übergangs. Der Häuptling Walking Buffalo, Assiniboin (Stoney), 1871-1967, der den Weg vom Kundschafter für die damalige North West Mounted Police zur Unterrichts- und Lehrtätigkeit ging

71 Moderne Prärieindianer als Forstarbeiter der Crow Agency in Montana. Auch bei der Waldbrandbekämpfung arbeiten heute viele Indianer

rohrzigarette des Südwestens Mode wurde. Mit der Zeit erweiterten und verfeinerten sie ihre Fertigkeiten im Korbflechten und in der Töpferei. Auch hier gab es in der Entwicklung der Kultur keinen Stillstand. Hier spielte genau wie anderwärts die Umwelt eine Rolle: Da die Menschen von Mogollon in einem ziemlich dicht bewaldeten und von Flüssen durchzogenen Hügelland mit viel Wild und Wildpflanzen als Nahrungsquelle wohnten, widmeten sie sich, solange sie ihre Eigenheit bewahrten, niemals ausschließlich der Landwirtschaft. Anders die Hohokam!

Hohokam

Folgen wir dem Gila River von den Quellen in den Mogollonbergen flußabwärts, so gelangen wir zum flachen, niedrig gelegenen Wüstenboden von Arizona. Hier begann vielleicht ein Jahrhundert vor dem Auftauchen der Mogollonkultur die von Hohokam. Genauer gesagt, sie kam hier an, denn es gibt Grund zur Annahme, daß die Menschen von Hohokam – in der modernen Pimasprache heißt das »Die Gegangenen« – von Mexiko gekommen sein könnten und ihre Kultur mitgebracht haben. In der äußeren Erscheinung, der Kleidung oder anfangs auch dem Wohnen, unterschieden sie sich nicht allzusehr von Mogollon. Ihre Sprache war wahrscheinlich ganz anders, aber was für Hohokam wirklich neu war, ist ihre intensive Beschäftigung mit dem Feldbau. Das war wegen der wenigen vorhandenen Wildpflanzen notwendig, und die meisterhafte Bewässerungstechnik der Hohokam machte das auch möglich. Sie zapften das Wasser aus dem Gila River und seinen Nebenflüssen und bewässerten ihre Felder über ein System von Gräben und Kanälen von fast 16 km Länge. Ohne jedes Meßgerät regulierten sie den Wasserstand, indem sie das Wasser beim Anlegen der Gräben einfach einströmen ließen. Standen sie mit den Beinen nicht tief genug im Wasser, dann war der Kanal zu seicht. Ging ihnen das Wasser bis in Körperhöhe, dann war er zu tief. Der Wasserzufluß basierte überall auf der Schwerkraft. Ein Pumpensystem gab es nicht.

Die Kultur von Hohokam wuchs und gedieh. Mit einigen Großsiedlungen und zahlreichen kleineren Dörfern entstand eine Struktur, die für den Südwesten neu war. Die Großsiedlung mit den sie umgebenden Dorfweilern bildete eine politische Einheit, die einem einzelnen Häuptling unterstand. Diesen Trend gab es schon bei der Mississippikultur, aber er stammt eindeutig aus Mexiko. Es ist anzunehmen, daß Hohokam eine aktive Verbindung mit Mexiko aufrechterhielt. Ballhöfe tauchen auf, das sind große rechteckige Spielfelder, auf denen ein fast feierlicher Wettkampf stattfand, der vielleicht am ehesten dem Basketball vergleichbar ist. Im klasssischen Mexiko war ein steinerner Ring der »Korb«, der hoch an einer Mauer als Ziel für einen Gummiball befestigt war. Bälle aus Gummi, einem in Arizona unbekannten Material, sind auf Hohokamsiedlungsplätzen gefunden worden. Dann finden wir wieder Plattformmounds. Mit 3 m Höhe oder weniger sind sie keineswegs so beeindruckend wie die mexikanischen, können aber die Ähnlichkeit in der Anlage nicht leugnen. Aus Mexiko müssen auch die Macawpapageien gewesen sein, die weit nördlich ihres natürlichen Vorkommens von den Hohokam als Haustiere gehalten wurden. Ihre leuchtenden Federn waren ein wichtiger Bestandteil des zeremoniellen Zubehörs. Wir werden nie erfahren, ob diese Vögel, wie Papageien das tun, heilige Namen sinnlos nachplapperten.

Kunst und Handwerk schufen eine große Vielfalt von Figuren aus Stein und Knochen (wobei der Künstler von Hohokam bei Tierformen eine glücklichere Hand bewies als bei Menschengestalten), von Anhängern und Steinpaletten, die aussehen wie kleine Bilderrahmen mit geschnitztem Rand. Kleine Scheiben aus Pyriten dienten als eine Art Spiegel (man bedenke, daß der »primitive« Mensch außer im Wasser nie sein eigenes Gesicht deutlich sah). Muscheln wurden verziert, indem man das Muster in einen Wachsüberzug kratzte und dann mit dem säurehaltigen Saft des Riesenkaktus die freigelegten Linien einätzte. Baumwollstoff produzierten sie an einem horizontalen Webstuhl, der durch einen Gürtel um die Hüften des Webers straff gespannt war. Aber die überzeugendste künstlerische Leistung sehen wir bei den Hohokam in der Töpferei. Krüge fast in der Form einer Krinoline waren ebenso charakteristisch wie die Praxis, die Oberfläche von Schalen und Töpfen mit engen Reihen von Menschen- oder Tierfiguren zu bemalen, die alle gleich aussahen.

Von der Anasazikultur zur Pueblokultur

Der dritte Bestandteil in der Kulturmischung des Südwestens hat etwas weiter im Norden seinen Ursprung, da, wo die vier Bundesstaaten Utah, Colorado, Arizona und New Mexico sich im Hochland der Plateaus und Cañons, bekannt als The Four Corners (»Die vier Ecken«), berühren. Wir nennen die Kultur mit ihrem Navajonamen Anasazi, »Die Alten«. In ihrer Entwicklung trat die Anasazikultur um die Zeitenwende genau wie die anderen aus der »Wüstentradition« (Desert Tradition) heraus. In vieler Hinsicht ähnelt sie der Mogollon, der sie tatsächlich vieles verdankte, obwohl der angebaute Mais von einer anderen Sorte war. Die älteste Schicht der Anasazileute wird gewöhnlich als »Basket-Maker« (Korbmacher) bezeichnet. Ihr Haus hatte eine runde und vermutlich kuppelförmige Balkenkonstruktion.[6] Die Baumstämme lagen horizontal, die Fugen waren mit Lehm verschmiert. Später dominierte das eingetiefte Haus wie in anderen Gebieten auch. Aber kurz nach 750 übernahmen die »Korbmacher« die Töpferei (ohne die Körbe aufzugeben), und, was noch wichtiger war, sie begannen, ihre Häuser ebenerdig zu bauen, und zwar aus Stein. Sie waren zu »Puebloindianern« geworden.

Das typische Pueblohaus bestand aus einem einfachen rechteckigen Raum. Man verwendete zum Bauen Steine, die mit Lehmmörtel verbunden wurden, oder gänzlich sonnengetrocknete Lehmziegel (adobes). Dachbalken aus Kiefernstämmen trugen das flache Dach aus Reisig und aus gerührtem Lehm. Die Eingänge waren klein, und durch Fensterscheiben aus Selenitplatten kam nur wenig Licht. Man nimmt an, daß ursprünglich jede Familie einen solchen Raum besaß. Aber was die Pueblos entdeckt hatten, war das Baukastenprinzip, der Stolz der modernen Wohnungsbauer. Viereckige Räume mit starken Wänden konnten dicht aneinandergebaut werden, so daß Häusergruppen für ganze Verwandtschaftszweige oder für einen Clan entstanden. Eine Wohnungseinheit konnte auf die andere gestellt werden und darauf wieder eine, wobei man sie terrassenförmig versetzte, so daß der Vorhof des einen Wohnhauses zugleich Dach des darunterliegenden war. Das Rauminnere blieb natürlich dunkel, eignete sich aber so gut zur Lagerung des Erntevorrats, den die Menschen bis zur nächsten Saison brauchten. Da die Wohnungen im Erdgeschoß gefährdet waren, ließ man klugerweise die Türen weg und betrat sie über eine Leiter durch eine Dachluke.

Damit wurde das Erdhaus als Unterkunft überflüssig, doch als geselliges und religiöses Zentrum blieb es nach wie vor von Nutzen und wurde entsprechend weiterentwickelt. Vorwiegend war es rund, teilweise oder auch vollkommen wurde es unterirdisch angelegt und erhielt ein flaches Dach mit Eingangsluke. Es diente vielleicht als »Klubraum« für Mitglieder dieser oder jener religiösen Bruderschaft bzw. Priesterkaste, oder es war eine abgeschlossene Kammer zur Absolvierung nichtöffentlicher Rituale. Die einstige Rampe oder Vorhalle des Erdhauses wurde zum Belüftungsschacht. Im Fußboden befand sich zusätzlich zum Feuerloch eine Öffnung, die das sipapu symbolisierte, durch das die Menschheit an die Oberwelt gekommen war. Solche Kammern sind heute unter dem Hopiwort Kiva bekannt, obwohl in der älteren Literatur der spanische Begriff estufa (Schwitzbad oder Ofen) anzutreffen ist.

Pueblo bedeutet auf Spanisch eine kleine Stadt und paßt sehr gut auf das Endergebnis der Anasazikultur. Der regelmäßige Sommerregen sicherte reiche Ernten, so daß Anasazi/Pueblo an Bevölkerungszahl, Besitz und Einfluß zunahm. Tatsächlich befruchteten sich alle drei Kulturen bis zu einem gewissen Ausmaß gegenseitig. Es schien, als würden sie miteinander verschmelzen. Mogollon- und Hohokamkeramikstile kamen nach Norden, umgekehrt gelangten die Baumethoden von Anasazi nach Süden. Bis ungefähr 1050 gab es im Kerngebiet von Anasazi viele Siedlungen, die dem Zentrum von Hohokam, heute Snaketown, gleichkamen. Eine solche Siedlung war Pueblo Bonito im Chaco Cañon. Hier war wahrhaftig eine »ansehnliche Stadt« entstanden, die sich aus einem riesigen Halbkreis von Wohnungen bis zu fünf Etagen zusammensetzte. Die äußersten Enden des Bogens waren durch eine glatte Mauer verbunden, das Ganze bildete gewissermaßen ein D. Darin befanden sich auch zwei Plazas und mehrere Kivas. Pueblo Bonito hatte 800 Wohnräume. Die Stadt stellte kein Einzelbeispiel dar. Ruinen von Dutzenden solcher Siedlungen sind über das ganze Gebiet verstreut. Das Vorhandensein kleinerer Dörfer, die sich um diese Pueblos gruppierten, läßt die Entwicklung kleiner Staatsverbände vermuten, wie wir sie früher schon bei Hohokam gefunden hatten. Aber hier im Norden blieben diese Tendenzen nicht lange genug lebensfähig, um Riesenreiche nach mexikanischem Muster

Rekonstruktion des Pueblo Bonito, einer Siedlung der Anasazikultur aus dem 11. Jahrhundert, mit ungefähr 800 Räumen im Chaco Cañon, New Mexico. Die Kreise mit den herausragenden Leitern sind unterirdische Kivas (Zeremonialkammern)

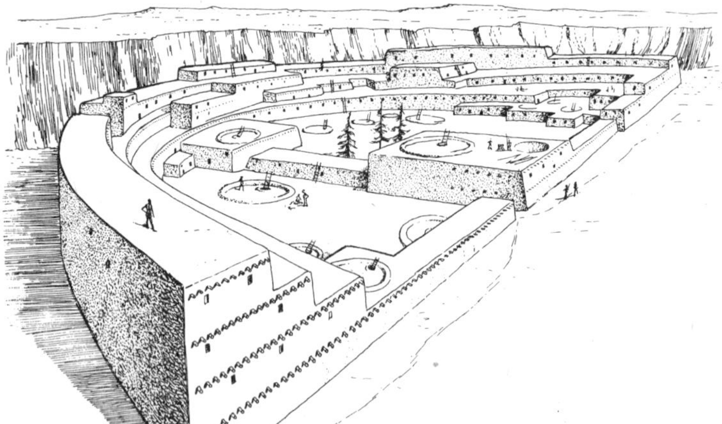

hervorzubringen. Die Anasazikultur wuchs und verbreitete sich auf der Grundlage einer langen Periode klimatisch günstiger Jahre. Es gab keine Zusammenstöße mit anderen Menschengruppen, lediglich Rückschläge traten auf, wie sie z. B. Hohokam zuerst hinnehmen mußte. Ungefähr um 1000 beheimatete der Südwesten eine im Wachsen befindliche und schöpferische Bevölkerung, die aus Bauern, Töpfern, Webern und Bauleuten bestand. Subkulturen reichten westlich bis nach Kalifornien (die Patayan) und nordwestlich bis nach Utah (die Fremont). Im Zentrum gediehen die Varianten von Salado und Sinagua, letztere besonders begünstigt durch eine Bodenverbesserung infolge eines Ausbruchs des heute als Sunset Crater bekannten Vulkans gegen Ende des 11. Jahrhunderts. Die Anasazi/Pueblokultur breitete sich ostwärts bis nach Texas aus. Und dann änderten sich die Verhältnisse.

Vielleicht gab es zuviele Bauern. Pueblo Bonito zeigte der Außenwelt seine glatten Mauern, Zutritt war nur über Leitern möglich. Wer war nun der Feind? Nomadenstämme waren sicher vorhanden, aber vermutlich mehr Parasiten als eine Bedrohung. Anscheinend rivalisierte ein Pueblo mit dem anderen wegen der abnehmenden Ressourcen an ungenutzten, bebaubaren Böden. Was für eine Bedrohung es auch gewesen sein mag, die Leute wurden buchstäblich die Wände hochgetrieben. Die großen Wohnblocks am Grunde der Cañons wurden aufgegeben, um hoch darüber in den Felswänden durch Steinzellen, die wie Honigwaben aussahen, ersetzt zu werden. Weit herausragende Felsvorsprünge und flache Höhlengänge, die von den primitiven Wüstenvölkern einst als Unterschlupf benutzt worden waren, wurden nun zu Siedlungsplätzen für die »Felsenbewohner« (»Cliff Dwellers«). Bei der klassischen Siedlung von Mesa Verde im südlichen Colorado handelte es sich dagegen um eine Abwärtsbewegung, denn die Menschen verließen die offene Höhe des Plateaus, um wie Schwalben unter einer Dachtraufe zu nisten.

Die Phase des Felsenwohnens dauerte 200 oder 300 Jahre, das Zusammenschrumpfen der Anasaziwelt ließ sich nicht aufhalten. Bis ungefähr 1350 waren die Felsenklippen wieder verlassen, die Leute zogen von den Cañons weg. Die einen konzentrierten sich im Tal des oberen Rio Grande in New Mexico und dem benachbarten westlichen Texas, die anderen in einem kleinen Gebiet von »Mesas« (Hochplateaus) im nördlichen Zentralarizona. Schließlich siedelten einige genau zwischen diesen beiden – und in diesen drei Räumen leben sie noch heute. Wir werden nicht mehr von Anasazi sprechen, sondern von Puebloindianern. Mogollon verschwindet ganz, als denkbare Nachfolger bleiben nur die Zuñi Pueblo. Das Bild von Hohokam zeichnet sich weniger deutlich ab. Die Hoheitsbereiche von Häuptlingen brachen sicher unter dem Druck von räuberischen kalifornischen Stämmen zusammen, aber die Bauern der Pima, die immer noch dort leben, und die blutsverwandten Pápago in Sonora tragen eine abgeschwächte Form der Kultur von Hohokam weiter.

Coronado und danach

Die historischen Puebloindianer trugen Hosen, wie sie heute üblich sind, dazu wollene Umhänge und Silberschmuck. Sie besaßen Schafe und Esel, bauten Pfirsiche und Pfeffer an und wohnten in großer Anzahl in Dörfern mit spanischen Heiligennamen. Eindeutig gibt es also in der heutigen Pueblokultur auch europäische Züge. Um die Begegnung mit der Alten Welt einzuschätzen, überfliegen wir am besten kurz die »neuere« Geschichte.

Die Nachricht von Pueblos drang vom Hörensagen erstmalig 1536 zu den Spaniern, und zwar durch Álvar Núñez Cabeza de Vaca und seine drei Gefährten. Als einzige Überlebende der unglücklichen Narváez-Expedition nach Florida waren sie in acht Jahren querfeldein nach Mexiko gewandert. Sie erzählten, sie hätten von sieben großen Städten in einer Provinz namens Cíbola gehört. Dort warte man auf einen conquistador, um ihn mit Gold zu überhäufen, und auf einen Missionar zur Seelenernte. Ein Franziskaner französischer Herkunft, Marcos de Niza (Nizza), der Zeuge der Plünderung Perus und der Erdrosselung des Inka Atahuallpa gewesen war, wurde nach Norden auf Erkundung geschickt. Sein Reiseführer war Esteban, ein Neger aus Nordafrika, der schon Cabeza de Vaca begleitet hatte. Eines Tages im Mai 1539 wurde er mit seinem ansehnlichen Harem, der sich auf der Reise angesammelt hatte, vorausgeschickt und betrat das Zuñipueblo Háwikuh. Seine Zudringlichkeiten gefielen den Zuñis nicht. Ihrer eigenen Überlieferung zufolge beförderten sie ihn mit einem einzigen mächtigen Tritt, vermutlich von einem Dach herab, ins Jenseits. Seine Witwen flohen zu dem wartenden Franziskanerbruder zurück. Nachdem dieser auf diese Art nur einen entfernten Blick auf das Pueblo geworfen hatte, zog er in Eilmärschen heim nach Mexiko City und bestätigte die optimistischen Berichte.

Im nächsten Jahr führte Francisco Vásquez de Coronado eine größere Expedition nach Norden. Das erste kurze und feindliche Zusammentreffen gab es in Háwikuh. Dann wurden Erkundungstrupps nach Osten und Westen, bis zu den Büffelprärien sowie bis zum Grand Cañon ausgeschickt. Gleichzeitig zog die Hauptstreitmacht zu den Pueblos des Rio Grande, wurde aber dort im Schnee des Winters 1540/41 festgehalten. Dann kam es zu einem unvermeidlichen Aufstand der Indianer, und

200 Indianer wurden zum Scheiterhaufen verurteilt. Die Hälfte starb unter Schwerthieben, weil sie Widerstand leisteten. Die Pueblos versuchten es dann mit einer anderen Taktik. Sie schickten Coronado auf die Suche nach dem fabelhaften »Königreich von Gran Quivira«. Monate später erdrosselte Coronado seinen indianischen Führer irgendwo in den Grassteppen von Nebraska und gab auf. 1542 zog sich die Expedition zurück, ohne einen Schatz gefunden zu haben. Man ließ einige fromme Brüder zurück, die man zu einem frühen Martyrium bestimmt hatte. Eine lebhafte Abscheu der Indianer vor Bärtigen blieb bestehen.

Die Pueblorevolte

Eine ernsthafte Okkupation begann achtzig Jahre später mit dem Eintreffen von Juan de Oñate. Er brachte spanische Kolonisten, mexikanische Indianer und Mischlinge mit. Die Ländereien der Pueblos wurden

Ein Fest des Zuñi Pueblo in den 80er Jahren des 19. Jahrhunderts. Die Sänger stehen in der Mitte links und ein Trommler ganz rechts

respektiert, aber nicht ihre Geisteswelt. Die Franziskaner bauten in den meisten Pueblos Kirchen und bestraften hart, wenn man ihnen nicht die geforderte Aufmerksamkeit entgegenbrachte. Noch härtere Bestrafungen drohten jeder Manifestation einheimischer Religion. Die Pueblos besaßen bereits einen restlos ausgefüllten Ritualkalender, waren auch bereit, katholische Formen aufzunehmen, lehnten aber ab, ihre eigenen fallenzulassen. Auspeitschungen und Verbrennungen konnten sie nicht einschüchtern. Im Morgengrauen des 10. August 1680 begannen die meisten Pueblos gemeinsam mit einigen der eingewanderten Mischlinge, ihre Unterdrücker zu beseitigen. Über 400 Spanier wurden getötet, einschließlich der Mehrzahl der Missionare. Die ungefähr 2000 Überlebenden sammelten sich in Santa Fe und kämpften unter großen Verlusten gegen ihre Belagerer, bis sie ins südliche El Paso fliehen konnten. Die Indianer beseitigten systematisch alle Spuren des Christentums. Zwölf Jahre lang gab es keinen Weißen in New Mexico. Diego de Vargas erreichte von 1692 bis 1694 eine stückweise Rückeroberung, die Kolonisten aber kamen wieder. Auch die Kirche kehrte zurück, aber mit geringerem Drang oder verminderter Fähigkeit zur Unterdrückung. Infolge dieser größeren Toleranz fügten sich die Pueblos des Rio Grande dem Prozeß einer teilweisen Anpassung, der ihnen ermöglichte, zumindest die äußeren Formen der christlichen Praxis parallel zu ihren eigenen heiligen Riten anzuwenden. Es gab auch innerhalb der Bevölkerung einen Austausch. Denn Indianer der Pueblos, und zwar Einzelpersonen genauso wie ganze Familien, die etwa die gesellschaftliche Disziplin des Pueblo ablehnten, wurden als Diener und Knechte von der Kolonialgesellschaft absorbiert. Einige Kolonisten heirateten wiederum in die Pueblos ein. Beide Gruppen erfuhren eine dauernde Auffrischung durch »wilde« Indianer, d. h. Apachen, Navajo und südliche Prärieindianer, die man gewöhnlich von den Comanchen als Sklaven eingehandelt hatte. 1776 betrug der Auktionspreis für ein kräftiges Mädchen zwischen zwölf und zwanzig Jahren zwei Pferde und einen Umhang. Für einen jungen Burschen zahlte man weniger. Schließlich richtete man ganze Dörfer für ehemalige Gefangene ein. Man nannte sie Jenízaros (»Janitscharen«, aus dem Türkischen).

Bei den entlegenen Hopi im Westen kehrte nur das Pueblo Awátobi zur christlichen Oberaufsicht zurück und wurde von seinen Nachbarn völlig zerstört. Der spanische Einfluß ist bei den Hopi sehr gering geblieben. Eines seiner Pueblos, Hano, wurde von Flüchtlingen erbaut, die von der spanischen Wiedereroberung vom Rio Grande geflohen waren. Es hat seine eigene fremde Sprache, das Tewa, bis heute beibehalten.

Als es mit dem spanischen Herrschaftsanspruch vorbei war, geriet New Mexico politisch und gesellschaftlich mehr und mehr in Vergessenheit.

Die Lage änderte sich nicht wesentlich, als die Regierungshoheit 1821 an Mexiko und 1846 an die Vereinigten Staaten überging. Tatsächlich war die Welt der Pueblos sich selbst überlassen, bis im letzten Teil des 19. Jahrhunderts die Anthropologen und die Künstler anrückten. Damals erregte die US-Regierung Mißstimmung durch die zwangsweise Einführung der Schulerziehung.

Da der Landbesitz der Puebloindianer schon durch die spanische Krone bestätigt war, da sie sich von ihren eigenen Ernten ernährten und da sie höchstens einmal als Hilfstruppen gegen räuberische Nomaden kämpften, hatten sie eine amerikanische Einmischung überhaupt nicht nötig. Sie fand natürlich doch statt – aber trotzdem bewahrten sich die Puebloindianer erfolgreicher als fast alle anderen Indianergruppen Nordamerikas ihre Identität.

Ein besseres Wort wäre vielleicht Integrität, denn die Puebloindianer stimmen zwar nach einem allgemeinen Muster überein, sind aber nicht identisch untereinander. Die folgende Beschreibung ist somit eine Synthese. Sie betont das Traditionelle, aber vieles davon gilt auch für die Gegenwart.

Die modernen Pueblos

Die Puebloindianer sprechen sechs völlig unterschiedliche Sprachen: Hopi, Zuñi, Keres, dazu kommt die Tanoanische Gruppe mit Tiwa, Tewa und Towa. Jedes Pueblo ist eine selbständige Einheit, die man anderswo Stamm nennen würde. Kulturell teilen sie sich in westliche und östliche Gruppen. Insgesamt handelt es sich um ungefähr 35 000 Menschen, das sind mehr als dreimal soviel wie im Jahre 1900. Doppelt so viele Einwohner waren es, als die Spanier um 1600 kamen, sicher nur ein Bruchteil der angenommenen Bevölkerungsanzahl im Goldenen Zeitalter des 12. Jahrhunderts.

Die westlichen Pueblos umfassen die Hopi und die Zuñi. Die Hopi waren früher als Moqui[7] bekannt und wohnen in neun Pueblos, die an drei Ausläufern eines Hochplateaus im nördlichen Arizona erbaut sind. Eines davon ist das oben erwähnte Tewadorf Hano, das sich nur in der Sprache von den anderen unterscheidet. Zwei verstreute Siedlungen liegen weiter unten auf Wüstenboden und eine dritte (Moenkopi) 60 km westlich davon. Zuñi – »Cíbola« – ist jetzt in einem einzigen großen, unregelmäßig an einem niedrigen Hügel angelegten Pueblo konzentriert, direkt an der Grenze New Mexicos.

Die östlichen Pueblos sind über eine Entfernung von 200 km im Tal des Rio Grande verstreut. Die Taos und Picurís im Norden und die Sandía und Isleta im Süden sprechen Tiwa. Zwischen ihnen sind die Pajoaque, Tesuque, Nambé, San Ildefonso, Santa Clara und San Juan. Sie alle sprechen die Tewasprache. Dann gibt es das einzelne Towapueblo namens Jémez. Weiter die Gruppe Keres, zu der Santa Ana, San Felipe, Santo Domingo, Cochití und Sía gehören. Genau zwischen Ost und West, kulturell wie geographisch, stehen Ácoma, hoch auf einem Plateau, und Laguna. Beide sprechen Keres. Verschiedene Pueblos haben Außensiedlungen zum saisonbedingten Gebrauch, wo aber ein paar Familien auch das ganze Jahr über bleiben können.

Die westlichen Pueblos sind aus Stein errichtet und manchmal mit Lehm beworfen. Einige zwei- bzw. dreistöckige Häuser existieren noch. Da aber das Erdgeschoß später nicht mehr von plündernden Feinden gefährdet wurde, kamen Türen anstatt der einstigen Leiter- und Dachlukeneingänge auf. Kivas für Zeremonien sind rechteckig und teils unterirdisch oder zumindest in inneren Erdgeschoßräumen angelegt.

Längs des Rio Grande bilden ungebrannte Lehmziegel (adobes), die jährlich neu mit Lehm verputzt werden, das Baumaterial. Der nördliche Block bei Taos hat bis zu fünf Stockwerke. Heutzutage sind aber einstöckige Häuser üblicher. Typisch sind die vorstehenden Tragebalken (vigas), an denen Girlanden von Maiskolben und Chilipfeffer in der Sonne trocknen. Die Schornsteine bestehen aus alten Kochtöpfen, deren Böden durchgebrannt sind. Sie werden zusammengesteckt und mit Lehmmörtel verbunden. Große kuppelförmige Backöfen, die glatt verputzt sind und mit einer Steinplatte verschlossen werden, findet man häufig außerhalb der Häuser, wo sie manchmal zugleich als Hundehütte dienen. (Man glaubte sie einheimischen Ursprungs, aber die gleichen Öfen kann man im westlichen Mittelmeergebiet sehen.) Ein Goldadler sitzt gewöhnlich traurig in einem grobgezimmerten Käfig, man hält ihn wegen seiner heiligen Federn.

Die Wohnräume sind mit Gips geweißt und besitzen eine niedrige Einbaubank längs der Wände. Die Innentüren von einem Raum zum anderen ergeben eine zusätzliche Sicherung während der Belagerungen. Wichtig für die Ausstattung ist ein Satz von Mahlsteinen. Die Mahlfläche besteht aus einer Sandsteinscheibe, metate genannt, die schräg in einem flachen Kasten liegt. Die Frauen knien hinter der erhöhten Seite der Metate und mahlen den Mais mit einem Reibstein (mano), indem sie ihn mit beiden Händen kreisförmig bewegen. Die Feinheit des Mehls hängt von der Beschaffenheit des benutzten Steins ab. Metate dreier verschiedener Körnungen werden mindestens verwandt. Andere Annehmlichkeiten bestehen vielleicht aus ein oder zwei niedrigen Hockern, einer

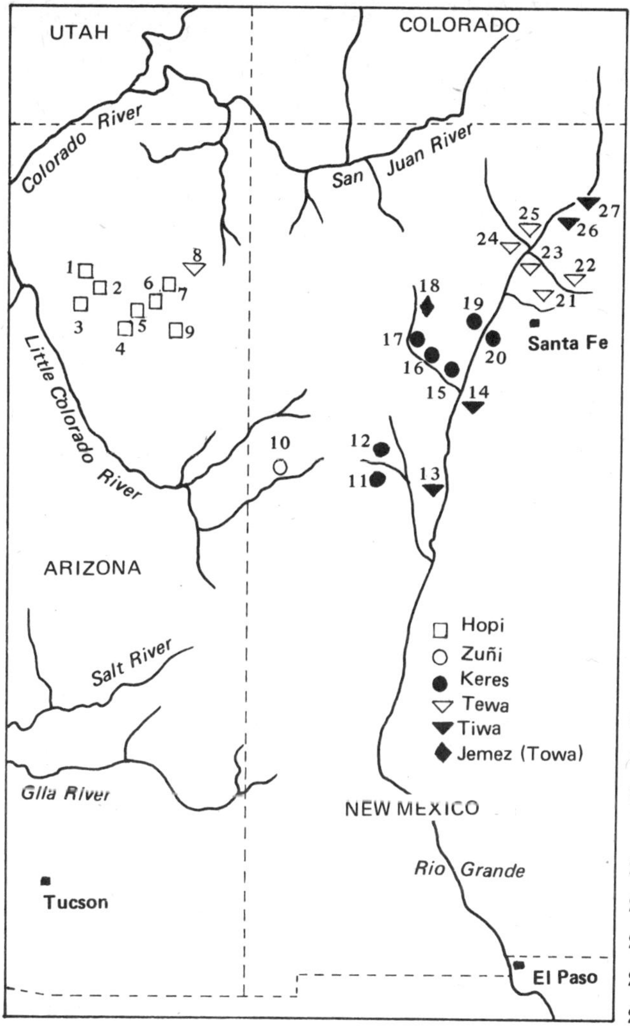

1 Hotevilla
2 Bácabi
3 Oraibi
4 Shongópovi
5 Shipáulovi
6 Walpi
7 Sichómovi
8 Hano
9 Mishóngnovi
10 Zuñi
11 Ácoma
12 Laguna
13 Isleta
14 Sandía
15 San Felipe
16 Santa Ana
17 Sía
18 Jémez
19 Cochití
20 Santo Domingo
21 Tesuque
22 Nambé and Pojoaque
23 San Ildefonso
24 Santa Clara
25 San Juan
26 Picuris
27 Taos

Die heutigen Pueblos. Bacabi und Hotevilla stammen von 1906/07; einige andere aus jüngster Zeit sind nicht eingezeichnet

Querstange, um Sachen daranhängen zu können, und Wandnischen als Schränke. Die blanke Erde oder eine Schicht Steinplatten bildeten den Fußboden, er diente zugleich als Tisch und Bett. Die Menschen sind klein (1,62 m) und untersetzt, die natürliche Rundung des Kopfes ist durch die Deformierung mit dem Wiegenbrett in früher Kindheit noch verstärkt worden. Das dauernde Sitzen bringt den Frauen eine gewisse Schwerfälligkeit. Sanftmut im Ausdruck wird beharrlich gepflegt – ein Ideal, von dem wir später noch mehr erfahren werden.

Die ursprüngliche Grundbekleidung der Männer war ein Baumwollrock oder ein Lendenschurz. Beides trägt man heute noch beim Ritual oder bei der Kaninchenjagd. Aber die Alltagsbekleidung im Pueblogebiet besteht meistens aus einem Baumwollhemd, das über die Baumwollhosen getragen wird und das man mit einer Schärpe, aus leuchtend buntem Garn gearbeitet, oder auch mit einem Ledergürtel, verziert mit ovalen Silberscheiben (»conchas«), gürtet. Die Hosen sind weit und kurz und unterhalb der Knie außen geschlitzt. Als Fußbekleidung dient ein hartsohliger Mokassin mit weichem braunem Oberleder, am Knöchel mit einem Silberknopf geschlossen. Gamaschen aus weichem, braunem Leder werden häufig um die Waden gewickelt und unter dem Knie mit einem Band befestigt. Das Haar kann rundum gestutzt sein, häufiger aber trägt man es lang nach hinten gekämmt oder zu einem Zopf zusammengebunden. Die Seitenhaare werden in Mundhöhe abgeschnitten. Vorn kann es, als Pony geschnitten, bis über die Augenbrauen hängen. Schmuck aus Silber, Türkis und Muscheln vervollständigt die Bekleidung. Bei Kälte, oder um würdig auszusehen, trägt man eine Wolldecke. Sie ist entweder von Pueblomachart, einfach gestreift, oder sie hat ein auffälligeres Navajowebmuster.

Federn, Fransen und Gesichtsbemalung sind nicht für den Alltag des Pueblomannes. Die Eigenarten der Prärieindianer haben die Taos und in einem bestimmten Ausmaß auch die anderen nordöstlichen Pueblos beeinflußt. Die Männer von Taos tragen Schamschurze aus dickem Flanell und dazu Leggings mit Perlenbesatz. Außerdem teilen sie ihr Haar in zwei umwickelte Zöpfe. Man sieht hier bei vielen Gelegenheiten Hirschlederfransen. Statt in einen Umhang aus Büffelfell hüllen sich die Männer des Sommervolkes – eine der beiden rituellen Gruppen, zu denen jedermann in Taos gehört – in ein weißes Baumwolltuch, die Männer des Wintervolkes in ein rotes.

Die Standardbekleidung der Pueblofrauen ist die rechteckige Manta aus schwarzem oder dunkelbraunem Baumwollstoff, gewöhnlich mit einer blauen Kante, die bisweilen unten mit einem roten oder gelben Streifen abgesetzt ist. Diese Manta wird unter der linken Achsel hindurch um den

Taos Pueblo, New Mexico: Klauuma, der fünfstöckige Block im Norden. Türen zu ebener Erde sind das fast einzige sichtbare Moderne, die gewölbten Öfen (im Vordergrund rechts) können auf eine spanische Anregung zurückgehen

Körper gewickelt und auf der rechten Schulter befestigt (nur die Toten, so sagen sie, machen es umgekehrt). Der Rock war früher auf der rechten Seite nur übereinandergelegt, jetzt näht man ihn zusammen. Er wird in der Taille von einer rot-, grün- und schwarzgemusterten Schärpe fest zusammengehalten. Sie vervollständigt die Hauptbekleidung der westlichen Pueblos, ob mit oder ohne Schulterdecke. Am Rio Grande drangen die spanischen Vorstellungen von Schicklichkeit mehr durch. Dort trägt man Bluse und Slip unter der Manta, vorne eine Schürze, hinten einen Schal. Hat man einen Seidenschal, so wird er wie der rebozo der mexikanischen Bäuerinnen über den Kopf gelegt.

Während die Frauen im Westen barfuß gehen, können sich die am Rio Grande mit ihrer Fußbekleidung überall sehen lassen. Der Mokassin ist weiß und besitzt eine harte, schwarze Sohle. Dazu trägt man einen langen Streifen aus weißem Hirschleder, der wie eine übergroße Wickelgamasche

Jémez Pueblo 1903. Tänzer ruhen sich aus. Sie halten Kürbisrasseln und immergrüne Zweige in den Händen, am hinteren Schurz tragen sie ein Silberfuchsfell

rund um den Unterschenkel gelegt wird, je dicker, desto vornehmer. Einige Frauen von Tewa und Taos tragen große weiße Stiefel. So können die Pueblomänner ihre Augen nicht an hübschen Beinen weiden.

In der Haarmode sind lange Haare im Nacken mit kurzen Locken an der Seite, Ponyschnitt und Mittelscheitel erlaubt. Zuñi- und Hopifrauen haben ihre spezielle Haartracht. Mädchen tragen ihr Haar über beiden Ohren in 20 cm breiten Rollen, manchmal werden Maishülsen hineingeflochten. Das symbolisiert die offene, jungfräuliche Kürbisblüte (einige sagen Schmetterling). Nach der Heirat fällt das Haar in zwei dicken Bündeln nach vorn über die Schultern und entspricht der geschlossenen, bestäubten Blüte. Die Haare werden aus rituellen und hygienischen Gründen häufig gewaschen. Dazu verwendet man eine Seifenlauge aus zerstoßenen Yuccawurzeln (amole). Ehepartner pflegen ihre Haare gegenseitig mit zweiseitigen Besen aus Gras. Die kurzen Borsten sind für die Haare, die langen dienen zum Säubern des Fußbodens.

Wenn Kleinkinder erst einmal aus den Windeln ihrer korbgeflochtenen Wiegenbretter heraus waren, liefen sie nackt herum.

Gesellschaftliches Leben

Das Familienleben in den westlichen Pueblos dreht sich immer um die Verwandtschaft mütterlicherseits. Jedes Individuum wird im Clan der Mutter geboren, eine Heirat mit einem Clanmitglied wird also als Inzest betrachtet. Die Frauen besitzen und behüten das Haus (und helfen bei seinem Bau). Sie besitzen auch die Felder, aber bebauen sie nicht. Ein Bräutigam zieht hin zu seiner Frau, kann aber ohne großen Aufwand wieder zum Gehen veranlaßt werden. Tatsächlich ist es der Ehemann, der wieder zu seiner Mutter nach Hause zurückkehrt. Das geschieht nicht nur, wenn es Ärger gab, sondern auch, um regelmäßig die religiösen Pflichten des eigenen Clans zu erfüllen. Der Bruder der Mutter spielt bei der Erziehung des Kindes eine wichtige Rolle, obwohl es immer eine starke Bindung zwischen Vater und Kind gibt. Die Großeltern stehen in langer und herzlicher Beziehung zum Kind.

Im Osten ist die Herkunft offiziell nicht von solcher Bedeutung. Der Vater bestimmt in Familienangelegenheiten. Die Clans sind hier schwächer und verschwinden, und an ihre Stelle treten Gesellschaften und Bünde, die viele Clanfunktionen erfüllen, mit nicht vererblicher Zugehörigkeit. Hier sind auch einige Pueblos in »Hälften« geteilt. Im Wechsel von einem halben Jahr übernimmt jede einmal die führende Rolle in den Angelegenheiten des Dorfes. Die Zugehörigkeit zu einer Hälfte kann vererbt, gewählt oder zugesprochen werden.

Die Heirat erfolgt nach der Entscheidung beider Ehepartner und wird nicht besonders gefeiert. Vom Bräutigam erwartet man aber, daß er seiner Braut die Ausstattung webt. Eine strenge Monogamie, die sonst bei Indianern selten ist, gilt sowohl für »Heiden« wie für Katholiken.

Die gesellschaftliche und zeremonielle Organisation beherrscht alle auf bemerkenswerte Weise. Die Religion durchdringt jeden Lebensbereich und fordert die ständige Beachtung größerer und kleinerer Vorschriften. Sei es, man verstreut eine Prise geweihter Maispollen, oder man raucht und bläst den Rauch in die vier Himmelsrichtungen zuzüglich des Zenits und des Nadirs, oder man nimmt an gemeinsamen Gebeten, Übungen, Gesängen und Tänzen teil. Die Unsterblichen schicken den Regen, das bedeutet zugleich Fruchtbarkeit, dazu Erfolg bei der Jagd und beim Heilen von Krankheiten, ebenso die Harmonie in allen Dingen. Im Puebloglauben gibt es eine große Menge solcher Unsterblicher, alle verfügen über besondere Kräfte. Man sichert sich ihre gütige Hilfe in irdischen Angelegenheiten durch pünktliches und wortgetreues Aufsagen von Gebeten und durch symbolische Handlungen, die sie zufriedenstellen sollen. Hier existieren keine lautstarken Demutsbezeugungen und Selbstverstümmelungen, wodurch die Indianer der Prärie die Gottheiten gnädig zu stimmen suchten, auch keine Suche nach persönlichen Schutzgeistern. Die Methode der Pueblo ist zwar fromm, aber auch mechanistisch: Worum du betest, das mußt du auch bezahlen. Ein Unglück kann sich ereignen, wenn du nicht in genauer Übereinstimmung mit den vorgeschriebenen Formeln handelst. Der komplizierten Hierarchie des Übernatürlichen entspricht ein ebenso kompliziertes System von ganzen Menschengruppen, die damit beschäftigt sind, jenem zu dienen. Familiengeschlechter, Clans und Stammeshälften, dazwischen Gesellschaften und Bünde – sie alle besitzen ihre eigenen rituellen Pflichten, Privilegien und Verbote. Den Vorsitz führen die Priester. Im allgemeinen sind sie es, die die Pueblos leiten. Wohlgemerkt – jedes Pueblo bildet eine selbständige religiöse und politische Einheit, es gibt keine Oberpriester für alle Pueblos.

Kachinas

Die Kachinas sind die Übernatürlichen, die jeder am besten zu kennen vorgibt. Zu ihnen wurden auch die Geister der Verstorbenen gezählt. Ihre bildliche Darstellung zeigt Menschenkörper, die mit großartig surrealistischen Köpfen ausgestattet sind. Die Kinder kennen sie, weil ihnen Holzpuppen geschenkt werden, die nach dieser Vorstellung geschnitzt sind. Diese Kenntnis ist wichtig, weil alle Jungen und einige Mädchen zu

Halb unter der Erde angelegte Kiva im San Ildefonso Pueblo. Die herausragende Leiter verweist auf den traditionellen Eingang durch die Dachluke

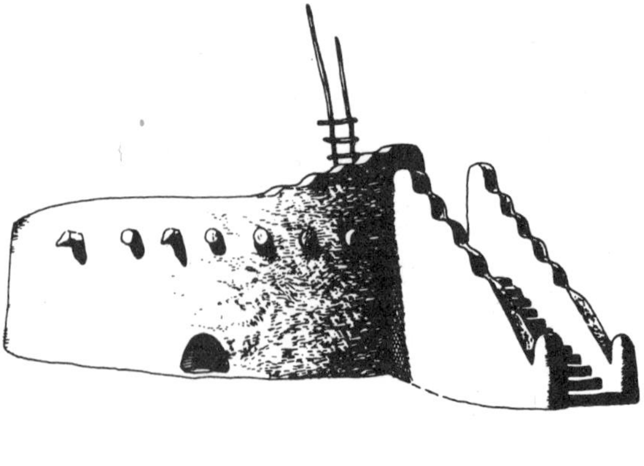

einer bestimmten Zeit im Alter von fünf bis neun Jahren auf schmerzhafte Weise in den Kachinakult eingeführt werden. Schmerzhaft deswegen, weil der junge Bursche nackt auf einer Sandzeichnung in der Kiva steht, seine Hände von einem zeremoniellen »Vater« in die Höhe gehalten werden und ein »Schreckkachina« ihn mit einer Peitsche aus Yuccafasern kräftig schlägt, um ihm Respekt beizubringen. Wenn er vierzehn Jahre alt ist, hat er eine weitere Auspeitschung hinter sich und ist damit feierlich in die Kivagruppe seines Zeremonialvaters eingeführt. Er wird auch erfahren haben, daß das Auspeitschen von einem menschlichen Wesen ausgeführt wurde, das einen Kachina vertrat; danach kann er nun selber streben.

Jede Kultgruppe hat ihre eigenen Kachinamasken, die den Kopf vollständig bedecken. Sie sind sehr kunstvoll gearbeitet und repräsentieren spezielle Wesen. Wenn keine Zeremonien stattfinden, sorgen die Frauen der Gruppe für sie und füttern sie mit heiligem Maismehl. Wenn die Masken zum Tanz antreten, dann stellt das in den Augen der Indianer nicht etwa eine Maskierung der Träger im üblichen Sinn dar, sondern sie leihen gewissermaßen den Geistern ihren Körper. Die Folgen von unbeabsichtigtem Fehlverhalten können daher schrecklich sein. Ungefähr dreimal im Jahr tanzen die Kachinas durch das Pueblo, »um die Menschen glücklich zu machen«, und bekräftigen immer wieder das Versprechen, reichlichen Regen zu schicken.

Die allergrößten Masken sieht man bei den Zuñi zur Wintersonnenwende, wenn die Shálako, sechs Götterboten von 3 bis 4 m Größe, ihren feierlichen Besuch abstatten. Sie versprechen gute Ernten, besichtigen neue Häuser und beeindrucken die jungen Leute sehr.

In den östlichen Pueblos gibt es weniger Masken. Die ausdrückliche Bitte um Regen ist dort vielleicht weniger dringend, da man Flußwasser zur Verfügung hat. Der rituelle Kalender ist trotzdem voll ausgefüllt. In Santo Domingo und auch an anderen Orten führen Männer und Frauen gemeinsam den »Tanz des grünen Maises« auf. Die Männer tragen bestickte Röcke, Fuchsfelle hängen hinten am Gürtel, in den Händen halten sie Kürbisrasseln. Die Frauen sind mit der einfachen Manta bekleidet, ohne die spanische Unterkleidung. Senkrecht auf den Kopf haben sie ein dünnes Holzbrett (tablita) gebunden. Es ist mit Schnitzerein verziert und mit Wolken und Regensymbolen bemalt. Daunenfedern am oberen Ende bedeuten kleine Wölkchen. Die Musik wird von einem Orchester aus Trommlern und Sängern gemacht.

Die Einstellung der Ausführenden und Zuschauer ist bei diesen öffentlichen Tänzen grundsätzlich voller Frömmigkeit und Ehrfurcht, zumal die meisten von ihnen tagelange körperliche und geistige Vorbereitungen in der Kiva hinter sich haben. Jedoch in Ost und West wird das oft durch unerhörte Possenspiele kontrapunktiert. In den westlichen Pueblos traten die Koyemshi, die »Schmutzköpfe«, auf, rosa bemalt und mit knollenförmigen Kindsgesichtermasken. Im Osten sind es die noch schlimmeren Kóshare, die »Freudenbringer«. Vom Kopf bis zu den Zehen sind sie mit schwarzen und weißen Ringen bemalt, ihr Haar ist mit Maishülsenblättern zu zwei Hörnern aufgerichtet. Sie beherrschen die Tonleiter der Respektlosigkeit vom leichten Spaß bis zur Obszönität. Die erlaubte Umkehrung der Regeln guten Betragens gibt es fast überall auf der Welt, aber die Entwicklung zu dieser extremen Form kann als Ablaßventil für innere Spannungen verstanden werden, die sich im Pueblo aus der Forderung nach Selbstdisziplin und aus der Unterordnung der Individualität ergeben. Die Clowns im Pueblo sind gleichzeitig Priester, die ihre gemeinen Zoten dazu benutzen können, jeden, der in ihren Augen aus der Reihe tanzt, zu demütigen.

Der Schlangentanz und anderes

Einige Erscheinungen im Puebloritual beruhen auf klugen Tricks, z. B. das Verschlucken von Stöcken, das schnelle Wachsenlassen von Pflanzen und möglicherweise das Anfassen glühender Kohlen. Andere lassen sich nicht so einfach erklären. Das betrifft z. B. die offensichtliche Unbekümmertheit, mit der die Schlangentänzer der Hopi die giftigen Reptile anfassen.

Der Schlangentanz findet aller zwei Jahre im Wechsel mit dem Flötentanz im Spätsommer statt. Die Schlangen- und Antilopenbruderschaften der Hopi wollen damit wie immer den Regen sichern. Das religiöse Fest dauert neun Tage, der größte Teil dieser Zeit vergeht mit geheimen Riten in den Schlangen- und Antilopenkivas. Anfangs werden lebende Schlangen aus allen vier Himmelsrichtungen eingefangen und in die Schlangenkiva gebracht. Jede beliebige Schlange ist verwendbar. Es ist, zoologisch gesehen, Zufall, daß es zu 60 Prozent oder mehr Klapperschlangen sind, die dort die harmlosen Wühlnattern und Peitschenschlangen zahlenmäßig übertreffen. In der Kiva werden sie nach strengem Zeremoniell gewaschen und zuerst einige Zeit in Töpfen aufbewahrt, dann einfach auf den Fußboden gelassen. Zwei Männer mit »Schlangenpeitschen« bewachen sie. Diese Schlangenpeitschen bestehen aus einem kurzen Holzgriff mit zwei Adlerfedern. Schlägt man mit diesen Federn auf den Rücken der Schlange, so wird sie davon abgehalten, sich zusammenzurollen. Und so kann sie nicht beißen.

Am achten Tag vollführen die Tänzer eine Art Übungslauf ohne

Links: Ein »heiliger Clown«, Kóshare, von den Pueblos der Keres. Er ist über und über schwarzweiß bemalt und trägt »Hörner« aus Maishülsenblättern. Die Koshare sind für die menschliche Fruchtbarkeit zuständig, bieten aber auch lustigen Zeitvertreib. Rechts: Festbekleidung der Frauen für den Büffeltanz von San Ildefonso. Man sieht ein weißes Baumwollkleid mit schwerer Wollstickerei und die gewickelten Leggings aus Hirschleder

Schlangen auf der Plaza, und am Morgen des neunten Tages findet am Fuß des Hochplateaus ein zeremonieller Wettlauf statt. Bei Sonnenuntergang folgt der Höhepunkt. Zuerst zeigen sich die Antilopen-, dann die Schlangenpriester und ihre Novizen, sie schreiten viermal um die Plaza. Sie tragen verzierte Baumwollröcke und Schärpen, Fuchsfelle hängen ihnen von der Taille herab. Am Körper und an den Gliedmaßen sind sie weiß oder blau bemalt. Die Schlangenmänner zeigen sich mit schwarzem Gesicht und weißem Kinn. Das Haar ist oben mit bunten Federn oder einem Blätterkranz geschmückt und fällt offen herab. Am rechten Knie baumelt als Rassel eine Schildkrötenschale, an der auch Hirschhufe befestigt sind. Ein Anführer verspritzt beim Gehen heiliges Wasser, ein anderer wirbelt mit einem Schwirrholz, um Sturmgeräusch zu erzeugen. Einige Tänzer sind fast noch Knaben.

Auf einer Seite der Plaza steht eine Laubhütte aus Pappelzweigen, die kisi. Davor liegt ein Brett auf dem Boden, das sipapu, den Eingang zur Geisterwelt, darstellt. Jeder einzelne Schlangenpriester schiebt sich tanzend vorwärts, stampft fest auf das sipapu, um die Götter zu alarmieren, und duckt sich dann vor der kisi. Er erhebt sich wieder mit einer sich windenden Schlange, die er in ihrer Körpermitte mit seinen Zähnen gepackt hält. Sofort nimmt ein Antilopenpriester neben ihm seinen Tanzschritt auf und legt seinen linken Arm um die Schultern des Schlangenpriesters. Mit der rechten Hand schwenkt er die Federpeitsche, um die Aufmerksamkeit des Reptils auf sich zu lenken. Wenn der Tänzer zufällig eine sehr kleine Schlange herauszieht, darf er noch eine zweite nehmen. Ist die Schlange sehr groß, und Klapperschlangen oder Wühlnattern können bis zu 1,50 m lang sein, packt er sie zusätzlich am Schwanz und im Genick mit seinen Händen. Ein Beobachter aus frühen Zeiten berichtet, daß die Schlangenpriester ihre Zähne mit einer Schutzschicht aus weißem Ton überzogen, um eine Verletzung der Schlange zu vermeiden.

Die Priesterpaare tanzen mit ihrer Schlange im Gleichschritt fast um die ganze Plaza herum. Dabei werden sie von einer Mädchenschar mit heiligem Mehl bestäubt. Dann werfen sie die Schlangen mit einer ruckartigen Kopfbewegung auf den Boden und gehen langsam zur kisi zurück, um die nächste zu holen. Bevor die fallengelassene Schlange unter die Zuschauer gerät, stürzt sich ein Schlangenfänger auf sie, oft ein Novize, der schnell eine Handvoll der sich windenden Tiere einsammelt.

Wenn mit der letzten der vielleicht hundert Schlangen getanzt worden ist, werfen die Fänger sie alle auf einen Haufen in einen Kreis aus Mehl und schütten noch mehr Mehl über sie. Dann fährt jeder Tänzer mit der Hand in das Gewimmel, packt, soviele er halten kann, und läuft mit ihnen zum Talboden, um sie unter ernsten Gebeten freizulassen. Ihr kurzer Aufenthalt im Pueblo ist beendet, die Schlangen werden heimkriechen, um die verdienstvolle Frömmigkeit ihrer Hopigastgeber und -brüder zu preisen. Die den Schlangen soviel Ehre erwiesen haben, klettern wieder hinauf zum Hochplateau und reinigen sich mit starken Brechmitteln. Nachts feiert man ein großes Fest.

Daß niemand dabei zu Schaden kommt, ist irgendwie rätselhaft.

Obwohl die Akteure äußerst geschickt im Schlangenfang sind, hat es doch den Anschein, daß sie die Tiere mit ziemlich großer Nachlässigkeit transportieren. Einige werden sicher gebissen. Schlimme Nachwirkungen, so vorhanden, werden verschwiegen. Die Tänzer trinken Kräuteraufgüsse (einige Kräuter sind bekannt), aber ob das eine wirksame Pharmakologie oder nur geheimnisvoller Hokuspokus ist, kann nicht so einfach gesagt werden. Kürzlich behauptete ein »konvertierter« Schlangentänzer in einem Fernsehfilm, er wisse, »was man mit den Schlangen macht«, aber er verriet es nicht!

Den Schlangenkult kann es auch am Rio Grande gegeben haben, aber dort wurde er genau wie die Maskenrituale von den Missionaren bekämpft. Die Bewohner der östlichen Pueblos sind alle Katholiken, sie werden kirchlich getauft und erhalten (bis in die jüngste Vergangenheit) spanische Namen. Sie besuchen die Messe und feiern den Namenstag des Dorfheiligen. Wenn sie die Messe besuchen, tragen sie Jacke und Hose. Dann gehen sie nach Hause, legen Schurze um und bemalen den Körper für einen Regen-, Fruchtbarkeits- oder Maistanz. In der Vorstellung der Pueblos ist das nichts Ungewöhnliches: Neben Tata (Papa) Dios ist genug Raum für Vater Sonne und die »Spinnenfrau«. Die Heiligen verstärken die Reihen der Kachinas. Vor langer Zeit gab es einmal eine kleine Komödie, die das alles veranschaulicht.

Um 1840 ging es dem Pueblo Laguna sehr schlecht, während sein Nachbar Ácoma prächtig gedieh. Ácoma wurde anscheinend von dem ehrwürdigen Bildnis des Heiligen Joseph, das in der Missionskirche hing, beschützt. Würde wohl Ácoma den San José einen Monat lang ausleihen, damit er Fürsprache für das leidende Laguna einlegt? Ácoma war einverstanden. Und der Heilige hatte so viel nützlichen Einfluß, daß Laguna es ablehnte, ihn zurückzugeben. Die Ácomeños drohten mit Krieg, wurden aber vom Missionsvater überredet, das Los entscheiden zu lassen. Ácoma gewann, der Santo wurde zurückgebracht, und in derselben Nacht noch entführte ihn eine bewaffnete Truppe aus Laguna wieder. Schließlich wurde die Forderung Ácomas vom Obersten Territorialgericht anerkannt. Eine triumphierende Abgesandtschaft zog nach Laguna, um das Bildnis zu holen. Auf halbem Wege fanden sie es an einen Kaktus gelehnt. Seitdem zweifelte niemand mehr an der Ungeduld des wunderwirkenden Heiligen, wieder nach Hause zu kommen.

Während von modernen Pueblos einige Schauspiele inszeniert werden, damit Touristen gegen entsprechendes Entgelt Fotos machen können, bleiben andererseits die Kivariten geheim, und es ist schon viele Jahre her, daß man bei solchen heiligen Festen wie dem Schlangentanz und dem »Tanz des grünen Maises« Fotoapparate zuließ. Die Konservativen sind

Ein seltenes Foto von ungefähr 1880. Wir sehen in einer Kiva des Sía Pueblo das Heilungsritual für einen kranken Jungen (mit dem Rücken zur Kamera)

auch nicht sehr bereitwillig, Fremden ihre Glaubensvorstellungen mitzuteilen. Da gibt es einen alten Witz von einem Indianer, der zu seinem Freund sagt: »Hier kommt schon wieder ein Anthropologe, was wollen wir ihm erzählen?« Pueblopriester sind dafür bekannt, daß sie sich auf Kosten der Forschung so manchen kleinen Spaß erlaubt haben. Es muß aber hinzugefügt werden, daß zwei zeitgenössische Anthropologen, die auf ihrem Gebiet Hervorragendes leisten, Tewa-Indianer sind: Dr. E. P. Dozier und Dr. Alfonso Ortiz.

Handwerk, Kunst und Hausarbeit

Infolge der Verbindung mit den Spaniern betreiben die Puebloindianer seit langem den Anbau von Weizen, Äpfeln, Pfirsichen und Melonen;

Schafe stellen ihre Hauptfleischlieferanten dar. Aber immer noch ist ihnen der Mais heilig. Sie pflanzen ihn 30 cm tief in den ausgedörrten Boden auf kleine Hügel. Sehr klug nutzen sie die kurzen Regengüsse und den Wasserabfluß aus dem Hochplateau. Einige Pueblos an den Flüssen nutzen Bewässerungsgräben, die jedoch keinen Vergleich mit denen von Hohokam bestehen. Die Regulierung der Wasserverteilung geht vermutlich eher auf Valencia zurück. Überall beten sie bei der Aussaat und stecken pahos auf die Felder. Das sind kurze Stöcke mit einer Daunenfeder an der Spitze, die wie die christlichen Kerzen Gebete versinnbildlichen sollen, nur daß sie wesentlich länger halten. Maiskörner gibt es in verschiedenen Sorten und in sechs Farben, jede mit einer eigenen Symbolik. Das Geschenk für Neugeborene ist ein reifer Maiskolben.

Zu Speisezwecken wird der Mais in unterirdischen Öfen im Ganzen geröstet und dann vom Kolben gegessen. Er wird auch im heißen Sand zu Puffmais gedörrt, gekocht oder auch getrocknet und auf der Metate gemahlen, damit er in einem großen Angebot von Kuchensorten, Klößen, Suppen und Breigerichten auf den Tisch gebracht werden kann. Eine Spezialität ist Piki, ganz dünne Scheiben ungesäuerten Brotes, die auf einer steinernen Herdplatte (am besten mit Eselsfett eingerieben, sagen die Hopi) gebacken und zu Rollen geformt werden. Für den Alltag wird Piki aus blauem Mehl gemacht. Die Färbung wird durch Salbeiasche oder Kalkwasser erreicht. Für festliche Gelegenheiten benutzt man weißes Mehl. Der Teig wird dann mit Blütenblättern rot gefärbt.

In der Wüstenluft ist das Trocknen von Nahrungsvorräten kein Problem. Für den Fall von Mißernten hat man im Pueblo immer eine Reserve für mindestens ein Jahr. Feldbestellung und Schafehüten gelten als Männerarbeit.

Noch erstaunlicher ist, daß auch Weben und Sticken zu ihren Aufgaben gehören. Meist beschäftigen sie sich damit in den Kivas. Wolldecken sind normalerweise gestreift, aber es wird auch ein schwarz-weißes Karomuster gearbeitet. Wie wir wissen, ist die Baumwollweberei hier ein prähistorisches Handwerk. Die angewandten Techniken sind vielfältig und einfallsreich. Die sogenannte Webstickerei ähnelt unserem Brokat und wird bei Tanzschärpen angewendet. Sie scheint eine späte und einzigartige einheimische Entwicklung zu sein. Andere Textilmuster, außer Streifen, sind auf eine ziemlich kleine Auswahl von geometrischen Verzierungen und Stufenmustern begrenzt. Es treten auch umgekehrte Schüsseln im Design auf. Sie stellen Wolken dar, aus denen senkrechte Linien als Regen herauskommen. Die Einfachheit der Motive steigert ihre ästhetische Wirkung.

Töpferei und Flechtarbeit sind das künstlerische Betätigungsfeld der

Frauen. Die lange und ruhmreiche Geschichte der Keramik des Südwestens wurde bereits erwähnt. Das 19. Jahrhundert brachte einen traurigen Niedergang. Zwei Frauen der Tewa, Nampeyó aus Hano und María Martínez aus San Ildefonso, bewirkten unabhängig voneinander eine eindrucksvolle Wiederbelebung. Pueblokeramik wird immer noch ohne die Töpferscheibe hergestellt. Man mischt Ton mit Sand und rollt lange »Würste« daraus. Diese werden zur gewünschten Form zusammengesetzt und innen und außen mit einem Stück Kürbis geglättet. Für verzierte Artikel gibt es noch einen Überzug aus feinem Kaolin. Die Außenseite wird dann mit einem glatten und für sie wertvollen Kieselstein poliert. Das Brennen erfolgt auf einem Scheiterhaufen aus Kuh- oder Schafmist, der die Hitze gleichmäßiger hält als Holz. Die Hopi verwenden einheimische Weichkohle. Wenn die Gefäße abgekühlt sind, werden sie mit Pflanzen- oder Mineralfarbstoffen bemalt. Als Pinsel dient die durchgekaute Spitze eines Yuccablattes. Die Muster reichen von geometrischen Formen bis zu mehr oder weniger konventionalisierten Darstellungen von Lebewesen. Es gibt viele lokale Stilrichtungen. Die üblichen Farben sind Schwarz oder Schwarz und Rot auf gelbweißem Grund. Als Untergrund findet man auch kräftiges Ziegelrot oder Orange. Längeres Brennen unter Raucheinwirkung liefert einen glänzenden schwarzen Überzug, der für die Töpfereiartikel von Santa Clara und San Juan typisch ist.

Das Flechten ist auf bestimmte Hopipueblos beschränkt. Mit Ausnahme der Herstellung von Weidenkörben für landwirtschaftliche Zwecke, beschäftigen sich nur Frauen damit. Die Hauptprodukte sind flache runde Teller mit Abbildungen von Schmetterlingen, dem »Wirbelwind«, oder tanzenden Göttern, die man für das heilige Maismehl braucht. In Oraibi werden diese Teller aus feinem Weidengeflecht gemacht, aber die der Dritten Mesa entstehen aus einer langen, spiralig aufgewickelten Wulst, die einen Kern aus Grashalmen enthält und fest mit Yuccablättern umwickelt ist. Auch geflochtene Matten und Siebe werden hergestellt. Hopiteller und Hopitextilien sind in anderen Pueblos, wo dieses Handwerk nicht mehr existiert, sehr begehrt.

Die Pueblos besaßen keine eigenen Metallvorkommen. Was also eiserne Werkzeuge anbelangt, wie sie später in Gebrauch waren, blieben sie anscheinend ganz auf die Kolonisten angewiesen. Um 1850 lernten sie jedoch, Silberschmuck herzustellen und ihn mit Türkisen zu besetzen, jenen Edelsteinen, die sie schon immer sehr geschätzt hatten. Dieses Handwerk kennt man noch besser von den Navajo und wird später erörtert werden. Besonders die Silberschmiede der Zuñi haben einen sehr interessanten Stil entwickelt. Das doppelarmige Kreuz – das Kreuz von Lorraine – ist eine ausschließlich bei den Pueblos auftretende Form.

Der Gobernador des San Felipe Pueblo demonstriert die Anwendung eines Pumpenbohrers zum Lochen von Muschelschalen und Türkisperlen. Die Decke mit den schmalen Streifen ist typisch für die Webkunst der Pueblos. Foto um 1880

System und Einzelwesen

Wir haben gesehen, daß die Puebloindianer eine harmonische Gemeinschaft pflegten und jeden Individualismus bekämpften. Obwohl man die Kriegführung kannte – es gab sogar Kriegshäuptlinge und auch Frauengesellschaften, die für die Aufbewahrung feindlicher Skalpe (man sprach taktvoll von »heiliger Rinde«) verantwortlich waren –, so hatte sie doch weitgehend Verteidigungscharakter und verletzte nicht die Puebloideale. Die Spanier führten ein System von Dorfvorstehern, »Gouverneure« (Gobernador) mit persönlicher Verantwortung, ein. Das war dem Denken der Pueblos fremd. Es wird berichtet, daß ein Pueblo, erst nachdem er von seiner Ratsversammlung drei Tage lang, breitbeinig stehend, an einen Baumstamm gebunden worden war, sein Amt als Gouverneur übernahm. Die Gouverneure sind wichtig für die Zusammenarbeit mit den weißen Beamten und gehören als Sondererscheinung zum »realen« Leben. Die wirkliche Macht bleibt wie eh und je in den Händen der

Priester. Jedes Individuum gehört nolens volens zu verschiedenen Zeremonialgruppen und lebt mit einer Vielzahl von Pflichten in einem System von Loyalität. Einige Persönlichkeiten passen sich leichter an als andere. Wem die dauernde Anpassung mißfällt, der muß entweder die Welt des Pueblo verlassen oder seine Aggressivität durch Schadenszauber kompensieren.

Obwohl die Priester die Zauberer nicht mehr zu liquidieren suchen, ist die Angst vor ihnen und noch mehr die Sorge, als solche gebrandmarkt zu werden, sehr groß. Nachdem die Männer vom Armeedienst wieder nach Hause kamen, hat auch die Fraktionsbildung zugenommen. Gleichzeitig werden die Reihen der Konservativen von denen gestärkt, die von der kapitalistischen Umwelt nur Enttäuschungen erfahren haben. Was sich auch an Widersprüchlichem hinter dieser ausgeglichenen Fassade verbirgt, die feste Pueblokultur hat eine beachtliche Widerstandkraft gegen jede Zerrüttung bewiesen.

Kapitel 6

Südwesten II: Seßhafte und umherschweifende Stämme

Südlich der Pueblos liegt ein riesiges Gebiet, das von Stämmen bewohnt wird, die die Pimasprache und weiter westlich die Yumasprache sprechen. Unter kulturellem Aspekt gehören sie alle zum »Großen Südwesten«, aber einzelne Anthropologen möchten doch eine genauere Abgrenzung vornehmen.

Die Pimastämme

Die eigentlichen Pima wohnen offenbar seit alters her am Mittellauf des Gila und seinen Zuflüssen. Dort haben wir einen jährlichen Niederschlag von nur 10 bis 12 cm, aber der schwere Schlamm, den der Fluß mitbringt, sichert eine Maisernte im Juni und eine zweite im Oktober. Es handelt sich natürlich um das Bewässerungsgebiet von Hohokam, und die Annahme ist weit verbreitet, daß die Leute von Pima mit dem Volk von Hohokam identisch sind, die allerdings die frühere Tendenz zu kultureller Verfeinerung verloren haben. Vielleicht hatten sie diese nicht mehr so nötig. Sicher ist, daß die Pima in fast allen Bereichen einfacher als die Pueblos leben. Das war bereits so, als die Jesuitenmissionare im 17. Jahrhundert zu ihnen gelangten. Die heutigen Pima umfassen auch die Sobaipuri, eine westliche Gruppe, die von den Apachen dorthin getrieben wurde, und die Maricopa, ein Stamm der Yumasprache, die sich ebenfalls unter dem Zwang der Selbstverteidigung hier einschlossen. Mit ihnen verbunden sind die zahlreichen Pápago, die weiter weg von den Flüssen lebten und somit keine Bewässerungstechnik kannten. Weil die Pápago weiter entfernt wohnten, gingen bei ihnen alle Veränderungen langsamer vor sich, so daß viele unserer Kenntnisse über frühere Lebensbedingungen von ihnen stammen.

Die Leute waren groß, hatten dunkle Haut und breite Gesichter.

Männer trugen einen Schamschurz aus Baumwollstoff, die Frauen einen Rock aus Rindenbaststreifen. Zur Ergänzung diente, wenn nötig, eine Decke aus Baumwollstoff oder Kaninchenfell. Auf Reisen kleidete man sich mit Mokassins aus Hirschleder, ansonsten reichte als Fußbekleidung eine Rohledersandale. Man sieht hier den mexikanischen Einfluß an seiner nördlichen Begrenzung. Die Männer trugen die Haare lang und, wenn es sein mußte, mit Locken der Haare ihrer Frauen oder Flechten aus Pferdehaar ergänzt. Es hing in Strähnen herab, war über den Augenbrauen kurzgeschnitten und aus Bequemlichkeit in einen turbanartigen Aufbau um den Kopf gewickelt. Ein gewebtes Band hielt alles zusammen. Die Frauen schnitten nur die Stirnpartie kurz und ließen die übrigen Haare frei herabfallen. Manchmal malten sie weiße Punkte hinein. Vor der wöchentlichen Wäsche mit Amolelauge (Amole ist die als Seife gebrauchte Yuccawurzel) machte man sich nachts eine Packung aus Schlamm und Kleister, das war gut gegen Läuse und brachte den Haaren Glanz.

Beide Geschlechter bemalten sich das Gesicht und oft auch den ganzen Körper. Man verwendete meistens die Farben Schwarz oder Rot und tätowierte sich mit Kaktusdornen und Holzkohle Kinn und Wangen. Neugeborene wurden mit einem Gemisch aus Ocker und Muttermilch bemalt. Muschelketten dienten häufig als Schmuck, Krieger steckten sich gern Holzstäbchen durch die Nasenscheidewand. Anders als die Pueblos haben diese Indianer die Kleidung des weißen Mannes übernommen, ohne dabei einen eigenen Übergangsstil zu entwickeln.

Die Pimastämme führten ein seßhaftes Leben in dauerhaften Dörfern, in denen sich aber keine großen gemeinsamen Häuserblocks befanden. Die Wohnungen erinnern in der Grundstruktur an Erdhütten, sind jedoch viel kleiner, nur knapp 5 m im Durchmesser. Sie lassen Rauchluke und Vorbau vermissen. Die Wände wurden aus senkrecht stehenden Weidenstäben oder Kaktusarmen errichtet, über das Dach ein dicker, isolierender Mantel aus Erde gebreitet. Einen Großteil der Zeit verbrachte man in der daneben befindlichen Ramada, einem hausähnlichen Schutzdach auf einem rechteckigen Balkengerüst, auf das eine Bedeckung aus Erde aufgebracht war mit nur einer Seitenwand als Windschutz. Viereckige Hütten wurden auch als Speicher aufgestellt. Alle Bauarbeiten wurden von Männern ausgeführt. Beim Tod des Besitzers wurde das Haus verbrannt, so daß sich bald eine unregelmäßige Anordnung der Häuser im Dorf ergab.

Um Mais, Bohnen und Kürbisse (später große Mengen an Weizen) anzubauen, nutzten die Pima die alten Bewässerungskanäle in der Nähe der Dörfer. Die Papago waren von ihrer Umwelt weniger begünstigt. Sie bewirtschafteten vereinzelte und oft weit entfernte Felder, in deren Nähe sie während der Pflanz- und Erntezeit ein Lager aufschlugen. Beide Stämme blieben stark abhängig von Wildpflanzen, was sich bei immer wieder auftretenden Mißernten noch verstärkte. Die wichtigste Nahrungsquelle dieser Art war für die Pima der bohnenähnliche Samen des Mesquitestrauches (aus der Spezies Prosopis). Die Papago verließen sich mehr auf die eßbaren Herzen der Mescal (Agave americana), die in den Bergen wächst. Nachdem man sie 24 Stunden lang gedünstet hat, am besten gleich ein paar Tage, sind sie eßbar. Die Liste der genutzten Pflanzen ist lang, aber besondere Erwähnung verdient der Riesenkaktus, Saguaro, dessen feigenähnliche Frucht frisch oder getrocknet, als Sirup oder als berauschendes Getränk genossen wurde. Zum Sammeln der Früchte verschiedener Opuntiakakteen verwendete man hölzerne Zangen.

Die Pima aßen Fische, die ihnen die Flüsse lieferten, im Gegensatz zu den Pueblos, denen jeder Fisch tabu war. Sie gingen auch auf die Jagd, obwohl sie dabei riskierten, den Apachen in die Hände zu fallen. Bei den Papago gab es keine Gewässer zum Fischen, aber sie wagten sich weit in die Sierras, um zu jagen. Man aß Pumas, Dachse, Biber und Erdeichhörnchen ebenso wie Hirsche, Gabelantilopen, Nabelschweine (Pekaris) und Kaninchen, niemals aber Schlangen, Hunde oder Raubvögel. Rituelle Verpflichtungen waren für den Jagderfolg nötig. Das Fleisch wurde vorwiegend gebraten, manchmal auch gekocht. Maisrezepte ähnelten

Traditionelle Hütte der Pima. Das gewölbte Haus aus Pfeilkraut, Kaktusrippen und Zweigen des Mesquitestrauches mit Lehmbewurf stellt den älteren Typ dar

denen der Pueblos. Sowohl Metate als auch Mörser wurden benutzt, um die Körner, Samen, Bohnen und Trockenfrüchte zu zermahlen.

Zusätzlich zu den eßbaren Pflanzen wurden sowohl Baumwolle (Gossypium) als auch Tabak (Nicotiana attenuata und andere) angebaut. Baumwollstoff stellten die Männer am horizontalen Webstuhl her. Den Tabak rauchte man in Zigaretten aus hohlem Schilfrohr oder in röhrenförmigen Steinpfeifen, die man in Hohokamruinen gefunden hatte. Rauchen galt als eine religiöse Handlung.

Gesellschaftliches und rituelles Leben

Die Herkunft richtete sich nach dem Vater. Es existierten Clans und Stammeshälften, was aber die Partnerwahl nicht beeinflußte. Jedes Dorf hatte einen Häuptling, den »Bewahrer des Rauches« (des heiligen Tabakrauches), der aus seiner engsten Verwandtschaft vier Helfer auswählte. Einer von ihnen rückte nach seinem Tode zum Nachfolger auf. Seine Hauptverantwortung war die angemessene Durchführung von zeremoniellen Handlungen.

Das wichtigste Fest der Papago fand im Sommer nach der Saguaroernte statt. Aus den Früchten wurde Saft gekocht, der dann mit Wasser vermischt und zwei Tage und Nächte in der Ratshütte stehengelassen wurde. In jeder Nacht tanzten die Männer Hand in Hand im Kreise und sangen heilige Lieder von Wolken und Regen. Von Zeit zu Zeit brachen Frauen in den Kreis ein und ergriffen die Männer ihrer Wahl bei den Händen. Für kurze Zeit verschwanden die Paare, das Thema des Festes war ja die Fruchtbarkeit. Der Höhepunkt kam am dritten Morgen, vorausgesetzt, daß keine Verletzung der heiligen Vorschriften die Flüssigkeit am Gären gehindert hatte. Die Männer tranken davon und hielten der Reihe nach feierliche Reden. Danach wandte sich jede Familie ihren eigenen Vorräten an diesen Getränken zu. Bei Einbruch der Dunkelheit lag fast das ganze Dorf im Rausch. Hier haben wir es wieder mit einem südlichen Einfluß zu tun, denn Alkohol war sonst kaum irgendwo im ursprünglichen Nordamerika bekannt.

Individuelle Heilungsriten wurden von den Medizinmännern oder Schamanen zelebriert. Aus Träumen oder durch das Töten von vier Adlern leiteten sie ihre Heilkraft ab. Sie heilten durch das Heraussaugen von Fremdkörpern – kleine Steine oder Kaktusstücke – aus ihren Patienten. Eine Serie von Mißerfolgen bedeutete ihr Todesurteil, man erschlug sie mit der Keule.

Jagd und Kriegführung bedurften der rituellen Vorbereitung, denn es galt, den Geist der Opfer zu versöhnen. Man kämpfte überwiegend in der Defensive, gegen die Apachen mit Pfeil und Bogen sowie mit kurzen zylindrischen Keulen. Die Pfeile hatten Steinspitzen und waren mit der verfaulten Leber eines Hirsches, in die man Klapperschlangen hatte hineinbeißen lassen, vergiftet. Die Tötung eines Feindes brachte dem Krieger sechzehn Tage religiöser Unreinheit. Während das übrige Dorf zu Ehren des Sieges tanzte, fastete der Betreffende, getrennt von den anderen. Sogar seine Waffen bedurften der besonderen Reinigung. Wenn man ihm am Ende dieser Zeit den gereinigten Skalp des Feindes zum Behüten und Pflegen übergab, erhielt er damit zugleich die Kraft, Wahnsinn zu heilen.

Flechtarbeiten

Obwohl auch verzierte und einfache Keramik hergestellt wurde, hat die Handwerkskunst der Pima in der Flechterei ihren besten Ausdruck gefunden. Sie fertigten Teller und flache Schalen, die viel zierlicher spiralig gewickelt waren als die der Hopi. Nur blieb bei ihnen das Nähmaterial sichtbar – cremeweiße gespaltene Weidenzweige und schwarze Hülsen der Teufelsklaue (Martynia). Die traditionellen Muster sind geometrisch, aber als Zugeständnis an den Touristengeschmack haben sich auch bildliche Darstellungen eingeschlichen. Bei ernsthaftem Nachfragen kann man gewöhnlich eine Erklärung der Symbole erhalten, denn die Indianer sind freundliche Leute. Weidenkorbflechtwerk gibt es hier nicht, aber die Techniken des Flechtens und des wenn auch weniger feinen, spiraligen Aufwickelns werden angewandt bei der Herstellung von konischen Schultertragekörben und Haushaltgeräten wie Feuerfächern, Rührlöffeln, Sieben sowie Kindertragen und bis zu 1,80 m hohen Speicherbehältern für die Aufbewahrung des Erntegutes.

Geflochtener Vorratsbehälter in der Pima-Reservation, Arizona 1930

Die moderne Welt dringt ein

Die Geschichte der Pima bietet erfreulich wenig dramatische Ereignisse. Den ersten Kontakt mit einem Missionar gab es ungefähr 1700, und zwar mit dem deutschen Jesuiten Eusebius Kühne (Padre Kino). Aber einige Jahre später eingerichtete dauerhafte Missionsstationen waren nie sehr erfolgreich. An ihre Arbeit erinnert am besten die großartige Kirche des San Xavier del Bac (1719 wieder aufgebaut). Sie befindet sich im Papagoreservat südlich von Tucson, Arizona, und wird heute noch genutzt.

Die Pima und Papago lagen mit den Amerikanern nie im Kriege. Sie verkauften große Mengen Getreide an die nach Kalifornien gehenden Wagenzüge und führten die Rinderzucht zusätzlich in ihre eigene Wirtschaft ein. Eifrig dienten sie als Armeekundschafter gegen die Apachen, die ihnen über Jahrhunderte arg mitgespielt hatten. Jetzt jedoch sehen sie sich einem noch unheilvolleren Feind gegenüber: Durch das Dämmebauen und die Überbeanspruchung des Gilaflußsystems trocknet ihr Land aus. Um dieses Problem zu lösen, hilft kein noch so starker ritueller Rauschtrank.

Die mexikanischen Pima

Die den Pima verwandten Stämme sind weit verbreitet, vor allem in Mexiko. Im verwitterten Labyrinth der Sierra Madre in Chihuahua wohnen die Tarahumara in Höhlen und Reisighütten. Man glaubt, ihre Läufer schaffen 150 km an einem Tag. Südlich von ihnen leben die Tepehuanes. In Sonora gibt es die Cáhitagruppe, einschließlich der Ópata, Mayo (nicht Maya) und Yaqui. Außerdem gehören noch die Cora und Huichol dazu, deren leuchtende „primitive" Malereien und »Götteraugen«-fetische nun die Andenkenläden überschwemmen. Die »Götteraugen« bestehen aus gekreuzten Stöckchen mit einem Viereck heller Wollfasern in der Mitte. Alle diese Stämme wurden dem südlichen Ausläufer des südwestlichen Kulturgebietes zugerechnet. Aber mit Ausnahme der Yaqui, die ein halbes Dutzend Siedlungsgemeinschaften in den Außenbezirken moderner Städte Arizonas gebildet haben, gehören sie alle kaum in diese Übersicht.

Die Yaqui waren ursprünglich Bauern, Jäger und Sammler wie die übrigen. Im Kampf gegen ihre Nachbarn waren sie sehr erfolgreich. 150 Jahre Missionsarbeit der Jesuiten (die immer aufdringlicher als die Franziskaner vorgingen und deswegen auch 1767 aus der Neuen Welt verbannt wurden) hatte sie bekehrt und umgeformt; sie behielten aber einen wachen Sinn für ihre Identität. Ihre Mißachtung jeglicher Regierungseinmischung gegenüber zwang sie, mit wenigen Unterbrechungen bis 1927 unter Waffen zu stehen. Zwischen 1880 und dem Ausbruch der mexikanischen Revolution im Jahre 1911 wurden Tausende zu regelrechter Sklavenarbeit in die Sisalplantagen von Yucatán abtransportiert, andere flohen in die USA. Ein Kern blieb aber unangetastet. Während der Revolution erlangten die Yaqui durch Sensationsreporter den Nimbus von spitzhütigen, todbringenden Gefolgsleuten des Banditengenerals Pancho Villa. Schließlich bestätigte ihnen das neue Regime ihr ererbtes Land. In Arizona leben sie hauptsächlich von Lohnarbeit, sie sprechen mehr Spanisch als Yaqui. Aber die Synthese ihrer ursprünglichen Religion mit der des Christentums aus dem 17. Jahrhundert eint sie. Das findet seinen besonderen Ausdruck in den einwöchigen Pascolazeremonien (Ostern). Dabei wird einer Puppe, die das Jesuskind darstellen soll, durch Hirschtänzer mit Trompeten und Rasseln gehuldigt.

Die Yumastämme

Die letzten alten Bewohner des Südwestens, die genannt werden müssen, sind die Stämme der Yuma, die im allgemeinen an der westlichen Grenze des Gebietes, nämlich am Coloradofluß, leben. Fangen wir in der Mitte des Grand Cañon im nordwestlichen Arizona an, und folgen wir dem Fluß bis zu seiner Mündung in den Golf von Kalifornien, so treffen wir der Reihe nach auf die Havasupai, Walapai, Mohave, Halchidhoma, Yavapai, die eigentlichen Yuma und die Cócopa. Die Maricopa sind inzwischen von den Pima aufgenommen, sie wurden bereits erwähnt. Die Yumastämme sind keine echten Nomaden, wechseln aber sehr gern ihren Wohnsitz. Sie haben nur eine lose Stammesorganisation und besitzen nicht so viele technische Fertigkeiten wie die Pima- und Pueblogruppen. Ihre erblichen Häuptlinge verfügten nur über geringe Macht. Spontane Anführer im Krieg genossen größere Achtung. Die Abstammung wird vom Vater hergeleitet, Clans sind aber nicht wichtig. Und die Zahl der Ehefrauen hängt von der gesellschaftlichen Stellung ab.

Vom Milieu besonders begünstigt leben die Havasupai. Im Sommer wohnen sie am Grunde des Cataract Cañon, 800 m in der Tiefe. Sie regulieren das unbeständige Wasser des Flusses so, daß reiche Ernten von Mais, Kürbis, Bohnen, Tabak und Sonnenblumenkernen ohne Unterbrechung von Juni bis September heranreifen. Am Ende der Arbeit laden sie ihre Nachbarn und Handelspartner, die Walapai, Navajo und Hopi, zu einer Erntefestwoche ein. Im Oktober verlassen sie ihre reisiggedeckten Häuser mit Erdfundamenten am Grunde des Cañons und klettern zu ihrem ziemlich dauerhaften Lager im Zederndickicht des Plateaus hinauf. Dort verbringen sie den Winter mit Jagen und Sammeln.

Die Havasupai waren von Haus aus ungewöhnlich schamhaft und kleideten sich von Kopf bis Fuß in Hirschleder, das von Männern verarbeitet wurde. Die Bekleidung der Frau bestand aus zwei ledernen Schürzen, meist mit Fransen. Die vordere reichte vom Hals bis zu den Knöcheln, während die hintere an der Taille ansetzte; ein Ledergürtel oder eine Hopischärpe hielt beides zusammen. An der Innenseite hingen an einer Lederbefestigung klappernde Hirschhufe. Beide Geschlechter bemalten und tätowierten sich das Gesicht.

Webarbeiten führte man nicht aus, trotzdem baute man etwas Baumwolle an, um sie als Zunder zu verwenden. Nur wenige Gebrauchstöpfe wurden hergestellt. Zu den Flechtprodukten gehörte der kegelförmige Korb für Samenkörner und Beeren, den man mit einem Tragriemen um die Stirn auf dem Rücken trug. Aus demselben Material waren fächerartige Schläger, mit denen die Samenkörner in den Korb geschlagen wurden, und Flaschen in Form eines Stundenglases, die man mit Piñonkiefernharz wasserdicht machte. Die großen Hörner des Dickhornschafes wurden zu Schöpfkellen verarbeitet.

Stromabwärts wohnen die armen Verwandten der Havasupai, die Walapai. Ihre Sprachen sind so ähnlich, daß die Trennung erst in jüngster Zeit erfolgt sein kann. Aber die Walapai haben nicht den Vorteil eines fruchtbaren Cañons, deshalb blieben sie fast gänzlich auf Wildfrüchte angewiesen. Das zwingt sie, häufiger ihr Lager zu wechseln und sich weiter als ihre glücklicheren Verwandten vom Fluß zu entfernen. Ihre Lebensweise ähnelt eher der der westlichen Apachen. Dasselbe gilt für die Yavapai, die von ihrer früheren Heimat am Colorado nach Osten und Süden gewandert sind. Sie wurden häufig als »Mohaveapachen« und »Yumaapachen« bezeichnet, was manchmal Verwirrung und Verwechslung zur Folge hatte.

Die Mohave und südlich von ihnen die eigentlichen Yuma gelten als Flußvölker, die in der weiten Flußniederung des Coloradounterlaufs wohnen, da, wo er Arizona von Kalifornien trennt. Irgendwo zwischen ihnen lebten einmal die Halchidhoma, die beiden feindlich gesinnt waren. Die letzten von ihnen schlossen sich den Marisopa an.

Die Mohave und Yuma gleichen sich so, daß eine Beschreibung weitgehend für beide zutreffen kann. Bekleidung gab es wenig oder gar nicht, was bei Temperaturen von 40 bis 49° C im Schatten verständlich ist. Die Männer trugen Rohledersandalen und manchmal einen winzigen

Lendenschurz. Die Frauen begnügten sich mit zwei Fransenstreifen aus Weidenrinde um die Lenden, der hintere Streifen war bauschig gerüscht. Die Männer nahmen Schlamm und Piñonkiefernharz, um ihre Haare zu Kronen oder Hörnern zu formen. Die Frauen schnitten sich Pony, die übrigen Haare fielen frei herab. Die Stirn des Mannes und das Kinn der Frau waren tätowiert. Besonders Mädchen liebten rote und gelbe Gesichtsbemalung.

In der kühleren Jahreszeit trug man Decken aus Rindenbastgewebe oder Kaninchenfell. Spezialität der Mohavefrauen waren leuchtend bunte Schulterkragen aus netzartig verknoteten Glasperlenschnüren.

Alles, was im Haushalt zu tun war, ging unter einem rechteckigen Schutzdach ohne Seitenwände vor sich. Es gab auch eine Art Erdhaus, das völlig mit Sand bedeckt war. Im Sommer verwendete man gewölbte Reisighütten, an deren Tür ein Dungfeuer brannte, um die Moskitos fernzuhalten.

Die jährlichen Überschwemmungen des Talbodens sicherten reiche Ernteerträge der üblichen Haupterzeugnisse, allerdings baute man weniger Tabak an, weil er als Wildpflanze vorkam. Auch Baumwolle pflanzte man nicht (man nahm dafür zum Weben Fasern der Weidenrinde). Mesquitebohnen und andere Nahrung, die man nicht anzubauen brauchte, waren von Bedeutung. Fische jagte man mit Pfeilen oder köderte sie mit zerstoßenen Melonenkernen in Rindenbastnetzen. Fischköpfe, Gräten usw. wanderten in den Kochtopf und ergaben zusammen mit Mais eine kräftige Brühe. Da großes Wild selten war, läßt sich auch erklären, warum die Yuma für Pferde, so sie in ihren Besitz gelangten, lediglich kulinarisches Interesse zeigten.

Sie produzierten Töpfe für den Haushalt und viele verschiedene Spiralwulstkörbe, sogar 1,50 m große Vorratsbehälter. Ihre Tonschalen waren groß genug, um kleine Kinder damit übers Wasser zu flößen. Über richtige Boote verfügten sie nicht. Man fuhr mit Balsas aus Schilfbündeln, die mit einer Stange versteift waren, oder saß im Wasser einfach rittlings auf einem Stamm des Cottonwood (eine Pappelart).

Jungen im Alter von zehn Jahren hatten sich der Initiation zu unterziehen, wobei ihnen die Nasenscheidewand durchbohrt und eine Schnur eingezogen wurde. An vier aufeinanderfolgenden Tagen liefen sie 15 bis 23 km in jeweils eine Himmelsrichtung, ohne zwischendurch viel zu schlafen oder zu essen. Am vierten Tag wurde die Schnur entfernt und ein Holzstab durch die Nase gesteckt. Diesen ersetzte man später durch eine Perlenschnur. Mädchen in der Pubertät verbrachten vier Tage, zeitweise mit dem Gesicht nach unten, auf einem Bett aus erhitztem Sand und unter einer Rindenbastdecke, während die Gäste höfliche Ansprachen hielten. In dieser Zeit durften sie nicht umherblicken, nicht sprechen, kein Salz essen und ihren Kopf, außer mit einem besonderen Kratzstäbchen, nicht berühren. Späterhin wurden sie jeden Monat vier Tage lang isoliert. Jungen, die eine Frauenrolle übernehmen wollten – die »Berdache«, die wir schon bei anderen Stämmen antrafen –, bereiteten sich in einer viertägigen Zeremonie darauf vor.

Da ihr Nahrungsvorrat gesichert war, hatten die Mohave und Yuma genug Zeit zur Kriegführung. Ihre Waffen waren der Bogen und die zylindrische Keule, die man dazu benutzte, den Schädel einzuschlagen. Raubüberfälle wurden gewöhnlich von irgendeinem Tapferen organisiert, der vom Morgenstern geträumt hatte. Sie überfielen gelegentlich ein auf Kampf nicht vorbereitetes Lager, aber am liebsten war ihnen ein regelrechtes Gefecht, das so lange geführt wurde, bis zwei oder drei Männer gefallen waren. Mädchen wurden, wenn möglich, zum Verkauf in die Sklaverei oder zur Adoption gefangengenommen. Andere Gefangene wurden nicht gemacht. Die Köpfe der Erschlagenen schlug man ab, um sie später zu skalpieren. Die Skalpe bestanden aus dem Großteil der Kopfhaut und wurden an Pfählen aufgehängt, um die die Jungen und Mädchen, die sich die Haare weiß gefärbt hatten, vier Tage lang tanzten. Allen, die mit Skalpen umgingen, waren strenge Reinigungsriten vorgeschrieben. Obwohl man Verluste in der Schlacht soweit als möglich vermied, zeigten die Yuma und Mohave eine bemerkenswerte Gelassenheit größeren Kriegsverlusten gegenüber, was keineswegs für alle kriegerischen Indianerstämme charakteristisch war.

Für alle, die eines natürlichen Todes starben, wurden ausgedehnte Bestattungsrituale veranstaltet. Ungehemmtes Trauern begann, sobald man sah, daß der Tod nahte. Die Leichen verbrannte man über einer Grube, die dann mit Sand zugeschüttet wurde, sobald der Scheiterhaufen zusammengefallen war. Das Haus und das persönliche Eigentum des Verstorbenen fielen gleichzeitig den Flammen zum Opfer. Die Trauernden fasteten vier Tage lang und hüllten sich in Rauchschwaden, um einer übernatürlichen Krankheit entgegenzuwirken.

Von den Yumastämmen des Coloradoflusses blieben noch die Cocopa zu behandeln, da sie aber den eigentlichen Yuma sehr ähnlich sind, kann es unterbleiben.

Die Apachen

Der Name Apache, in der Sprache der Zuñi »Feind«, ist bereits vorgekommen, und doch erscheinen sie und ihre Vettern, die Navajo, an letzter Stelle unserer Übersicht, weil sie als letzte in den Südwesten kamen. Sie bezeichnen sich selbst in Dialektvarianten als Na-déné – »Die Menschen« – was ihre Herkunft als Mitglieder der Athapaskensprachfamilie aus dem hohen Norden Kanadas verrät.

Es wird angenommen, daß die Vorfahren der Athapaskenstämme die jüngsten Einwanderer aus Asien gewesen sind, auch wenn sie bereits in grauer Vorzeit ankamen. Sie verbreiteten sich über den ganzen Norden vom Pazifik bis zur Westküste der Hudson Bay, ein Gebiet, das sie heute noch bewohnen. Im 9. oder 10. Jahrhundert begannen Einzelgruppen, die Subarktis zu verlassen und sich dem historischen Zug nach Süden anzuschließen. Einige ließen sich in den Waldgebieten im nördlichen Kalifornien nieder, andere kamen bis an die westlichen Ausläufer der Prärie. Eine kleine Restgruppe der letzteren, die »Kiowaapachen«, schloß sich den Kiowa an und gehörte damit zu den Büffeljägern, genau wie die Sarsi unter den Fittichen der Blackfoot. Die Lipan (Lipa-N'dé) durchstreiften davon das südwestliche New Mexico und das westliche Texas, sie waren nur Randbewohner der Prärie. Bei den übrigen, den eigentlichen Apachen, kann man die Gruppennamen kaum auseinanderhalten, aber man unterscheidet heute weitgehend zwischen den Bewohnern des Ostens und den des Westens. Die östlichen Apachen sind die Jicarilla und die Mescalero. Die Jicarilla jagten Büffel, standen aber auch den Pueblo so nahe, daß sie etwas Landwirtschaft betrieben. Die Mescalero bevorzugten die Gebirge weiter im Süden und Westen, zogen aber im Winter auch ziemlich weit bis ins wärmere Tiefland. Eines ihrer Hauptnahrungsmittel war das Herz der Mescalagave, darauf ist auch ihr spanischer Name »Mescalero« zurückzuführen. Die westlichen Apachen tauchen unter Namen auf, wie z. B. White Mountain, San Carlos, Arivaipa und Chiricahua (letztere werden häufig als eine Mittelgruppe zwischen östlichen und westlichen Apachen betrachtet), wobei alle zahlreiche Unterabteilungen aufweisen.

Für diese ruhelosen, abgehärteten und anpassungsfähigen Nomaden war die ganze Natur dazu da, um ihr Überleben zu sichern (mit Ausnahme von Fisch, der als tabu galt). Die äußeren Erscheinungsformen ihrer Kultur jedoch waren einfach. Die östlichen Apachen wohnten oft in Tipis und kleideten sich wie die Prärieindianer. Ihre Behausung, insbesondere im Westen, war eine niedrige, gewölbte Hütte aus Reisig und Gras, bekannt als »Wikiup«. Zog die Gruppe weiter, so wurde das Lager niedergebrannt. Die Bekleidung bestand im Westen ursprünglich aus Leder; eine liebevoll verzierte Hirschlederbekleidung für die Pubertätszeremonien von Mädchen hat sich bis heute erhalten. Im 19. Jahrhundert trugen die Männer üblicherweise baumwollene Schamschurze, manchmal auch lange Hosen, dazu ein loses Hemd, ein Band um den Kopf, auch einen Turban, um das offene Haar zusammenzuhalten. Die Frauen übernahmen den kompletten Kattunrock und eine hüftlange Bluse. Da die Apachen Baumwolle nicht anbauten geschweige denn webten, mußten sie sich Stoffe über den Handel, durch Regierungszuteilung oder als Beutegut beschaffen. Dasselbe wird auch für die »konfektionierten« Jacken, Westen und Hüte zutreffen, die man auf zeitgenössischen Fotos sieht. Dagegen wurde stets ein ganz charakteristischer und natürlich selbstverfertigter Mokassin getragen, nämlich mit Rohledersohle, hochstehender Spitze und einem weichen Oberteil, das bis zum Knie hinaufreichte und dort befestigt wurde. Der obere Rand wurde herabgeschlagen und konnte als Tasche benutzt werden.

Man stellte einige grobe Töpfereiartikel her und eine Menge sehr guter Flechtwaren. Die Jicarilla beschäftigten sich mit Perlenarbeiten. Maisanbau gab es bei den westlichen Gruppen, aber er war nicht sehr wichtig, denn Mesquitebohnen und andere Wildfrüchte waren das hauptsächlichste Nahrungsmittel. Die Jäger setzten Geweihe auf, wenn sie sich an Hirsche heranpirschten. Im Westen hatte die gesellschaftliche Organisation festere Formen als im Osten. Zahlreiche Clans, die wiederum zu größeren Gruppierungen oder Phratrien zusammengefaßt waren, schufen Querverbindungen zu der Mitgliedschaft in den einzelnen lokalen Bands, so daß damit ein gewisser Zusammenhalt auf der Stammesebene gesichert war.

Das Maß der Verbote, den oder jenen Partner zu heiraten, war unterschiedlich. Ein Mann heiratete gewöhnlich die jüngeren Schwestern seiner ersten Frau, eine Witwe den Bruder ihres verstorbenen Mannes. Nirgends war es einem Mann erlaubt, mit seiner Schwiegermutter zu sprechen und umgekehrt, aber von Vettern erwartete man sogar, daß sie sich respektlose Späße erlaubten. Kinder wurden freundlich behandelt, aber zu körperlicher Ausdauer erzogen.

Mädchen haben sich noch heute einer Pubertätszeremonie zu unterwerfen. Sie ähnelt der bei den Yuma, ist aber noch umfangreicher. Ältere Frauen massieren sie, damit sie ansehnlichere Körperformen erhalten, und heiliger Blütenstaub wird wegen der erhofften Fruchtbarkeit über sie gestreut. Maskierte Männer mit gabelförmigem Kopfschmuck aus dünnen Holzbrettchen stellen Berggeister dar und tanzen im Feuerschein um die Mädchen. Dazu ertönen Schwirrhölzer und gemeinsamer Gesang.

In dieser Zeremonie sind sowohl Elemente des Nordens wie der Pueblo nachzuweisen, genau wie in anderen religiösen Bereichen der Apachen. Dabei gibt es mystisches Interesse an Schönheit und Harmonie einerseits, andererseits wird die herausragende Rolle des Schamanen gewürdigt, der sich ansonsten der Heilung von Krankheiten widmet. Zauberer und Geister werden gleichermaßen gefürchtet.

Jede Einzelgruppe war vollkommen autonom, obwohl Bündnisverträge schnell geschlossen und wieder gelöst wurden. Die Führerschaft blieb weitgehend eine Sache starker Persönlichkeiten, die sich an die Spitze setzten. Sie konnte aber auch über Generationen hinweg innerhalb einer einzigen einflußreichen Familie bleiben.

Räuber und Krieger

Die Apachen scheinen die seßhaften Stämme und die eintreffenden Spanier zu ungefähr gleicher Zeit zum Ziel ihrer überraschenden Angriffe genommen zu haben. Beide übten eine große Wirkung auf den Lebensstandard der Apachen aus. Untereinander verkehrten sie freundlich, großzügig und überaus ehrlich, doch ihre Umwelt betrachteten sie als etwas, das es voll auszubeuten galt. Dabei waren die maisanbauenden Indianer und die berittenen Kolonisten, die sogar Metall verwendeten, sehr willkommene Erscheinungen dieser neuen Umgebung. Manchmal trieben die Apachen Handel, meistens aber plünderten sie oder erpreßten Tribut. Pferde zählten als kostbarer Besitz, erweiterten sie doch den Radius ihrer Plünderungszüge bis nach Jalisco (obwohl die Chiricahua auch beachtlich gut zu Fuß waren). Man rüstete kostspielige Strafexpeditionen gegen sie aus und schloß wertlose Abkommen. Die Verlockung war sehr groß, und der Apachenjugend wurde gelehrt, daß es ruhmreich sei, sich im Kriege auszuzeichnen, ohne dabei zu sterben. Umsicht war viel lobenswerter als die bisweilen selbstmörderischen Aufopferungen der Indianer der Prärie.

Ernst wurden die Apachenkriege der amerikanischen Ära in den frühen 60er Jahren des 19. Jahrhunderts. Dem mißlungenen Versuch, den Chiricahuahäuptling Cochise hinterlistig festzunehmen, folgte die Hinrichtung von sechs Geiseln der Apachen durch den Strang. Die Feindseligkeiten wurden durch die Ungereimtheiten in den Regierungsentscheidungen wegen der Lokalisierung und ständigen Neuverlegung der Stammesreservationen noch geschürt. Mit der einen oder anderen Gruppe gab es zeitweilig Frieden, aber beide Seiten waren immer wieder bereit, zu den Waffen zu greifen; und die grausame Kälte der Weißen fand ihre Entsprechung in der unbeugsamen Kampfentschlossenheit der Indianer. Die Namen der Kriegshäuptlinge verbreiteten beiderseits der Grenze drei Jahrzehnte lang Schrecken, und sie wurden verfolgt und gehetzt. Es waren Mangas Coloradas, Cochise, Nachi, Nana, Victorio und Goyathlay, »The

Yawner«, dem die Mexikaner den Spitznamen Gerónimo gaben. Jedoch war die Anzahl der Krieger jederzeit lächerlich klein im Vergleich zu dem Aufgebot an Streitkräften und indianischen Kundschaftern, das gegen sie aufmarschierte. Gerónimo ergab sich als letzter im September 1886 mit weniger als 40 Männern, Frauen und Kindern. Nicht nur sie, sondern auch die regierungstreuen Kundschafter vom Stamm der Apachen wurden nach Osten deportiert, zuerst nach Florida und dann nach Oklahoma, wo Gerónimo seine letzten 25 Lebensjahre mit Melonenanbau verbrachte. Er überlebte seine Zeit lange genug, um seine Memoiren Theodore Roosevelt zu widmen und sich mit Zylinderhut am Steuer eines damals neumodischen Automobils fotografieren zu lassen. Die Apachen in Arizona und New Mexico wandten sich der Rinderzucht zu und neuerdings der berufsmäßigen Waldbrandbekämpfung. In Sonora gab es zumindest noch bis 1900 Blutrache. Vom April 1930 lag ein Bericht über drei Skalpierungen vor, die an Mexikanern begangen wurden.

Goyathlay oder Geronimo (1829-1909), ein Kriegsanführer der Chiricahuaapachen, auf einem Foto von 1886, dem Jahr seiner Kapitulation

Die Navajo

Die athapaskensprachigen Einwanderer drangen bis zu den »Four Corners« (vier Ecken, wo die US-Staaten New Mexico, Arizona, Utah und Colorado aneinandergrenzen) vor. Sie ahnten nicht, daß der auserwählte Standort wegen seiner Umgebung und der historischen Ereignisse sie zum größten Stamm Nordamerikas prädestinierte. Die Spanier stießen 1629 in der Nähe eines verlassenen Pueblo der Tewa namens Nábaju, »Bestelltes Land«, auf sie und nannten sie Nábajuapachen. Selber nennen sie sich Dené, »Das Volk«, aber die Welt kennt sie als Navajo oder Navaho, denn die Aussprache ist dieselbe. Sie selbst bevorzugten aber die spanische Schreibweise.

Die Navajo kamen als Jäger und Sammler, begannen aber bald Puebloindianer zu jagen, um sie als Sklaven zu verhandeln und Pueblomais zu »sammeln«. Auch spanische Kolonisten am Rio Grande waren für sie angemessenes »Wild«. Verfolgte man sie als Räuber, dann entkamen sie auf gestohlenen Pferden, Maultieren oder Eseln in die tatsächlich unerreichbaren großen Cañons, den Chaco, del Muerto oder Tsegi (Chelly). Es gab keineswegs nur räuberische Kontakte mit den Navajos, sie trieben auch Handel und boten in den turbulenten Tagen der Pueblorevolte vielen indianischen Flüchtlingen Asyl. Diese Neuankömmlinge brachten neue Methoden und Gedanken mit, nahmen Navajo als Ehepartner und wurden schnell heimisch. Die spanischen Schafe und Ziegen waren zudem eine gute Sache. Die Pueblo lehrten sie das Weben, und bald stellten die Frauen der Navajo (nicht die Männer, wie es bei ihren Lehrmeistern üblich war) Wolldecken höchster Qualität her. Zwischen den Anasaziruinen waren bald Maisfelder und Pfirsichgärten zu sehen. Die Leute aus dem Norden vergaßen ihre nördliche Herkunft und sahen den Südwesten als ihre angestammte Heimat an. Sie übernahmen die matrilinearen Clans der Bodenbauer, trugen Masken und bemalten sich mit Schlamm, wenn sie ihre Götter darstellten. Die gänzlich überraschende Pracht ihrer vielfarbigen Umwelt – von der Painted Desert bis zum Monument Valley, vom gebänderten Sandstein der Cañons bis zum Immergrün von Piñon und Kiefern in den Bergen – hatte ihre Krönung in einem Himmel, der an acht von zehn Tagen so blau war, daß der »Heilige Türkis« diese Farbe für sich stahl. All das förderte bei den Navajo eine fast mystische Verehrung für alles Schöne. Ihr erwählter Standort brachte sie unter den kulturellen Einfluß der Puebloindianer, er war aber zu weit von der mexikanischen Grenze entfernt, als daß sie wie die Apachen dort hätten Zuflucht nehmen können. Weil ihre Heimat so isoliert war, bekamen sie den Ansturm der

Weißen auf der Suche nach Land nicht so zu spüren, und ihre künstlerischen Fähigkeiten in der Verarbeitung von Wolle und Silber wurden zu einer wichtigen Einnahmequelle.

Internierung

Als der Amerikanische Bürgerkrieg ausbrach, bauten die Navajo bereits eine ansehnliche Menge Mais an und besaßen riesige Schafherden. Da die Truppen der Union mit den konföderierten Eindringlingen zu tun hatten, war das für die Navajo die Gelegenheit, ihre Herden noch zu vergrößern. Ein einziger Raubzug brachte ihnen im Jahre 1863 etwa 20000 Schafe. Aber die Konföderierten verschwanden, und um keine Langeweile bei den Soldaten der Union aufkommen zu lassen, setzte man sie gegen die plündernden Indianer ein. Nur widerwillig übernahm der einstige Trapper Kit Carson nun als Militäroberst die Führung. Ein Gebiet von etwa 100 km^2 im östlichen New Mexico mit Fort Sumner als Zentrum wurde zur Militärreservation erklärt. Man nannte es Bosque Redondo nach dem »Runden Hain« von Cottonwood-Pappeln, die dort als Wahrzeichen galten. 900 Mescaleroapachen wurden gezwungen, sich dort anzusiedeln, um Mais anzubauen.

1863/64 verbrannte Carson die Erde des Cañons de Chelly und ließ 8500 Navajo 450 km weit ebenfalls zum Bosque marschieren. Die zwei Stämme stritten sich und raubten einander die Ernte, bis die Mescalero im Jahre 1865 ihr Lager abbrachen. Krankheiten, Trockenheiten, Überschwemmungen und die lauernden Comanchen brachten die Navajo ins Elend. 1868 wurden sie mit Schafen und Ausrüstungen im Wert von 100000 Dollar wieder in ihr eigenes Land zurückgeschickt.

Wohnung und Bekleidung

Hogán bedeutet in der Navajosprache Haus. Der ältere Hogan zeigt eine konische Bauweise mit einem Gerüst aus drei miteinander verbundenen Pfosten, und zwar je einer in Richtung Norden, Osten und Süden. Zwei zusätzliche Pfosten werden im Osten davorgesetzt und bilden einen niedrigen Vorraum. Das Ganze ist mit Erde bedeckt. Der Fußboden wird 30 cm tief ausgehoben und bildet an den Wänden eine Art Sitzstufe. Im Dach befindet sich ein Loch als Rauchabzug und Entlüftung. Decken, Schaffelle und Gebrauchsgegenstände bilden die einzige Ausstattung. Wo man leichter zu Holz kommt, wird der Hogan als Vieleck aus waagerecht geschichteten Baumstämmen konstruiert und mit Pfosten und Erde überdacht. Daneben befinden sich wie üblich an den Seiten offene Sonnenschutzdächer (Ramades), Windschutz und Einzäunungen. Die Wohnungen, oft weit voneinander entfernt, liegen verstreut und werden bei einem Todesfall sofort aufgegeben.

Alte Fotos zeigen die Navajomänner in Hemden aus Hirschleder oder Baumwolle. Darunter trug man kurze oder lange lockere Baumwollhosen, lederne Kniehosen oder engsitzende Lederleggings mit Silberknöpfen vom Schenkel bis zum Knöchel. Das Kopfband aus Fell oder Stoff wurde im Krieg durch eine Ledermütze mit einer Quaste aus Enten- oder Adlerfedern (eine Modeerscheinung auch bei den Apachen) ersetzt. Die Frauenbekleidung bestand aus zwei rechteckigen dunklen Wollstofftüchern, die oben und an den Seiten zusammengenäht waren, natürlich mit Öffnungen für den Hals und die Arme. Es blieb keine Schulter frei wie bei der Manta der Pueblo. Die Fußbekleidung entsprach ganz dem Pueblostil. Während der Internierung in Bosque Redondo sahen die Navajofrauen, wie sich die Ladys der Armeeangehörigen kleideten; dadurch angeregt, entwickelten

Der Hogán, die Hütte der Navajo, nach alter Bauweise aus einem Gerüst von Pfählen und Reisig mit aufgeworfener Erde. Arizona 1930

sie eine Mode, die sich bis in die Gegenwart erhalten hat. Sie besteht aus einer dunklen Samtbluse und einem hellen Faltenrock aus Kaliko. Das Samthemd wurde auch von den Männern gern über Baumwollhosen getragen, die unterhalb des Knies geschlitzt waren. Heutzutage ist fast alles aus Drillich. Beide Geschlechter tragen das Haar als Knoten, aber nur die Männer ein Kopfband. Die Krönung ist oft ein breitkrempiger Hut. Manchmal läßt man sich ein schmales Bärtchen auf der Oberlippe oder auch einen Vollbart stehen. Männer und Frauen tragen gleichermaßen Silberschmuck und Decken. Der Schmuck stammt aus eigener Produktion, die Decken werden leider nur noch selten selbst angefertigt. Am Ende des 18. Jahrhunderts waren Navajodecken bei Spaniern und anderen Indianern höchst begehrt. Ein französisch-mexikanischer Berichterstatter betonte 1830 in höchster Anerkennung, daß sie mit den allerbesten Sarapes von Saltillo gleichzusetzen sind. Heute können die Produzenten es sich nicht mehr leisten, sie selber zu tragen.

Die Navajodecke

Die Wolle wird geschoren und mit Werkzeugen der Weißen gekämmt, dann in Yuccalauge gewaschen und auf einer traditionellen Holzspindel gesponnen. Ein halbes Dutzend Gespinste sind für einen feinen, festen Faden nötig. Das Weben erfolgt im Freien auf einem vertikalen Webstuhl, der an einem Pfostengestell befestigt ist. Die Weberin kniet davor und arbeitet von unten nach oben, wobei sie die obere Stange während des Arbeitens immer niedriger stellt. Sie benutzt kein Weberschiff, die Schußfäden werden mit den Fingern und einer kleinen Rute durch die Kettfäden gezogen. Kräftige Schläge mit dem Webstock verfestigen das Gewebe. Schußfäden einer bestimmten Farbe werden nur so weit durch das Gewebe gezogen, wie das Muster es erfordert, bis also ein einzelner Faden der nächsten Farbe dazukommt. Die aus feinstgesponnener Wolle sehr fest gewebten Decken sind angeblich wasserdicht. Die verschiedenen Qualitäten richten sich natürlich nach dem Verwendungszweck. Die Decken dienen und dienten als Tracht, zum Schlafen und als Satteldekken.

Die Navajofrauen scheinen schon immer einfallsreicher in Farbgebung und Musterung gewesen zu sein, als es die Weber in den Pueblos oder in den spanischen Siedlungen New Mexicos an ihren Brettwebstühlen nach alter Chimayótradition waren, obwohl deren Arbeit auf den ersten Blick ähnlich aussieht. Die Farben gewannen sie aus pflanzlichem oder mineralischem Material, das mit Alaun, Urin oder Asche als Beizmittel versetzt wurde. Man nutzte auch die Naturfarbtöne der Wolle aus. Rot war schwer zu beschaffen, bis um 1800 die spanischen Händler schweren englischen Flanellstoff in militärischem Scharlachrot mitbrachten. Dieses Material nannte man Bayeta (Boi). Es wurde sorgfältig aufgetroddelt, neu versponnen und in Kombination mit einheimischen Garnen, hauptsächlich schwarzen, weißen und indigofarbenen, verarbeitet. Dieses Bayeta hat anscheinend der Navajoweberei zur höchsten Blüte verholfen, und das über fast ein dreiviertel Jahrhundert. Als sich die Handelsbeziehungen in die östlichen USA verlagerten und die Verwendung von Anilinfarben aufkam, machte die echte Bayeta den billigeren amerikanischen Garnen geringerer Qualität Platz, obwohl es auch einige Direktimporte aus Manchester und Huddersfield gab.

Seit 1880 wurden viele Decken ungefähr 30 Jahre lang aus bereits gefärbten handelsüblichen Garnen aus Germantown, Pennsylvania, gewebt. Diese »Germantowns« haben oft Kettfäden aus baumwollenen Schnuren.

Als Muster finden wir senkrechte und waagerechte Streifen, Parallelogramme, Rhomben, Dreiecke und Zickzacklinien. Eine sogenannte Häuptlingsdecke alten Stils zeigte auch beim einfachen oder mehrfachen Zusammenschlagen immer dieselben Grundmuster. Gewebte Decken für häusliche Zwecke hatten keinen Saum. Der kam erst auf, als Aufkäufer die Decken als Teppiche für die Wohnungen der Weißen auf den Markt brachten. Es waren ebenfalls (gewissenlose) Händler, die die Produzenten überredeten, Figuren der Yei- oder Yeibichaigeister von den heiligen Sandzeichnungen zu kopieren – zum Entsetzen der gläubigeren Navajo. Immerhin sind die Kopien nicht ganz perfekt, und sogar bei ganz einfachen Entwürfen werden absichtlich Fehler gemacht, um zu vermeiden, daß die Seele der Figur gebannt wird. Das war eine weitverbreitete Praxis, die man gleichermaßen in Flechterei und Töpferei anwandte.

Angesehene Händler im Lande der Navajo, wie z. B. die Hubbells in Ganado und die Wetherills in Kayenta, schufen nicht nur einen einträglichen Absatzmarkt, sondern bemühten sich auch um die Einhaltung der Standards. Das führte unter anderem dazu, daß Navajodecken für die meisten Navajo unerschwinglich wurden. Keineswegs bringen alle Decken Tausende von Dollars (einige schon), aber die meisten Navajofrauen weben nun ausschließlich für den Export und tragen selber handelsübliche, maschinengefertigte Decken der Pendletonfabriken aus Portland, Oregon. Ihre Qualität ist gut, und ihre Muster gefallen den Indianern, obwohl sie die indianischen nicht imitieren.

Schmale rote und grüne Wollgürtel mit weißen Baumwollmustern werden auf einem Hüftwebstuhl in Puebloart gewebt und in großen

Mengen an die Puebloindianer verkauft. Sattelgurte webt man direkt an die Ösen an. Die Männer stricken sich ihre Strümpfe ohne Fußteil selbst.

Silberschmuck

Die Navajo beschafften sich die Silberknöpfe und Schnallen, wie sie zum Feststaat der spanischen Kolonisten gehörten, lange bevor sie lernten, selbst eigene herzustellen. Es wird erzählt, daß ein Atsidi Sani, »Alter Schmied«, der bereits Hufschmied war, von einem mexikanischen Handwerker vermutlich um 1868 die Kunst der Silberverarbeitung gelehrt bekam. Atsidi Sani gab sie an seine Söhne weiter, und diese Kunst verbreitete sich sehr schnell. Die Zuñi hatten schon seit 1830 Schmuck aus Messing- und Kupferdraht hergestellt, sie kamen später als die Navajo auf Silber. Diese wiederum verwendeten viele Jahre lang Kupfer parallel mit Silber.

Als Rohmaterial nahm man US-Münzen, bis 1890 das Finanzministerium Einspruch erhob. Jetzt lieferten die Händler mexikanische Pesos. Heute kauft man Rohlinge von ungefähr 30 g Gewicht aus Kalifornien. Die technische Ausrüstung war ganz nach mexikanischem Vorbild: Schmiedeherde und Schmelztiegel aus Ton, als Brennmaterial Holzkohle, Blasebälge aus Schafs- oder Ziegenfell und ein Sortiment von speziellen Hämmern, Stanzen, Flachzangen und Feilen, dazu ein Axtkopf oder ähnliches als Amboß. Moderne Silberschmiede verwenden noch zusätzlich Lötlampen und Salpetersäure sowie Borax zum Löten.

Die Werkstücke aus Silber werden entweder gegossen oder mit Hammer und Feile in die gewünschte Form gebracht, manchmal kombiniert man beide Arbeitsverfahren. Die Formen bestehen aus Ton oder weichem Sandstein und werden vor dem Guß mit Talg eingefettet. Die ersten Knöpfe waren Münzen, die man zu Halbkugeln hämmerte. Lötete man zwei zusammen, erhielt man eine hohle Kugel. Einzelne Stücke in Becherform, die mit einem winzigen Klöppel versehen waren, dienten als Glöckchen, die die Frauen an ihren Schärpen trugen, um ihre Schwiegersöhne vor einem Zusammentreffen mit ihnen zu warnen.

Conchas (deutsch »Muscheln«) sind gravierte oder mit Relief versehene ovale, nach außen gewölbte Scheiben, die man am Gürtel trug, sie wurden bereits erwähnt. Zu den anderen großen Stücken des täglichen Gebrauchs zählten schwere ketohs zum Schutz der Handgelenke vor der zurückschnellenden Bogensehne, Zaumbeschläge, Schnallen und Anhänger in der Form eines einfachen oder doppelten umgekehrten Halbmondes (najahe). Solche Anhänger befestigte man meist an einem Halsband aus kugeligen Perlen, von denen einige blütenförmig gestaltet waren; wie Kürbisblüten, sagen die Navajo. In Wirklichkeit zeigt die Form eine genaue Nachbildung des Granatapfels und verrät das spanische Vorbild. Die halbmondförmige Najahe stammt letztlich aus dem Nahen Osten und ist von den Mauren nach Spanien gebracht worden. Die winzigen Hände, die manchmal aus den Spitzen herauswachsen, lassen stark die Hand Fatimas vermuten, die man gegen den bösen Blick an marokkanische Haustüren gemalt findet.

Nach 1880 besetzten die Silberschmiede der Navajo ihre Arbeiten mit Türkisen, nachdem sie vorher mit Glas und Korallen experimentiert hatten. Viele der verwendeten Steine sind grünlich und in sich geädert, aber das klare Blau, das man als »männlich« bezeichnet, steht in höherem Ansehen. Türkis gibt es an Ort und Stelle, z. T. wird er aus dem Pueblo von Santo Domingo eingehandelt, oder man benutzt importierte persische und chinesische Steine.

Die Kombination von Silber und Türkis verstärkte das Verlangen nach Fingerringen, Armreifen, Spangen und Ohrgehängen und steigerte auch die Kauffreude der Weißen an Navajoschmuck. 1940 schätzte man die Anzahl der Silberschmiede auf 600, einschließlich einer Handvoll Frauen. Die Popkultur hat den Markt geweitet, Navajoarbeiten erhält man mit etwas Glück sogar in London. Im Gegensatz zu den handgewebten Decken werden Silberarbeiten von den Indianern häufig selbst verwendet, zum einen Teil als Schmuck, zum anderen als Hausgerät. Alle Aufkäufer nehmen z. B. gern Schmuck als Pfand. Er wird gewöhnlich nach dem Verkauf der Schafwolle im Frühjahr oder dem der Lämmer im Herbst wieder eingelöst. Selten läßt man ein Pfandstück verfallen.

Die Schafe werden in Herden gehalten und gehören größtenteils den Frauen, die in der Gemeinschaft der Navajo großen Einfluß haben. Feldarbeit ist meistens Männersache, genau wie die Abwicklung religiöser Angelegenheiten.

Heilende Gesänge

Die Glaubensvorstellungen »des Volkes«, die nach Süden mitgebracht wurden, standen in erster Linie in Zusammenhang mit Heilungen, die von einzelnen Medizinmännern oder Schamanen praktiziert wurden. Unter dem Einfluß der organisierten Puebloreligion wurde die Stellung des Schamanen etwas eingeengt, er war jetzt nur noch dafür zuständig, die Ursache der Krankheit zu diagnostizieren und das angemessene Ritual dagegen zu verordnen. Er singt und betet mit erhobener Hand und erwägt dabei die verschiedenen anwendbaren Gesänge. Kommt er auf die richtige Behandlungsmethode, wird seine Hand ohne sein Zutun zittern. Dann ist es an dem Kranken, sich einen Sänger zu suchen, der in der Lage ist, die spezielle Zeremonie zu meistern, sei es der »Nachtgesang«, der »Gebirgsgesang«, die »Weise des Windes« oder andere, zu deren Studium er Jahre gebraucht hat. Er und seine Helfer besorgen die nötigen Masken, Farben, farbige Erde und Gebetsstöcke. Letztere sind Schilfrohre, die mit heiligem Blütenstaub und Türkissplittern gefüllt sind. Die Familie und der Clan des Patienten sammeln untereinander Wertartikel zur Geschenkverteilung an die Teilnehmer und Zuschauer.

Größere Gesänge dauern neun Tage. An den ersten vier reinigt man sich durch Schwitzen und Brechmittel und bittet die Überirdischen flehentlich um Beistand. Während der anderen vier Tage sollen die Götter eintreffen und in ihre Abbilder in den Sandzeichnungen auf dem Fußboden des Hogans schlüpfen. Das sind überlange »Strichmännchen« mit

Navajopriester singen bei einem Heilungszeremoniell in Arizona. Die Patientin sitzt auf einer Decke an der Tür des Hogán, in den sie zur weiteren rituellen Behandlung auf einer Sandzeichnung gebracht werden wird. Foto aus dem Jahre 1930

kurzen Röcken, Rasseln oder Girlanden, die vielleicht vom Regenbogen beschirmt und von Fliege oder Bär beschützt werden. Diese Bilder entstehen aus verschiedenfarbigem Sand, Ocker und Holzkohle, die man auf eine Schicht sauberen Sand, die 5 m im Durchmesser beträgt, rieseln läßt. Der Patient wird in die Mitte eines solchen Altars gesetzt, während die Priester eine lange Serie von Gebeten intonieren, die von dem entsprechenden Mythos erzählen. Immer wieder wird eine Handvoll des heiligen Sandes gegen die betroffene Körperstelle gepreßt, bis am Ende der Sitzung die ganze Sandzeichnung zusammengescharrt und beseitigt ist. In jeder der vier Nächte braucht man ohnehin eine neue. In der neunten Nacht tanzen die Priester öffentlich, und zwar maskiert wie die Kachinas der Puebloindianer, allerdings mit weniger Anstand. Jeder singt mit, die Frauen verteilen Essen, und es gibt für alle kleine Geschenke. Die Ausgaben für das, was man vielleicht mit etwas doppeltkohlensaurem Natron im Wert von ein paar Pfennigen hätte heilen können, sind außergewöhnlich hoch. Aber man denke an die Schlußzeilen der »Segnenden Weise«:

Der Ehemann der Patientin verteilt Geschenke im Wert von 500 Dollar am Ende des Heilungsrituals

Möge es vor mir schön sein,
Möge es hinter mir schön sein ...,
Möge es um mich herum schön sein,
In Schönheit möge ich einhergehen,
In Schönheit vollendet sich alles.

Nicht bloß der Patient, sondern das ganze »Volk« ist nun gestärkt. Auch noch heute brauchen die Navajo diese Wiederherstellung ihres Selbstvertrauens. Geister und Zauberer bedrohen sie immer noch, und wenn das Krankenhaus versagt, kann sich der Leidende immer noch an die »Mutter Erde«, die »Alles Wandelnde Frau«, und an die »Heldenzwillinge«, die sie der Sonne gebar, wenden.

Ob in Schönheit oder nicht, die Geschichte der Navajo ist noch keineswegs vollendet. Die Reservation hat sich auf 65 000 km^2 vergrößert, kann aber eine Bevölkerung, die bald an die 140 000 zählt, immer noch nicht zufriedenstellen. Das ist immerhin zehnmal soviel wie in den Tagen vor der Internierung in Bosque Redondo. Zumindest die Nation der Navajo hat seit 1972 ihre eigenen Angelegenheiten in der Hand. Aber auch so hat es der Stammesrat in Window Rock nicht leicht, sich zwischen den Alternativen Armut oder Landverpachtungen zu Tagebauzwecken einen »Weg der Schönheit« einfallen zu lassen.

Kapitel 7

Das Große Becken: Die lebende Vergangenheit

Überquert man den Coloradofluß, so läßt man die Landwirtschaft hinter sich zurück. Eicheln und Wale, Lachs und Seehund ernähren die Menschen im Westen und Norden, und die Maisjungfrauen verabschieden sich am Rande des Großen Beckens für immer. Regen und Sonne gibt es, aber nie zur rechten Jahreszeit und in angemessenen Mengen, als daß man den empfindlichen Mais anbauen könnte.

Das Becken (Great Basin) ist ein riesiges trockenes Gebiet aus parallel verlaufenden Bergketten und Alkalisteppen, das zwischen dem Felsengebirge und der Sierra Nevada liegt. Und es ist absolut dicht. Was dort an Wasser vorhanden ist, fließt ins Innere und verdunstet. Es bleiben nur ein paar Salzsümpfe und kleine Seen zurück, einschließlich des Großen Salzsees, dem letzten Überbleibsel eines postglazialen Binnenmeeres. Was hier augenscheinlich wächst, das sind Melde, Salzkraut und Beifuß im Flachland und Piñonkiefern auf den Hügeln. Im Süden geht das Becken in die kalifornische Wüste über und im Norden ins Plateau von Oregon und Idaho, deren Flüsse dem Meere zustreben.

Hier ist es nicht nötig, die Zeit zurückzudrehen, weil sie, was den Menschen betrifft, stehengeblieben ist. Die typische Kultur des Beckens ist das Wüstenarchaikum von vor 10000 Jahren, äußerlich einfach, aber zutiefst wirksam und dauerhaft. Weiße Pioniere prägten den verächtlichen Begriff »Digger Indians«, als sie sahen, daß Frauen nach eßbaren Wurzeln in der Erde wühlten. Wir kennen sie unter den Namen Paiute, Paviotso, Gosiute, Chemehuevi, Kavaiisu und Washo. Diese Namen bezeichnen linguistische und lokale Gruppierungen, nicht Stämme. Weil die Nahrungsquellen spärlich vorhanden waren, lebten auch die Menschen entsprechend. Fast das ganze Jahr über zogen die Familien unabhängig voneinander umher und trafen sich nur zur herbstlichen Kaninchen- und Antilopenjagd, die der gemeinsamen Anstrengung bedurfte. Das war dann auch die Gelegenheit, um Partner zu werben und sich beim Tanz zu vergnügen. Die Sprecher der sechs Dialektgruppen (mit Ausnahme der Washo von der Hokafamilie alles Shoshonensprachen) erkannten ihre enge Verwandtschaft, hatten aber keine gemeinsamen Oberhäupter. Priestertum und Ritualtänze blieben ebenfalls unbekannt. Eine wichtige Rolle beim Aufruf zur Jagd, bei der Heilung von Kranken, beim Besprechen bösen Zaubers und bei der Unterhaltung mit Feuerkunststücken spielten die Schamanen. Der Wolf und sein Bruder, der Koyote, hatten die Welt gemeinsam erschaffen, aber der Koyote war es, dessen listige, unanständige oder nützliche Taten den Inhalt der mündlichen Überlieferungen des Volkes bestimmten. Koyoten wurden als einzige Vertreter des Tierreiches niemals verspeist.

Im Sommer reichte ein Windschutz oder ein Dach aus Schilfmatten als Unterkunft. Für besonders kalte Winter wurden verschiedene Haustypen aus Reisig, Gras, Rinde oder Erde auf einem Gerüst von abgestorbenen Ästen gebaut, denn es gab keine Werkzeuge, um Bäume zu fällen. Zur Ausstattung im Haushalt gehörten einige einfache Tonwaren, Reibsteine (Metate), Schilfmatten, der wichtige Grab- oder Dibbelstock und hervorragend geflochtene Behälter, in denen sogar nach der Methode mit den erhitzten Steinen Essen gekocht werden konnte.

Die ursprüngliche Bekleidung bestand aus einem Lendenschurz für Männer und zwei Streifen Fransen für Frauen, dazu gehörte noch ein Kaninchenfellmantel für kaltes Wetter. Gelegentlich trug man Mokassins, und im Winter wurden einfache Schneeschuhe benutzt. Das Haar, mit rotem und weißem Ton eingerieben, reichte bis zu den Schultern. Zu Schmuckzwecken durchbohrte man Ohren und Nase, die Gesichter wurden tätowiert und mit Erdfarbstoffen, die mit Knochenmark angerührt waren, bemalt. In historischer Zeit, als Gedankengut von den Prärieindianern eindrang, machten sich einige Gruppen der Paiute ziemlich einfache Hemden, Kleider und Leggings aus schlecht verarbeitetem Hirschleder. Charakteristisch für die Frauen war eine fein geflochtene Kappe. Sie war vielleicht entwickelt worden, damit man nicht vom Stirnband eines Trageriemens wund gerieben wurde.

Samenkörner und Wurzeln bildeten die Hauptnahrungsquelle, und genau zu wissen, wo und wann die genutzten Pflanzen heranreiften, war eine Frage des Überlebens. Jede Familiengruppe hielt sich an ein bestimmtes Gebiet, durch das sie sich, entsprechend dem Erntekreislauf eines Jahres, hindurcharbeitete.

Über 75 Pflanzenarten zu Nahrungszwecken wurden festgestellt. Dabei ist Piñon als die Nuß der Piñonkiefer, die in den herbstlichen Bergen reif wird, die wichtigste. Gabelantilopen waren selten und wurden in kollektiver Treibjagd erlegt. Kaninchen trieb man in 30 bis 60 cm hohe

Fasernetze, die bis über einen Kilometer breit einen Cañon abriegelten, und erschlug sie dort zu Hunderten mit Knüppeln. Die Kaninchen unterliegen jedoch wie viele andere Nagetiere einer periodischen Dezimierung. Die Menschen des Großen Beckens waren deshalb darauf eingestellt, tatsächlich alles zu verzehren, was sich regte – außer Koyoten, aus bereits erwähntem Grund. Schlangen, Eidechsen, kleine Nager, Raupen und sogar Fleischbienen mußten ihren Zoll entrichten. Die Heuschreckenplagen der weißen Siedler waren für die Indianer eine wahre Glücksquelle.

Bei einer so breitgefächerten Speisekarte gab es keine öffentlichen Ernterituale. Alles, was lebt, hat eine Seele, die von geübten Schamanen bezwungen werden kann.

Gesellschaftliches Leben

Hochzeiten wurden gewöhnlich von den Familien ausgerichtet. Ein Mann heiratete üblicherweise zwei oder mehr Schwestern, sobald sie alt genug waren. Er übernahm auch die Schwägerin, wenn sein Bruder starb. Gelegentlich teilten sich zwei Brüder eine Frau. Bei der Partnerwahl gab es keine Verbote des Clans zu beachten, trotzdem war die Bevölkerung des Großen Beckens in ihren Grundsätzen als puritanisch bekannt.

Die Vorstellung von einem Schutzgeist für Männer war vorhanden, wurde aber nicht so wichtig genommen. Die Pubertät bedeutete für die Mädchen unter anderem eine Isolation bis zu 30 Tagen. Eine Geburt lud Mutter und Vater vorbeugende Tabus auf. Der zukünftige Vater durfte sich z. B. keine Schleife selbst binden, damit sich das Ungeborene nicht im Mutterleib stranguliert. Unerwünschte und mißgestaltete Kinder wurden getötet, die gesunden in Hirschleder und saugfähige Salbeifasern gewickelt. Zweimal am Tag wurden sie in ihren korbgeflochtenen Kindertragen trockengelegt. Die Personennamen änderte man dem Alter entsprechend.

Die Freizeit verbrachte man beim Spiel mit Würfeln oder mit dem Mokassinspiel. Beliebtheit besaß auch das Stabwerfen auf einen rollenden Reifen. Nachts kamen die Geschichtenerzähler zu ihrem Recht.

Kleine Streitereien gab es, aber unter den Bedingungen der kleinen Gemeinschaften, die räumlich so gut verteilt waren, existierten kaum Motive für eine kriegerische Auseinandersetzung. Für Sklaven hätte man Verantwortung tragen müssen, im Skalpnehmen sah man keinen nützlichen Zweck. Die Feinde, die einer hatte, arbeiteten eher heimtückisch und mit Zauberkraft (keinen Todesfall sah man jemals als »natürlich« an), und man bezahlte einen Schamanen, damit er dagegen ankämpfte. Die Toten galten als gefährlich, und ein Sterbender blieb aus Sicherheitsgründen seinem Schicksal überlassen. Ein überlebender Ehepartner trauerte jedoch ein ganzes Jahr. Die Leichen wurden begraben oder zusammen mit dem Haus und dem gesamten Eigentum, ein paar Familienandenken ausgenommen, verbrannt.

Die Ute als Außenseiter

Das Wesen der Kultur des Großen Beckens war somit ein fast nicht mehr reduzierbares Minimum und so lange unzerstörbar, wie die Umwelt und die Abgeschlossenheit erhalten blieben. Die Veränderung begann am nordöstlichen Rand in Colorado, wo die Ute Weideland besaßen, das sich für Pferde eignete. Sie wurden zum Bindeglied bei der Verbreitung des Pferdes in die Prärien und in das Plateau, übernahmen viel von den Prärieindianern (sogar den Sonnentanz, allerdings nicht vor 1890), machten weite Raubzüge und bildeten einen Stamm. Trotzdem blieben ihre Tipis klein, und ihre Frauen zogen immer noch mit Körben zum Sammeln von Samen aus. Ihr kluger Anführer Ouray (1820-1880) brachte es fertig, die Ute aus größeren Zusammenstößen mit den Weißen herauszuhalten, obwohl ihnen ihr Land Stück um Stück weggenommen wurde. Ein einziges Aufbegehren gab es am White River im Jahre 1879, als die Indianer ihren Unwillen gegen den Reformeifer des Agenten Nathaniel Meeker zum Ausdruck brachten und ihn sowie weitere sieben Angestellte der Agentur töteten. Auch die Armeeabteilung, die gegen sie anging, hatte ein Dutzend Tote zu verzeichnen. Das Ergebnis waren noch schlechtere Bedingungen in der Reservation in Utah.

Im und um das südliche Idaho hatten die Bannock 1878 ebenfalls einen kurzen Krieg mit den USA. Vernichtung der Wildpflanzenressourcen durch amerikanische Viehzüchter und die Gefahr des Verhungerns auf den Reservationen in völlig öden Landstrichen führten hier zu den Auseinandersetzungen. Für den Kampf holten die Bannock sich bei einigen nördlichen Paiute, die von Winnemucca dem Jüngeren angeführt wurden, Unterstützung. Winnemuccas Tochter Sarah vereitelte das jedoch. Sie hatte eine kurze Ausbildung an einem kalifornischen Frauencollege erhalten, bevor sie die Frau eines Armisten wurde und zugleich als Dolmetscher und Kundschafter wirkte. Sarah sah das Unglück ihrer Leute voraus, durchdrang die feindlichen Linien und schaffte es, ihren Vater und seine Krieger herauszuführen, bevor die Schlacht begann. Sie wurde von ihrem ersten Mann, einem Offizier, verlassen und heiratete

Ein Paar vom Stamm der Ute. Fotografiert in den Wasatch Mountains von Utah während der Powell-Expedition in den Jahren 1871-1875. Der Krieger ist von Kopf bis Fuß bemalt

später erneut. Sie eröffnete eine Schule für Indianerkinder, schrieb ein Buch über das Leben ihres Volkes, geriet aber in Vergessenheit nach dem Tode ihres Mannes.

Der Wüstenprophet

Zweifellos die einflußreichste Persönlichkeit des Großen Beckens war Wóvoka oder Jack Wilson, der Apostel des Geistertanzkultes, der im Kapitel über die Prärieindianer beschrieben worden ist. Wóvoka war zur Zeit seiner Vision im Jahre 1888 ein Angestellter der Wilson-Ranch. Die Kraft eines Schamanen hatte er bereits durch seine Träume erlangt. Die große Offenbarung kam während einer Sonnenfinsternis, als er fieberte und unter heftigen Schmerzen litt. Eine ideale Verkettung verschiedener Umstände, aber es war beileibe nichts Neues. Die Idee einer göttlichen Erlösung aus der Unterdrückung ist ein Thema, das in der Menschheitsgeschichte immer wiederkehrt. Und Erlöser waren bereits in anderen Gegenden des ursprünglichen Amerika, im Norden wie im Süden, prophezeit worden. Die Version der Paiute stammt aus der Zeit um 1870, als das Land der Indianer von weißen Bergleuten und von Viehherden, die die samentragenden Wildgräser vernichteten, verheert wurde. Bis 1888 war die Kommunikation im Westen besser, und Wóvokas Prophezeiung, die vom Christentum stark beeinflußt war, sollte sich weit verbreiten. Für die Sioux hatte das schlimme Folgen, denken wir nur an das Massaker bei Wounded Knee.

Kapitel 8

Kalifornien: Das zerbrechliche Paradies

Das Beispiel der Yahi

Das Neolithikum endete in Nordamerika am 29. August 1911, als ein Indianer, vor Erschöpfung kriechend, in Oroville, Kalifornien, gefunden wurde. In den fünfzig Jahren seines Lebens war er lediglich auf Pfeile mit Steinspitzen angewiesen gewesen, um zu jagen, und hatte die Fleischbeute mit Eicheln und Samen von Wildgräsern ergänzt. Seine Haare, die er aus Gründen der Trauer kurz trug, waren nicht mit einer Klinge geschnitten worden, sondern abgesengt. Er sprach nur seine eigene Yahisprache. Als der Abend kam, zog man ihm Kleider an und brachte ihn zum Schutz vor Neugierigen ausgerechnet im Stadtgefängnis unter. Ein paar Tage später wurde er als Schützling zweier bedeutender Anthropologen schnell nach San Franzisko gebracht. Es waren dies die Professoren T. T. Waterman und A. L. Kroeber von der Kalifornia-Universität. Dort blieb er als Hilfskustos des Anthropologischen Museums, erwarb sich die Achtung und Liebe seiner akademischen und dienstlichen Kollegen, bis er 1916 an Tuberkulose starb. Sie nannten ihn Ishi, das Wort für »Mensch« in seiner eigenen Sprache.

Ishi produzierte weiter Pfeile und steinerne Pfeilspitzen, Speere zum Fischen und Feuerbohrer, aber nun nicht mehr aus Notwendigkeit. Seine Meisterschaft in solchen Fertigkeiten und seine Bereitschaft, sie vorzuführen, ebenso wie seine Aufgeschlossenheit, seine Sprachkenntnisse und Glaubensvorstellungen zu vermitteln, machten ihn zu einem unbezahlbaren ethnologischen Berichterstatter – und zwar zu einem einmaligen, denn mit Ishis Tod war das Volk der Yahi wirklich ausgestorben.

Es hatte vielleicht 400 Yahi gegeben. Eine südliche Dialektgruppe des Volkes der Yana lebte und bewegte sich in einem Gebiet von 4000 km² Größe im nördlichen Kalifornien unterhalb des Vulkankegels des

Ishi, der letzte überlebende Yahiindianer (gestorben 1916), fertigt eine Lachsharpune bzw. einen mehrzackigen Fischspeer. Zum Feueranzünden dreht er den Holzstab in einer mit Zunder gefüllten Vertiefung eines Brettes, das mit Knie und Fuß gehalten wird. Er bläst den Zunder an, um Gras zu entflammen

Mt. Lassen. Im Frühling sammelten sie wilden Klee, später die Samen vieler Gräser. Ihr wichtigstes pflanzliches Nahrungsmittel waren Eicheln. In den Flüssen gab es Lachse, die man mit einer zweizackigen Harpune stach. Hirsche fing man in Schlingen oder lockte sie in Reichweite von Pfeil und Bogen, indem der ausgestopfte Kopf eines Hirsches entsprechend bewegt wurde. Ständig war man auf Nahrungssuche und fand in normalen Zeiten auch genug davon. In den 50er Jahren des 19. Jahrhunderts wurden die Yana empfindlich gestört, als ihre Pfade in Straßen für die weißen Einwanderer, die auf der Suche nach Goldfeldern waren, und ihre Jagd- und Sammelgebiete in Farmen verwandelt wurden. Bald hatten sie sich gegen die Schafe und Rinderherden der Siedler zu behaupten, die ihnen den Klee und die Samengräser wegfraßen. Die Wanderung der Lachse wurde zudem vom Schwemmsand unterbrochen, den man bei der Goldwäscherei in die Flüsse ließ. Der Hunger nötigte die Yana zu gelegentlichen Viehdiebstählen und Einbrüchen in Scheunen. Die Erschießung von Dieben veranlaßte die Indianer zu Racheakten, und viele Siedler fühlten sich nur allzu sehr im Recht, wenn sie die Ureinwohner wie Ungeziefer behandelten, das man ihrer Ansicht nach ausrotten mußte. Bis 1870 ging die Bevölkerung der Yana bis auf 30 Seelen zurück. Ein Dutzend Yahi waren noch übrig, aber bis 1884 war sich niemand in der Außenwelt dessen bewußt. Sie waren eben einfach in ihrer eingeschrumpften Wildnis verschwunden. Dann begann eine Zeit von etwa zehn Jahren, wo Diebereien in den Außenlagern der Viehzüchter vorkamen, und wieder folgte Schweigen. Im November 1908 stöberte man das einzige Lager der Yahi auf. Es lebten noch vier Menschen darin: Ishi entkam, seine Schwester und ein verkrüppelter alter Mann ertranken offenbar auf der Flucht, und eine bettlägerige alte Frau, die zurückgelassen wurde, verschied noch in der Nacht. Zweieinhalb Jahre danach ging Ishi die Straße des weißen Mannes und war verblüfft, daß sie nicht zu seinem sofortigen Tode führte.

Auch wenn Ishis Geschichte nicht die ganze Historie des indianischen Kalifornien umfaßt, so ist sie doch eine passende Variation auf ein tragisches Thema. Überall konnte ein fleißiges Volk mit einfachen Mitteln einen einigermaßen erträglichen Lebensunterhalt finden. Die Umwelt begünstigte das Wachsen kleiner lokaler Gemeinschaften, die sich hauptsächlich selbst versorgten. Es gab keine großen Bündnisse, mit denen man sich den Eindringlingen vereint entgegenstellen konnte. Als die Fremden eintrafen, wurden die nördlichen Indianer aus reiner Grausamkeit vernichtet, genau wie die südlichen durch mißgeleitete Frömmigkeit. In den kalifornischen Städten leben heute große indianische Bevölkerungsgruppen, aber nur wenige davon stammen aus Kalifornien.

Das friedliche Babel

Kalifornien ist als Kulturgebiet fast so groß wie der heutige Staat. Die Südspitze mit der Halbinsel Baja California wird manchmal zur Kultur des Großen Beckens oder des Großen Südwestens gerechnet, und bevor man an die Grenze zu Oregon kommt, gibt es bereits deutliche Hinweise auf die Kultur der Nordwestküste und der Plateaugebiete. Das zwischendurchliegende Land, das sich über zwei Gebirgssysteme und ein zentrales Tal bis an die Pazifikküste erstreckt, beheimatete vielleicht 150000 Indianer, das ist die bei weitem größte Besiedlungsdichte in Nordamerika gewesen. Aber Dichte bedeutete nicht ohne weiteres auch Einheit. Über hundert Sprachen und Dialekte waren zu hören, die zu sechs unterschiedlichen Hauptgruppen gehörten. Zwei Gruppen sind rein kalifornisch, die anderen vier findet man von der Arktis bis ins südliche Mexiko und in Richtung Atlantikküste. Kalifornien scheint immer ein Zufluchtsort für abgedrängte Gruppen und lockendes Ziel von Auswanderern gewesen zu sein.

Genau wie im Großen Becken und dem Hochland waren die Menschen vorrangig Sammler. Das Jagen und Fischen kam in verschiedenen Abstufungen an zweiter Stelle. Der Unterschied bestand darin, daß die Nahrungsquellen so reichlich vorhanden waren, daß eine örtliche Spezialisierung sowohl im materiellen wie im intellektuellen Bereich begünstigt wurde. Eine politische Organisiertheit reichte selten über das Dorf hinaus, auch nicht bei Gruppen mit ähnlichen Sprachen. So können wir nicht von Stämmen sprechen, höchstens von Gruppen. Eine solche Gruppe konnte aus einem Dorf von etwa zweihundert Leuten und ein paar noch kleineren Ansiedlungen bestehen. Vielleicht gab es aus diesem Grunde wenig Anlaß zur Kriegführung. Tauschhandel war viel besser und führte zu einer ganz besonderen Entwicklung: einem Finanzsystem auf Basis von Muschelgeld. Die Gemeinschaften blieben zu klein, um eine Priesterschaft und ein Zeremonialsystem wie bei den Pueblo hervorzubringen. Sie hatten aber einen großen Schatz an Sagen und Geschichten und trieben großen und feierlichen Aufwand mit der Weihe zur Geschlechtsreife und bei der Totenbestattung.

Die Körbe, die die Frauen herstellen, gehören zu den besten der Welt.

Am wenigsten erforscht sind die Indianer, die den langen, meist glühendheißen Finger des niederen Kalifornien (Baja California) bewohnten, der mit seiner Spitze bis in die Tropen reicht. (Wegen dieser vermeintlichen Insel prägten die Spanier den Namen »California«, das »Land des heißen Ofens«.) Die meisten von ihnen sprachen Yuma, aber ihre Namen haben einen südlichen Klang: Guaicura, Pericú, Cochimí,

Akwa'ala-Paipai und die Seri auf der Insel Tiburón. Sie lebten im Sand, ernährten sich von Kakteen und den Früchten des Meeres, waren meistens nur bemalt und bauten niemals Häuser mit Dächern, obwohl sie mit Flößen aus Baumstämmen bereits recht gut umgehen konnten. Die Missionsstationen des 18. Jahrhunderts haben möglicherweise die feinen Einzelheiten ihrer ursprünglichen Kultur in Vergessenheit gebracht.

Die Eichelesser

Im südlichen »Hauptland« Kalifornien finden wir zuerst ein Lebensmuster vor, wie es für die Yahi skizziert wurde, das durch die Eicheln möglich war. Die Küstenebene wimmelte von Einheiten aus je 200 oder 300 Leuten, die sich mehr oder weniger im Dialekt unterschieden, aber, räumlich gesehen, gleich waren. Jede dieser Gruppen bewegte sich innerhalb eines Bereichs von ungefähr 80 km^2 zwischen der Küste und den Eichelwäldern. Waren die Eicheln reif, schlugen die Jungen sie herunter, und die Frauen trugen sie in Körben von etwa 10 l Fassungsvermögen auf den Schultern nach Hause. Die Eicheln wurden geschält, zerteilt, getrocknet und gelagert. Zum Essen wurden sie in einem Steinmörser zu Mehl zerstoßen. Die Vertiefung war oft aus einem geeigneten Felsblock herausgehauen. Dazu gehörte ein Trichter aus Korb, der mit Naturasphalt am Felsen verklebt wurde. Die Eicheln aller sieben Arten, die man sammelte, haben einen hohen Gehalt an Gerbsäure, der mit heißem Wasser herauszulösen ist. Dazu übergoß man das in einem durchlässigen Korb oder einfach in einer Sandmulde befindliche Mehl. Eichelmehl wurde zu Grütze oder Brei gekocht, als eine Art Suppe getrunken oder zu Fladen verarbeitet.

Grassamen trocknete man, mahlte sie auf einer Platte und verzehrte sie kalt mit Wasser vermischt. Interessanter für den Gaumen war der von Blattläusen ausgeschiedene Honigtau, den man eifrig sammelte und zu Kügelchen formte. Das ganze Jahr über gab es tatsächlich eine große Vielfalt von Früchten, Wurzeln, Nüssen, Gemüsen und Salaten, derer man sich erfreute. Nichts davon wurde angebaut, außer etwas Tabak. Hirsche gab es in bescheidenen Mengen, aber Kaninchen im Überfluß. Das Meer bot Muscheln, Fisch sowie manchmal Seehunde und Seeotter. Schwärme junger Heuschrecken trieb man in kleine Gruben und röstete sie. Im Salzwasser gekochte Raupen galten als eine Delikatesse.

Die Männer gingen oft völlig unbekleidet, die Frauen hingegen sah man nie ohne Fransenschurz hinten und vorn. Beide Geschlechter trugen das Haar offen, die Frauen bedeckten es mit der üblichen korbartig geflochtenen Kappe. Die Gesichter der Männer sowie die Gesichter, Handgelenke und Brüste der Frauen waren tätowiert. Eine Polsterung aus Yuccafasern war die einzige Fußbekleidung. Manchmal übertrafen Mäntel aus Seeotterpelz die sonst üblichen aus Kaninchenfell.

Das gebräuchliche Haus war konisch, 2,5 m im Durchmesser, bestand aus schweren Pfosten und war mit Gras oder Schilf gedeckt. Manchmal häufelte man bis zu einer bestimmten Höhe Erde an. Das Gebäude hatte eine Tür und ein Rauchabzugsloch, der Fußboden war bis zu 60 cm tief ausgehoben. Rechteckige Dächer ohne Wände boten zusätzlich Schatten für die meisten Betätigungen. Auch kleine Hütten für Schwitzbäder wurden gebaut.

Das Boot der Chumash

Einbäume und Schilfbalsas oder Flöße waren die üblichen Wasserfahrzeuge. Aber die Chumash von der Küste des Santa-Barbara-Kanals und von einigen ablandigen Inseln geben uns ein fesselndes Rätsel auf. Als einzige von allen Völkern Nordamerikas bauten die Chumash seetüchtige Boote aus zusammengefügten Brettern, die mit Asphalt abgedichtet waren und drei bis zwanzig Personen tragen konnten. Ruder mit doppeltem Blatt dienten der Vorwärtsbewegung. Die Spanten wurden auf ziemlich einfache Weise von umgestürzten oder mittels Feuer gefällten Zedern abgespalten. Man nahm dazu Keile aus Geweihstöcken. Das Material wurde mit Muschelklingen und Schleifsteinen geglättet. Bretter verwendete man in anderen Gebieten Kaliforniens zum Hausbau und auch für andere Zwecke, aber die Idee, sie zu einem wasserdichten Schiffsrumpf zusammenzufügen, scheint auf eine Anregung von der anderen Seite des Pazifiks hinzuweisen. Wir werden später hören, daß Eisen mit japanischen Schiffen, die in Seenot geraten waren, weiter nördlich an die amerikanische Küste kam, noch bevor Europäer die Neue Welt betraten.

Zu den handwerklichen Tätigkeiten im südlichen Kalifornien gehörte die Herstellung einfacher Töpfe und auffallend langrohriger Tabakspfeifen aus Ton, Schalen aus Seifenstein und Flechtartikel vieler Formen und Größen. Schalen der Seemuscheln wurden in kleine Stücke zerbrochen, durchbohrt, aufgefädelt und so lange über Schleifsteine gerollt, bis die Scheiben die gleiche Größe aufwiesen. Außer daß diese Muschelketten örtlich als Zahlungsmittel dienten, wurden sie bis weit ins Land hinein jenseits des Colorado gehandelt.

Mehr oder weniger verwandtschaftlich verbundene Familien bildeten normalerweise Dörfer, denen ein Anführer wie ein Vater vorstand. Er war verantwortlich, mit seiner Redekunst und durch sein gutes Beispiel ein harmonisches Zusammenleben zu sichern. Das Amt wurde später erblich. Die Familienoberhäupter kümmerten sich um die Abwicklung religiöser Angelegenheiten. Sie behüteten auch die geflochtenen Beutel, in denen die heiligen Gegenstände der Gruppe aufbewahrt wurden. Kriegshäuptlinge gab es nicht, sie waren überflüssig. Kam es zu einem Kampf, wurden keine Skalpe genommen.

Weihe und Tod

Rituelle Handlungen kamen bei der Jünglings- und Mädchenweihe zu ihrem Recht. Die Jungen erhielten eine Droge aus Jimson- oder Jamestownkraut (Datura) und lagen einige Tage in Betäubung. Während dieser Zeit offenbarten sich die Schutzgeister und verrieten manchmal besonders kraftspendende Gesänge. Das bringt uns die Suche der Präriendianer nach Visionen in Erinnerung, wo Fasten und selbstauferlegte Strapazen statt Narkotika zu Halluzinationen führten. Für die jungen Burschen war jedoch die Sache damit in Kalifornien noch nicht beendet. Sie standen nunmehr bemalt um eine große Sandzeichnung herum, wobei ihnen die Bedeutung verschiedener Naturerscheinungen, die die Zeichnung darstellte, erklärt wurde. Für Tod und Auferstehung war symbolisch, daß sie sich nacheinander in ein offenes Grab legten und wieder heraussprangen. In einer anderen Grube überschüttete man sie mit Ameisen, die wiederum mit Nesseln von ihnen entfernt wurden. Danach folgten wieder eine Sandzeichnung, ein Wettlauf und moralische Ansprachen.

Die Mädchen lagen in einem warmen Sandbett und wurden mit verschiedenen Verboten und Belehrungen bekanntgemacht wie im Südwesten. Ihre wichtigste und schwerste Prüfung bestand möglicherweise darin, als Beweis ihrer Tugend ein Kügelchen Tabak mit Wasser herunterzuschlucken und nicht wieder herauszubringen. Nach der für sie folgenden Sandzeichnungszeremonie liefen sie zu einem flachen Felsen, auf den sie Muster malten. Erst nach der Mädchenweihe konnten sie tätowiert werden.

Die Toten wurden zusammen mit ihrem Besitz verbrannt. Ungefähr ein Jahr nach dem Tod wurde einigen Verstorbenen ein Bild in voller Größe aus Schilf, Hirschleder und Menschenhaar nachgeformt und nach sieben Trauernächten verbrannt. Bei der Gedächtnisfeier für einen

Häuptling wurden gefangene Adler von Tänzern, die sich um das Feuer bewegten, heimlich erwürgt und danach verbrannt. Farbe, Federröcke und Federbüschel am Kopf gehörten zur üblichen feierlichen Aufmachung.

Zentralkalifornien

Diese Lebensweise findet man auch weiter im Norden, wobei es Varianten je nach der örtlichen Oberflächengestalt, dem Pflanzenwuchs und der Entfernung vom Meere gibt. Die im vorigen Abschnitt beschriebenen Menschen werden oft aus historischen Gründen als »Missionsindianer« zusammengefaßt. Die Bezeichnung für die, die nicht dazugehören, basieren meist auf Sprachgruppen (man bedenke, daß es so etwas wie Nationalität nicht gab): Yokuts, Mono, Maidu, Wintun, Yuki und Yana sind bloß einige davon, dazu die Achomawi und Atsugewi, die gemeinsam die Pit Rivers ausmachen. Die Pomo im Norden der San-Francisco-Bay bekleideten sich – oder auch nicht – wie im Süden. Die Frauen ließen die Flechtkappen weg, die Männer fanden Haarnetze angenehm. Bei feierlichen Zeremonien trugen sie einen schöngearbeiteten Kopfputz aus schwarzen und gelben Spechtfedern und Schurze aus Daunenfedern vom Geier. Außer kegelförmigen Rindenhütten bauten sie gewölbte Häuser mit Schilfdächern von 9 m Durchmesser, dazu halb unterirdische Häuser zum Schwitzen, die aber den Männern auch als Klubraum dienten. Eine noch größere Form des Dampfbades wurde für Feierlichkeiten verwendet.

Hier führten die Flüsse das ganze Jahr über Wasser, und man fing Fische mit Muschelhaken, hatte Fischwehre mit Reusen aus Korbgeflecht und gab Seifenwurzel als Droge ins Wasser, so daß die Forellen betäubt wurden und mit dem Bauch nach oben an der Wasseroberfläche schwammen. Hunde halfen, Hirsche den versteckten Schützen zuzutreiben, und mit Tonkügelchen als Schleudergeschossen tötete man Vögel.

In einem Gebiet, wo die Korbflechterei ohnehin schon hoch entwickelt war, standen die Frauen der Pomo als perfekte Korbmacher weit an der Spitze. Wickel- und Flechttechniken wurden gleichermaßen angewendet. Zusätzlich zu den Alltagsartikeln produzierte man vorwiegend längliche Behälter für Ritualzwecke. Alle waren mit regelmäßigen geometrischen Mustern geschmackvoll verziert. Am schönsten wirkten die enggeflochtenen Schalen, die mit Muschelscheiben oder Anhängern aus irisierenden Abaloneschnecken (Haliotis), manchmal auch mit den prächtigen winzigen Federn vom Schopf der Wachtel, des Spechts und des Kolibri besetzt waren. Viele dieser Schalen – zu viele, könnte man bedauernd sagen – wurden ausdrücklich als Totenbeigaben hergestellt und mit auf dem Scheiterhaufen verbrannt.

Krieg war auch hier nicht häufig, aber Schleudern und Stoßspeere mit Obsidianspitzen (vulkanisches Glas) ergänzten ihre Waffen. Eine Art Panzerrüstung aus parallel zusammengebundenen Holzstäbchen kam zwar vor, die meisten Krieger fanden sie aber wohl zu unbequem. Skalpe, einschließlich der Ohren, wurden genommen. Die Weiheriten waren weniger streng, aber die Kinder beider Geschlechter mußten, ohne zu mucksen, daliegen, wenn alte Männer ihnen die Rücken mit Muschelklingen ritzten. Dem Vater eines Neugeborenen wurde eine viertägige Isolation auferlegt. Was die angenehmeren Dinge betrifft, waren die Pomo und ihre Nachbarn begeisterte Schwimmer, Läufer und Glücksspieler.

Die Reichtümer anhäufenden Indianer Nordkaliforniens

In den nördlichsten Bereichen dieses Gebietes ändert sich die materielle Szene ziemlich wenig, wohl aber die gesellschaftliche. Bei den untereinander sehr ähnlichen, aber gar nicht miteinander verwandten Hupa (Athapaskensprachfamilie), Karok (Hokasprachfamilie) und Yurok (wahrscheinlich sehr entfernte Verwandte der Algonkin) sind immer noch die Eicheln die Hauptnahrung, dazu Wild und vor allem Fisch, d. h. Lachs, Stahlkopfforelle und Neunauge. Störe sind begehrt zur Herstellung von Leim – nicht wegen des Kaviars. Tätowierung und Korbmütze gibt es auch; die Männer tragen ein Hirschfell um die Lenden. Ein paar spärliche Bärte verraten eine Mode, die ihren Ursprung im Nordwesten hat. Die Frauen tragen einen ledernen Wickelrock mit Fransen, der vorn offen ist. Der Schlitz wird durch einen doppelt starken Schurz aus Lederriemchen, die mit glänzendem Bärengras umwunden und mit Nußschalen behängt sind, geschlossen.

Die Häuser sind massive Rechtecke aus Zedernbrettern mit schrägen Dächern, eingetieften Fußböden und winzigen runden Eingangsöffnungen an den Giebelseiten. Einige haben steingepflasterte Vorhöfe als Aufenthaltsplatz. Die Yurok liefern Einbäume, Seefische und Meeresalgen als Salz.

Einen größeren politischen Zusammenhalt gibt es genauso wenig wie im Süden. Eine neue Erscheinung ist der Sinn für die Anhäufung von Reichtümern. Die Hupa und ihre Verbündeten waren auf Muschelgeld versessen. Man trug zwar Perlenketten von Zangenmuschelschalen, die »Münzen« des Hupagebietes waren aber die Dentaliumgehäuse. Diese röhrenförmigen Gehäuse haben Ähnlichkeit mit einem Fang- oder Stoßzahn en miniature und sind überall in den Gewässern des Pazifiks zu finden. Für die Indianer an der Westküste der Insel Vancouver waren sie leicht zu haben, von dort aus brachte der Handel sie weit ins Inland, bis in die Prärien und die Wüste. Der Größe nach sortiert und aufgefädelt (jeweils die schmalen Enden zusammen und ebenso die dicken, damit sie sich nicht ineinander schoben), stellten die Dentaliumgehäuse für die Hupa einen genauen Geldwert dar. Um die Länge und damit den Wert einer solchen Kette zu bemessen, hatten die Männer tätowierte Linien in abgemessenen Abständen am linken Arm. Geldbörsen wurden aus Geweih geschnitzt.[8]

Zum Teil unterirdisch angelegtes Haus aus Brettern mit Schrägdach und runder Tür, wie es im nordwestlichen Kalifornien benutzt wurde. Der Typ zeigt den Einfluß der Nordwestküste

Für Geld konnte man alles haben, vom Bauplatz für ein Haus bis zur Straflosigkeit für Mord und Beleidigung. Praktisch hatten alle Verbrechen und jedes schlechte Betragen einen empfohlenen Preis. Es war die Aufgabe von Vermittlern, innerhalb der möglichen Limits die Bedingungen auszuhandeln, die am ehesten das Gesicht wahren halfen. Sogar die seltenen Kriege endeten gewöhnlich in langwierigem Feilschen über gegenseitige Reparationen. So entwickelte sich bei diesen Indianern das Bewußtsein vom Wert genau wie bei denen, die eine »Währung« von Muschelperlen benutzten, und zwar mit Schnüren von oft mehreren Tausenden. Solche Zahlenbegriffe sind sonst ungewöhnlich für schriftlose Völker.

Ziel jeden Mannes war die Anhäufung von Reichtum, um ihn an seine Erben weiterzugeben. Man kam hier nicht zu Ansehen, wenn man alles mit vollen Händen verschenkte, was sonst in der Welt der Indianer üblich ist. Für die Idee, alles Eigentum beim Tode zu verbrennen, besaßen die Hupa kein Verständnis. Aber Reichtum brachte auch Verpflichtungen mit sich. Da es keine Rembrandts zu kaufen gab, investierte der reiche Hupa sein Muschelgeld in anderen Seltenheiten, besonders in schön retuschierten Klingen aus importiertem Obsidian, die viel zu groß waren, als daß sie praktischen Nutzen gehabt hätten, außerdem in ausgewähltem Federschmuck und in Fellen weißer und schwarzer Hirsche (seltene Albinos bzw. melinide Abarten). Diese Schätze zeigte man der Öffentlichkeit beim »Hirschfelltanz«, der bis zu zwei Wochen dauern konnte, oder beim kürzeren »Springertanz«. Männer mit Wolfsfellmützen und

Schurzen aus Hirschleder oder Pelzen der Zibetkatze und mit Kondorfedern im Haar schwangen die Hirschfelle auf Stangen hoch durch die Luft. Die Köpfe der Hirsche wurden ausgestopft und mit scharlachroten Spechtskalpen geschmückt. Andere Männer mit Wildkatzenfellen und Kränzen aus Stoßzähnen der Seelöwen paradierten mit den Obsidianklingen. Die Sage, die der Zeremonie zugrunde lag, sang man in voller Länge, und die ganze Gemeinschaft versprach sich Segen von dieser Vorführung.

Ein reicher Mann konnte sich den Brautpreis (ihrem Status entsprechend festgelegt) für eine zusätzliche Frau leisten. Es gab jedoch die Vorstellung, daß die Geister des Reichtums engherzig waren. Die Männer schliefen nicht daheim, wo ihre Frauen und Schätze waren, sondern in der Schwitzhütte der Verwandtschaftsgruppe. Nur im Sommer bei den Expeditionen zum Sammeln von Nahrung, weit weg vom Dorf, konnten die Ehegatten frei miteinander verkehren. So fielen die Geburten meistens auf den Frühling.

Mag sein, daß die Vorstellung der Yurok-Karok-Hupa von einer Welt der Reichen und der Armen sie befähigte, sich dem »American Dream« anzupassen. Dabei half ihnen aber auch ihre verhältnismäßig starke Isolation. Sie sind jetzt keineswegs reich, aber sie haben besser überlebt als viele kalifornische Indianer, weil sie ihr eigenes Land bebauen. Anderswo lagen die Dinge nicht so günstig. Das Schicksal der Yana und Yahi ist bereits erwähnt worden. Es war nur allzu typisch für die Gebiete, die vom Ansturm auf das Gold und von den deswegen steigenden Bodenpreisen betroffen waren. Viele Tausende Indianer wurden bis 1861 vertraglich als Arbeiter verpflichtet. Eine erschreckend hohe Anzahl von ihnen starb an Krankheiten, darunter häufig auch an Geschlechtskrankheiten. Kein Wunder, daß die Übriggebliebenen auf die Versprechungen des ersten Geistertanzes von 1870 warteten, allerdings vergeblich.

Die Missionen

Für die Bewohner des südlichen Kalifornien begannen die regelmäßigen Kontakte mit den Weißen im Jahre 1769 durch die Franziskanermission von San Diego de Alcalá, der schnell San Gabriel, San Luis Obispo, Santa Clara und San Carlos Borromeo in Monteray, das einmal Provinzhauptstadt werden sollte, folgten. Die besorgniserregende Anwesenheit russischer Vorposten in Fort Ross (Rossiya) und in der Bodega Bay verstärkte diesen Prozeß. Mit dem Bau von San Francisco Solano in Sonoma nördlich des Golden Gate im Jahre 1823 war die Liste der 21 Missionen vollständig. Es waren jedoch die südlichen Missionen, die den größten Zusammenstoß mit den Indianern verursachten, da, wo auch die spanischen Siedler ihre riesigen Rinderfarmen gründeten.

Die Indianer wurden ohne Gewaltanwendung, wenn sie es sich gefallen ließen, wie Vieh in die Missionen geholt. Die Dorfzugehörigkeit ging verloren, und die Leute wurden entsprechend ihrer Mission »Diegueños«, »Luiseños« oder »Gabrielinos«. So werden sie auch heute klassifiziert. Sie wurden »anständig« angezogen, man brachte ihnen bei, Weinberge zu bearbeiten und Rinder zu hüten sowie Steine für die prächtigen Missionskirchen und deren Nebengebäude zu brechen. Sie erhielten einigermaßen ausreichend Nahrung und starben an Bestrafungen, seelischen Erkrankungen und Epidemien, die Ungeborenen durch bewußte Abtreibung. Es entwickelte sich zwar eine gewisse Loyalität, vor allem aber eine starke Abhängigkeit und Unselbständigkeit. Als die republikanische Regierung Mexikos 1834 die Missionen säkularisierte, waren die Indianer gänzlich verloren. Eine Missionsbevölkerung von ungefähr 31 000 war bis zur Jahrhundertwende auf nur noch etwa 2 000 zusammengeschrumpft. Die heute noch in zahlreichen winzigen und zu spät eingerichteten Reservationen Lebenden wissen, daß das einst verlorene Paradies nun auf immer dahin ist.

Kapitel 9

Die aufnahmefähige Plateaukultur

Die ziemlich einfache, ganz auf Wildnahrung beruhende Lebensweise am oberen Rand des östlichen Kaliforniens und am Großen Becken ändert sich nicht etwa abrupt. Das Plateaugebiet erstreckt sich über Idaho, das östliche Oregon und Washington bis weit hinauf ins zentrale British Columbia. Es wird im Osten und Westen vom selben Gebirgssystem umfaßt wie das Große Becken, hat aber nicht derartige unüberwindliche Hindernisse zu bieten. Zum Teil besteht es aus trockenen, baumlosen Ebenen mit Salbeisträuchern und Kakteen, wird aber ebenfalls von zwei großen Flüssen durchzogen, dem Columbia und dem Fraser mit ihren Zuflüssen, die den Lachs aus dem Pazifik locken. Bewaldete Hügel sind überall in angemessener Reichweite.

Über zwei Dutzend Sprachgruppen finden sich in diesem Gebiet, die meisten davon stammen aus zwei Hauptfamilien. Ungefähr die nördliche Hälfte dieser Region gehört den Salishsprechenden, dazu zählen unter anderen die Shuswap, die Ntlakyapamuk (für uns einfacher genannt die Thompsons), die Okanagan, die Sanpoil, die Kalispel und die Flatheads. Letztere wurden so genannt, weil sie keine Schädeldeformation wie die Salishstämme an der Küste praktizierten. Die zweite Hauptfamilie, die der Sahaptin-Klamath, befindet sich südlich der kanadischen Grenze und umfaßt die Cayuse, Nez Percé, Klikitat, Yakima, Umatilla, Wallawalla und Modoc. Die Kutenai oder Kootenay liegen dazwischen, sie bilden eine eigene Sprachgruppe, werden allerdings von einigen Autoren als entfernte Verwandte der Algonkinsprachfamilie zugegeben. (Salish- und Algonkinsprachen könnten möglicherweise eine gemeinsame Abstammung haben.)

Die Menschen wohnten in runden, halb unterirdischen Hütten, die sie durch die Rauchluke in dem mit Erde bedeckten Balkendach betraten. Ein eingekerbter Baumstamm diente als Leiter nach innen. Solche Hütten gab es in der Größe von 3 bis ungefähr 12 m Durchmesser, je nach

»Störnasiges« Boot für flaches Wasser, wie es bei den Stämmen der Kutenai und der Plateau Salish üblich war. Es wurde gewöhnlich mit Fichtenrinde gebaut, auch aus Birkenrinde, wenn vorhanden

Örtlichkeit und Anzahl der darin untergebrachten Familien. Ein weiterer Haustyp von manchmal 18 m Länge ähnelte einem hohen, schrägen Dach, das bis auf den Erdboden reichte und mit Rinde bedeckt war. Zum Teil war auch Erde aufgeschüttet. Wie im Langhaus der Irokesen bewohnten verschiedene Familien die Räume, die vom zentralen Korridor abgingen. Das ganze Gebäude wurde am Ende des Winters völlig zerlegt oder nach einem Todesfall niedergebrannt. Im Sommer, wenn es auf Nahrungssuche ging, hatte man mit Schilfmatten bedeckte Tipis. Zum Transport dienten Einbäume, die je nach dem örtlichen Zustand der Flüsse abgestumpft oder spitz waren. Im Norden gab es ein besonderes Rindenboot, das an beiden unter der Wasseroberfläche liegenden Enden zugespitzt war. Bei Reisen zu Lande halfen Packhunde den Frauen.

Die Bekleidung der Männer war auch im Norden spärlich. Schamschurze scheinen erst spät aufgekommen zu sein, aber man trug Fell- oder Hirschlederleggings und Umhänge aus Kaninchenfell oder geflochtenem Gras. Nach Norden zu ersetzte Lederbekleidung die Hanfponchos der Frauen. Eine Kopfbedeckung gab es nicht. Wir finden Behälter aus Rinde, aber auch Flechtwaren, die überall wichtig sind. Die Stämme der Salish und besonders die Klikitat sind bekannt für ihre großen und rechteckigen oder ovalen Wickelkörbe aus Zedernwurzeln, die sich durch eine schuppenartige Verzierung auszeichneten. Bei dieser Herstellungstechnik werden über die Umwicklung, die die spiralig aufeinandergelegten Wülste zusammenhält, gewissermaßen als drittes Element unterschiedlich gefärbte Geflechtstreifen aufgelegt, so daß geometrische Ornamente in der Art eines Schachbrettes entstehen. Grobe Matten aus Schilf oder weiche aus Gras wurden zu vielen Zwecken verwendet.

Auf dem Plateau traten Wurzeln an die Stelle der Eicheln als wichtigste Pflanzennahrung. Die gebräuchlichste war die Camaswurzel (aus der Art Quamasia), eine Verwandte der Hyazinthe, deren stärkehaltige Zwiebel roh, gekocht, gebraten oder zu Fladen verarbeitet gegessen wurde. Die Klamath lebten in einem besonderen Seen- und Sumpfgebiet und waren auf die Samen einer Lilie (Nymphaea) angewiesen. Am Ufer des Columbia schätzte man Kouse oder Kowish (Peucedanum), »biscuit root«, als Ergänzung zu den Camaswurzeln, und die trockenen Regionen lieferten Früchte der Opuntiakakteen. Während die Frauen im Frühling nach dem Wurzelvorrat für das ganze Jahr gruben, fingen die Männer Vögel und Kaninchen und suchten Muscheln. Biber und Murmeltiere wurden gern gegessen, auch Hirsche, die man manchmal über steile Felsen hinabjagte, besaßen Bedeutung, aber fast überall galt der Lachs als Hauptnahrung. Über die Flüsse wurden besonders an Stromschnellen Plattformen angelegt, von denen aus die Fische in Keschern herausgeholt oder mit Speeren erbeutet wurden. Die Männer machten das in genau festgelegtem Turnus. Manchmal wurden weiße Steine unterhalb der Plattform versenkt, um die Beute besser sichtbar zu machen. Frauen durften sich den Lachsgewässern aus rituellen Gründen wegen einer möglichen Verunreinigung nicht nähern, obwohl sie den Fang dann zerlegten, trockneten und kochten. Viele Dörfer ernannten für die Zeit des Lachszuges einen besonderen Lachshäuptling, der die Fischerei beaufsichtigte und, wenn nötig, den Zauber einiger böswilliger Anwohner des Flußunterlaufes, die für das Ausbleiben des Fischs verantwortlich gemacht wurden, wieder entkräftete. Wegen der Fischzüge und Wurzelernten beging man Feiern der »Ersten Früchte«, die an unsere Erntefeste erinnern.

Das Plateau – ein Land zwischen Prärie und Nordwestküste

Die Gruppen, die man als typisch für die Plateaukultur annimmt, zeigten denselben Mangel einer eigentlichen Stammesorganisation wie die in Kalifornien. Dörfer oder Weiler wurden von einem Anführer geleitet, und für die Dauer einer Auseinandersetzung wählte man Kriegsführer. Zwar waren die Nespelim und Sanpoil geneigt, kriegerische Auseinandersetzungen um jeden Preis zu vermeiden, aber weniger friedvolle Nachbarn benutzten Panzerung und Pfeile, die mit dem Gift der Klapperschlange oder mit Hahnenfuß vergiftet waren, und nahmen als Skalptrophäe die ganze Kopfhaut. Sie eroberten weibliche Gefangene, benutzen sie als Sklaven oder verkauften sie. Besondere hochentwickelte Kultformen waren nicht von Bedeutung. Die Jungen erträumten sich ihre Schutzgeister. Die Isolierung heranwachsender Mädchen konnte bis zu zwei Jahren dauern, im Norden sogar vier.

Die Plateaukultur war an sich ziemlich einfach und sehr aufnahmefähig, so daß sie beim Eintreffen der Weißen bereits stark von äußeren Einflüssen geprägt war. Nach dem Vorbild und durch den Einfluß der gesellschaftlich und kulturell hochentwickelten Indianer der Nordpazifikküste war es zur Herausbildung von Besitzunterschieden und zu einer

Schichtung der Gesellschaft in Vornehme, Gemeine und Sklaven gekommen. Clans und Stammeshälften regelten wie an der Küste Heirat, Erbschaft und persönliche Verpflichtungen. Es gab Maskentänze und die Vorstellung von einem äußerst unangenehmen Kannibalendämon. Durch einen Potlatch, ein feierliches Geschenkeverteilen, erlangte man Ruhm und beschämte einen Rivalen, indem man ihn mit verschwenderischer Wohltätigkeit ausstach. Diese gesellschaftlichen Besonderheiten wurden in unterschiedlichem Ausmaß von den Plateaustämmen, die den Gebirgen im Westen am nächsten waren, übernommen. Sie betrieben regelmäßig Handel mit der Küste und lieferten Beeren, Rinde, Felle und Wolle der Bergziegen zum Weben. Dafür bekamen sie gewebte Decken, Seemuscheln, Einbäume und Sklaven.

In der mittleren und östlichen Hälfte des Plateaus war es hingegen die Einführung des Pferdes, die etwa um 1750 zu einer großen Umwälzung

Das Appaloosapferd. Das »Himmlische Pferd« des alten China, eine Züchtung mit Flecken, kam über die Niederlande und Mexiko ins östliche Washington und nach Idaho, wo sich die Indianer vom Stamm der Nez Percé auf seine Züchtung zu Kriegs- und Prestigezwecken spezialisierten. Der Name kommt von einem benachbarten Stamm, den Palouse

führte. Das Land der Cayuse, Nez Percé und Palouse war, wie wir gesehen haben, gut geeignet für Pferdezucht in großem Ausmaß. Das Pferd ermöglichte allen Gruppen, die stark genug waren, sich in die Prärien zu wagen (die Kutenai und Okanagan haben es vielleicht zu Fuß riskiert), direkten Zugang zu den Büffeln. Das Pferd war ein nicht mehr wegzudenkender Helfer beim Handel mit den Blackfoot und anderen Tipibewohnern, freilich auch bei Raubzügen. Als Ergebnis verbreiteten sich Züge der Präriekultur bis weit ins Plateau, es gab Lederhemden und Kappen mit Hörnern, Tipis und Pemmikan als Fleischkonserve, obwohl aus naheliegenden Gründen Wurzeln und Fisch ihren festen Platz in der Ernährung behielten. Die Tipis verbreiteten sich sicher schneller, nachdem man von Händlern Leinwand kaufen konnte. Natürlich war dieses Bild, wie so oft, nicht für alle Gruppen gleichermaßen gültig. Die Oberen Kutenai übernahmen z. B. den Sonnentanz der Prärieindianer, lebten in (reisigbedeckten) Tipis und verfolgten die Blackfoot wegen weiblicher Sklaven, wogegen die Unteren Kutenai ihre Zeit nach guter Salishart mit Fischfang und Bootsreisen in spitzen Kanus verbrachten.

Kurze, aber verzweifelte Kriege

Gegen Ende des 18. Jahrhunderts begann das Eindringen der Weißen in dieses Gebiet. Zuerst sondierten es Pelzhändler von der Hudson's Bay und von der North-West-Company, und bald wurde der untere Columbiafluß eine wichtige Wasserstraße zu den Handelseinrichtungen an der Küste. Der Streit mit Großbritannien um den Besitz des Landes brachte die Vereinigten Staaten dazu, in den frühen 40er Jahren des 19. Jahrhunderts die Besiedlung von »Oregon« zu forcieren. Die Folgen waren vorauszusehen. Der erste kurze Krieg flackerte 1847/48 auf, als die Cayuse in Massen an den Masern starben, dafür der Mission Dr. Thitmans in Waiilatpu die Schuld gaben und deshalb ihn und einige seiner Leute töteten. 1855/56 waren die Yakima, Klikitat und verschiedene Verbündete in einen Krieg verwickelt, der beiden Seiten blutige Gefechte und schwere Verluste brachte. Die militärischen Operationen waren in wörtlichem Sinne teuflisch, denn die Freiwilligenkompanien waren auf Ausrottung erpicht. Vom November 1872 bis zum Juni 1873 hielten insgesamt 50 Krieger der Modoc den tausend Soldaten einschließlich Artillerie in der öden Mondlandschaft der Lava Beds stand. Diese Kampagne, durch gute Fotos belegt, endete damit, daß ihr Anführer, Kapitän Jack, und drei weitere »wegen des Mordes an General Canby während eines Waffenstillstands« aufgehängt wurden. Der verzweifelte Versuch der

Nez Percé, nach Kanada zu entkommen, ist schon weiter vorn erwähnt worden.

Auf der kanadischen Seite waren einige Gruppen besser dran als andere. Die Kutenai blieben in der Anzahl einigermaßen konstant. Sie wurden Rinderhirten und Obstpflücker. Die Salish wurden um 80 Prozent dezimiert. Krankheiten und Zerrüttung der alten Lebensweise haben ihr Werk getan, ohne daß ausgesprochene Gewalttätigkeiten nachhalfen. Natürlich gibt es noch Äußerungen des indianischen Kampfgeistes. Ich erinnere mich daran, daß ich 1940 mit zwei Kriegern der Ntlakyapamuk, die die Uniform der kanadischen Armee trugen, zusammentraf.

Häuptling Joseph (Hinmaton-yalatkit, Donner-der-vom-Wasser-über-das-Land-kommt), 1840 bis 1904, seiner Herkunft nach halb Cayuse, halb Nez Percé. Er leitete strategisch außerordentlich geschickt den Auszug der Nez Percé von Idaho zur kanadischen Grenze im Jahre 1877. 60 km vor dem ersehnten Ziel mußte er sich ergeben. Nur eine Handvoll seiner Anhänger erreichte wirklich Kanada

Kapitel 10

Nordwestküste: Die nordamerikanischen Seefahrer

Das Gebiet der Nordwestküste ist sehr lang, sehr steil und sehr schmal. Das Klima ist das ganze Jahr über mild und außerordentlich feucht. Im Rücken sind hohe Berge, die die kontinentale Kälte fernhalten, davor erstreckt sich das vom Japanstrom erwärmte Meer. Pro Jahr gibt es 250 cm Niederschlag und mehr. Alles ist dicht bewaldet. Das Ufer fällt plötzlich ohne jede Küstenebene steil ab in ein Labyrinth von Buchten und Felseninseln. Es gibt nur wenige und kleine Strände, zwischen denen man als Reiseweg lieber das Wasser als das zerklüftete Land wählt. Die Wälder bestehen aus Fichten, Tannen sowie aus roten und gelben Zedern, die auch hervorragendes Material für das holzverarbeitende Handwerk liefern.

Wild gab es im Überfluß. In den Höhen die Bergziege der Rocky Mountains mit feiner Wolle, Hirsche, Eichhörnchen und Marder in den Wäldern, Biber und Mink an den Flüssen und vor allem die Bären (schwarze, braune und Grizzlybären), Pumas und Wölfe. Kaninchen fehlten (wie die Eicheln), auch Klapperschlangen gab es nicht. Schwärme von Wassergeflügel zogen alljährlich durch das Schilf. Die Gewässer waren noch reich an Walen, Seelöwen, Pelzrobben, Seeottern, Heilbutt, Hering, Stint und Kerzenfisch, dazu fünf Lachsarten, die sich jährlich zum Laichen in die Flüsse drängten. Dieses Gebiet war und ist einmalig in Amerika. Gleiches gilt von den Menschen.

Denn hier gab es Überfluß und Reichtum ohne Landwirtschaft, ein seßhaftes Dasein, das von Standesprivilegien und gesellschaftlichen Verpflichtungen großer Komplexität gesteuert wurde und hochentwikkelte bildende und darstellende Künste hervorbrachte. Und das alles beruhte völlig auf den Nahrungsquellen, die die Natur zu bieten hatte. Der Nahrungserwerb bedurfte allerdings kollektiver Anstrengungen und eines gewissen Einfallsreichtums. Es liegt klar auf der Hand, daß die notwendigen Fertigkeiten, die man einmal entwickelt hatte, über die

Anforderungen, wie sie einfaches Überleben stellten, hinauswuchsen und noch zur Vollendung geführt wurden.

Über die Küste gibt es nur wenige archäologische Auskünfte, aber man weiß, daß der Mensch die Ressourcen des Küstenbereiches seit ungefähr 4000 Jahren genutzt hat und daß die Kultur, wie wir sie kennen, seit langem schon so existiert. Bei Ozette an der Küste des Bundesstaates Washington verspricht eine noch unvollendete Ausgrabung die Entwicklung der letzten fünf Jahrhunderte mit erregender Klarheit zu beleuchten. Der Fundplatz ist ein Dorf der Makahindianer, das in den 20er Jahren unseres Jahrhunderts verlassen wurde. Dort gibt es Abfallhaufen, die mindestens 2000 Jahre weit zurückreichen. Besondere Bedeutung aber hat es wegen einer Naturkatastrophe, die sich hier noch viel später ereignete. Um 1450 wurden infolge eines Erdrutsches ganze Häuser von Schlammassen eingeschlossen, die im wesentlichen alles, was nicht aus tierischem Material hergestellt war, konservierten. Sämtliche entdeckten Gegenstände beweisen ihr Alter dadurch, daß nichts dabei ist, was europäischen Ursprungs sein könnte. Aber alles ist sofort als Nordwestküstenkultur erkennbar. Spätere Einschlüsse in kleineren Schlammströmen beweisen den wachsenden Einfluß, den die Handelsartikel bis in unser Jahrhundert erfahren haben.

An der Küste hatten die Indianer genau wie in anderen Gebieten zwar eine gemeinsame Kultur, aber keine einheitliche Sprache, ja nicht einmal den gleichen Körperbau. Drei größere linguistische Gruppen sind vertreten, aber keine davon genau abgegrenzt. Die Tlingit und Haida im Norden gehören zur Gruppe der Großen Athapaskensprachfamilie (Na-Déné), aber die benachbarten Tsimshian, genau wie die entfernten Chinook, zu der Penutigruppe. Der Rest teilt sich in zwei Zweige der Mosafamilie (Makro-Algonkin): zuerst die Wakashgruppe, dazu gehören die Kwakiutl, Haisla, Heiltsuk, Bella Bella, Nootka und Makah; dann die Salishgruppe, dazu gehören die Bella Coola, Comox, Quinault, Quileute und viele kleine Gruppen auf dem Pugetsund und südlich davon. Varianten zeigen sich, wie bereits erwähnt, auch in Körperbau und Proportionierung. Die Nase kann schmal und vorstehend sein oder, mit tief angesetztem Nasenbein und konkav geformt, eine eindeutig asiatische Erscheinung vermitteln.

Obwohl die Lebensweise von der Columbiamündung bis in die Bucht von Alaska auffallend übereinstimmend ist, kann man doch drei größere Gruppierungen ausmachen. Die Tlingit, Tsimshian, Haida und Haisla bilden zusammen die nördliche Gruppe, der man die höchste Kulturentfaltung zuschreibt. Südlich von ihnen vertreten die Heiltsuk, Kwakiutl, Nootka, Bella Coola, Quinault und andere Einheiten der Salish die zentrale Gruppe, deren untere Grenze in der Nähe des Südufers vom Pugetsund angesetzt werden kann. Die dritte Gruppe umfaßt die Chinook und Verwandte am Unterlauf des Columbia und zahlreiche Grüppchen der Küstensalish. Von hier an haben die Völker – die Alsea, Siuslaw, Coos, Kalapuya und andere – gemeinsame Merkmale mit denen vom Plateau und aus Kalifornien, so daß ihre Klassifizierung umstritten wird. Wie überall in diesem Buch gehandhabt, werden wir versuchen, die Lebensformen in großen Umrissen zu beschreiben, die nicht unbedingt auf jeden einzelnen Stamm zutreffen.

Kunst im Leben an der Küste

Im gesamten Gebiet ist die Wappenkunst so eng mit dem Alltagsleben verbunden, daß hier ein Wort darüber verloren werden muß, um das übrige verständlich zu machen. Trotz der unterschiedlichen Erbfolge waren alle Küstenvölker höchst interessiert an ihrer Abstammung. Die Grundeinheit bildete das Geschlecht, grob gesagt, eine Gruppe von nahen Verwandten, die ihren Ursprung auf einen gemeinsamen Vorfahren zurückführte, der mit Wesen großer Kraft, wie z. B. Bär, Rabe oder Killerwal, assoziiert wurde. Die Heldentaten der Vorfahren wurden in der jeweiligen Familiengeschichte überliefert. In deren Verlauf hatte man sich das Recht genommen, Darstellungen solch geistiger Beschützer in Form von Wappensymbolen zu zeigen. Die Familien hatten ihre Wappen ebenso wie die Clans und die Moieties. Letztere sind die Stammeshälften, die ein Dorf oder eine Reihe von Dörfern umfaßten. Diese Beschäftigung mit Wappenfiguren muß einen wichtigen Einfluß auf die Entwicklung künstlerischer Ausdrucksmittel ausgeübt haben. Sie regte zu entsprechender Betätigung an und begrenzte zugleich deren Feld. Im Schnitzen, Malen und Weben wiederholen sich die Gestalten des Wolfes, des Wales, des Tintenfisches, des Bibers und anderer Sagengestalten, manchmal findet man auch Menschen und Dämonen dargestellt. Natürlich sind nicht alle Gestalten ausdrücklich symbolisch zu verstehen, aber das Repertoire ist ziemlich starr festgelegt. Die Figuren können vollplastisch und mit einem gewissen Grad von Naturalismus geschnitzt sein, aber die dauernde Wiederholung hat nicht nur in der Formgebung, sondern besonders in der Behandlung glatter Oberflächen zur Schablonenhaftigkeit geführt. Flossen, Tatzen, Augen und ganze Gesichter, kreuzgekerbte Biberschwänze usw. werden auf Textilien und bei Schnitzarbeiten in Flachreliefs immer wieder eingefügt. Ganzdarstellungen von Tieren werden oft gespalten und gleichsam aufgeklappt dargestellt, so daß mit der Wirbelsäule als

Angel gleichzeitig die rechte und linke Seite sichtbar gemacht werden. Regionale Besonderheiten im Stil gibt es, aber man findet selten einen Gegenstand der Nordwestküste, der nicht unmittelbar seine Herkunft verrät.

Bekleidung – ja und nein

Die Sommerbekleidung der Männer bestand in diesem milden Klima aus Anhängern in Nase und Ohren, im Norden aus einem Holz- oder Knochenstäbchen durch die Unterlippe. Bei Regen trug jeder zusätzlich einen Hut mit Krempe und einen runden Umhang. Der Hut war aus Tannenwurzelfasern und der Umhang aus Zedernrindenbast geflochten. Frauen trugen stets zumindest einen Lendenschurz und bei Kälte einen Mantel. Hirschleder trägt sich nicht gerade angenehm, wenn es vom Regen durchweicht ist, außerdem waren die Frauen der Küste nicht besonders geschickt in seiner Verarbeitung. Nur die Tlingit im Norden übernahmen es und handelten oft fertig geschneiderte Lederbekleidung von ihren subarktischen Nachbarn ein. Aus demselben Grunde waren Mokassins hauptsächlich auf den Norden beschränkt.

Das Haar der Männer fiel lose auf die Schultern, das der Frauen hing in Zöpfen über den Rücken herab. Die Barthaare wurden nicht immer ausgezupft. Im Süden tätowierten die Frauen das Kinn, während vornehme Frauen der Haida sich fast über das gesamte Gesicht, den Oberkörper und die Handrücken mit Familienwappen tätowiert hatten. An Festtagen bevorzugte man rote, schwarze und blaue Farbe, die eventuell wieder als Wappenmuster aufgetragen wurde. Als Hautschutz rieb man sich oft mit einfachem oder mit Farbe gemischtem Bärenfett ein. Funkelnde Splitter von Glimmer waren daruntergemischt, lange bevor unsere Kosmetikfachleute die Idee zu einem schillernden Make-up hatten. Von den Chinook bis zu den Kwakiutl waren ein künstlich hochgewölbter Schädel und eine fliehende Stirn Zeichen von Schönheit und Ansehen. Die Verformung bewirkte man mit Brettern, die den Kopf des Kleinkindes in der Wiege entsprechend zusammenpreßten, ohne daß es der Gehirnentwicklung geschadet hätte.

Eine besondere zeremonielle Bekleidung war für diese sozialbewußten Menschen von höchster Wichtigkeit. Man würdigte festliche Anlässe, indem man Kopfreifen aus Rotzedernrinde, die mit lockeren weißen Flaumfedern gefüllt waren, und steife Halsreifen mit Rindenbastumwicklung, die wie Gummireifen aussahen, trug. Häuptlinge und Schamanen besaßen einen Kopfschmuck mit geschnitzten Figuren, der bemalt und mit schillernden Muscheln besetzt war, gekrönt von hochstehenden Schnurrhaaren des Seelöwen und mit Hermelinschwänzen behängt. Die Mäntel waren fein gewebt aus Rindenbast, eventuell aus Wolle von Bergziegen oder aus kostbarem Seeotterfell. Während des 19. Jahrhunderts wurde der Nacktheit ein Ende bereitet, bemalte Schamschurze, Leggings, Umhänge und Hemden aus Leder kamen in Mode, um es mit den europäischen Stoffgewändern aufnehmen zu können. Von Europäern eingehandelte Wolldecken (Trade blankets) in dunklem Blau mit rotem Saum wurden durch Wappentiere verschönert, deren Umrisse aus Perlmutterknöpfen geformt waren. Solche »Knopfdecken« (Button blankets) waren allgemein bliebt und wechselten in großer Zahl als feierliche Geschenke ihre Besitzer.

Häuser

Die Häuser der Nordwestküste waren oft sehr groß, ohne Nägel und Klammern und ganz aus Zedernholz hergestellt. Normalerweise standen sie in einer langen Straße mit Blick zum Meer (bzw. zum Fluß) nebeneinander. Wie vorauszusehen, war die Bauweise im einzelnen je nach Örtlichkeit verschieden, aber alle hatten Rechteckform und eine dauerhafte Konstruktion aus massiven Balken oder dicken Brettern. Die Wände und das Dach waren demontierbar und konnten jahreszeitlich bedingt an anderer Stelle verwendet werden, wenn sich eine Familie im Sommer näher an bestimmte Fischgründe begeben wollte. Im Norden und im Zentralgebiet betrug der Grundriß 6 × 9 m bis 15 × 18 m und sogar noch größer, wie z. B. bei den Kwakiutl. Diese Häuser hatten Giebel, die sich etwas nach innen neigten. Die Wände bestanden aus senkrecht stehenden Brettern, gefugt oder einfach verbunden, bzw. aus waagerecht verlaufenden Planken, die entweder zwischen Haltepfählen eine über der anderen lagen oder aber, sich überlappend, in Ösen aufgehängt waren. Die Belüftung wurde durch Verschieben einiger Dachbretter reguliert. Die kleine runde oder ovale Türöffnung befand sich in der Giebelseite und bildete manchmal den Mund einer Figur, die auf einen Mittelpfeiler oder Totempfahl geschnitzt war. Das Haus der Nootka und der Salish war noch größer, aber architektonisch weniger beeindruckend. Es hatte eine horizontale Wandverkleidung und ein Pultdach, das sich von nur 4,50 m Höhe bis auf 3,00 m absenkte. Lücken in den Bretterwänden dienten als Türen und Fester. In solchen Behausungen waren zahlreichen Familien beiderseits eines Mittelgangs Räume zugeteilt. Diese Anordnung erinnerte Kapitän Cook an »einen langen Pferdestall mit Boxen«.

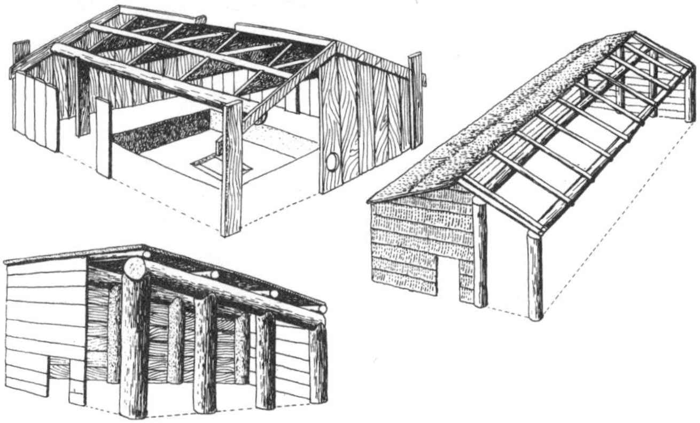

Wichtigste Haustypen der Nordwestküste: im Norden mit Satteldach und vertikaler Bretterbeplankung; im Zentralgebiet mit Satteldach und horizontaler Bretteranordnung; im Süden mit Pultdach und wieder horizontalen Brettern. Alle drei Typen konnten wesentlich länger sein, als die Abbildung zeigt

Hausinneres bei den Yakutat (Tlingit) um 1890. Wir sehen den eingetieften Fußboden, den zentralen Feuerplatz sowie Gestänge und Kisten, in denen Verschiedenes aufbewahrt wurde. (Der Liegende soll von einem Bären verletzt worden sein; vermutlich von dem, dessen Fell dahinter zu sehen ist)

Alle Innenräume waren mit Brettern ausgelegt, in den Häusern des Nordens lag der Hauptraum etwas tiefer – eine oder mehrere Stufen – und hatte eine Feuerstelle in der Mitte. Nahe an den Wänden, die mit Matten verhängt waren, damit es nicht zog, fanden sich Podeste zum Schlafen und als Aufbewahrungsplatz. Die Häuptlingsbereiche waren eventuell durch Zwischenwände abgeteilt, aber die normale Begrenzungslinie für eine Familie war ein Mattenvorhang oder ein Stapel von Holzkisten, in denen Haushaltsgegenstände lagerten. Auf der Seeseite der Dorfstraße gab es Holzpodeste, hier traf man sich zur Betätigung im Freien.

Totempfähle und andere Holzarbeiten

Das schwere Gebälk des Hauses wurde genau wie der Mittelpfosten des Giebels in traditioneller Weise mit Schnitzereien verziert und bemalt, und daraus entwickelte sich auch der oft mißverstandene Totempfahl. Der

Vor einem leicht modernisierten Haus der Kwakiutlindianer auf Vancouver Island sehen wir Totempfähle mit den Wappentieren »Donnervogel« und »Bär«. Foto um 1900

einzeln stehende Pfahl ist eine ziemlich späte und auf kurze Zeit begrenzte Erscheinung, die vor Anfang des 19. Jahrhunderts kaum bekannt war, und zwar ausschließlich in diesem Gebiet. Er wurde zwar geschätzt, aber nicht im eigentlichen Sinne verehrt, und er hatte nichts mit religiösen Vorstellungen zu tun. Sein Zweck bestand darin, die Wappenzeichen und Titel des Besitzers und seiner Familie zu vermelden oder gelegentlich an den Tod eines nahen Verwandten zu erinnern und seine Auszeichnungen zu zeigen. Daß Totempfähle so plötzlich im Schwange waren, ist damit zu erklären, daß man durch den Pelzhandel leicht zu eisernen Schneidwerkzeugen kam und daß damit zunehmender Reichtum sowie daraus resultierende Rivalitäten einhergingen. Pfähle wurden weiterhin bis 1890 aufgestellt – die Tsimshian vom Skeena Fluß hatten erst nach 1870 damit angefangen. Aber nicht nur das Verrotten des Holzes, auch die Christianisierung forderte Tribut. Nachdem die Totempfähle erst einmal als gefährdet galten, kamen jedoch Erhaltungsmaßnahmen auf Universitäts- und Regierungsebene in Gang. So ist bei der Wiederherstellung und beim Schnitzen neuer Pfähle wertvolle Arbeit geleistet worden. Spiritus rector war der inzwischen verstorbene und aufrichtig betrauerte Handwerker und Erbhäuptling der Kwakiutl, Mungo Martin, Nakápenkim. Martin schnitzte den herrlichen Totempfahl, den die Provinz British Columbia anläßlich ihrer Hundertjahrfeier im Jahre 1958 der Queen schenkte und der nun im großen Park von Windsor steht.

Wichtige Erzeugnisse der Holzschnitzer waren Wasserfahrzeuge, von deren Beschaffenheit jede Reise und fast der gesamte Nahrungserwerb abhingen. Aus einzelnen Baumstämmen wurden Kanus von 5 m bis ungefähr 18 m Länge hergestellt. Die für Arbeiten am Fluß oder zum Seehundfang waren klein, unauffällig und leicht zu manövrieren. Die größten dienten als sogenannte Kriegskanus, in denen Besatzungen von 50 Leuten oder mehr Küstenreisen von einigen hundert Kilometern unternahmen. Diese seetüchtigen Fahrzeuge waren schön symmetrisch behauen und geglättet und mit hochragendem Bug gearbeitet, damit sie auch bei rauher See einsatzfähig waren. Zum Antrieb verwendete man kurze Paddel mit einem T-förmigen Griff. Segel kamen erst mit den Weißen auf. Für große Besuche oder zum Abtransport der sommerlichen Fischbeute von den Fangplätzen wurden zwei solche Boote zusammengebunden und mit Brettern überdeckt.

Holz war das beliebteste Material des Handwerkers der Nordwestküste. Zu seinen Arbeitsmitteln gehörten Keile aus Geweihstücken und Hartholz zum Abspalten von Brettern und Planken, Äxte und Messer aus Stein und Muschelschale, Meißel aus Biberzähnen und Haifischhaut zur Oberflächenbearbeitung. Zum Biegen des Holzes verwendete man

Einbaumboote kommen zu einer Hochzeitsfeier der Kwakiutl. Segel wurden nach dem Kontakt mit weißen Seefahrern eingeführt

heißes Wasser. Archäologische Funde beweisen, daß kleine Eisenwerkzeuge vor dem Kontakt mit Europa nicht völlig fehlten, auch wenn sie relativ selten waren. Sie entstanden höchstwahrscheinlich aus Schiffswracks von jenseits des Pazifiks, wie sie der Japanstrom auch heute noch ans amerikanische Ufer wirft. Außer Häusern und Booten machte man aus Holz noch Wiegen, Keulen, Rasseln, Masken, große Teller, Helme, Kochtöpfe, Nachttöpfe und Kisten, in denen vom Würfel bis zum Toten alles aufbewahrt wurde. Behälter fürs Essen waren aus einem Holzblock herausgeschnitzt, für den Alltag ganz einfach, für festliche Gelegenheiten als Tierfiguren gestaltet. Die vier Seitenflächen von Kisten und Truhen waren aus einem Stück gefertigt. Man kerbte ein dünnes Brett an drei Stellen ein, bog es über Dampf und faltete es an den Kerben. Die Enden wurden abgekantet, damit sie genau paßten, und zusammengeheftet, ohne die Außenfläche zu verletzen. Ein abgekanteter Boden wurde auf dieselbe Weise befestigt. Diese Behältnisse hatten passende Deckel.

Sonstiges Handwerk

Töpferei gab es überhaupt nicht.

Die auffallendsten Erzeugnisse des Flechthandwerks waren Hüte aus Tannenwurzelfasern, die man bei Regenwetter oder aus Eitelkeit trug. Der Hut der Nootka ähnelte einer umgekehrten Schüssel und war manchmal oben zwiebelförmig gewölbt. Entlang der Krempe sah man Bilder vom Walfang. Weiter im Norden endete die abgeflachte, schmale Krone in einer trompetenförmigen Krempe und war mit Totemfiguren bemalt. Ein Häuptling türmte auf der Krone dieses Hutes für jeden Potlatch, den er einmal gegeben hatte, einen zylindrischen Ring auf. Andere Flechtartikel besaßen hier keine Bedeutung, obwohl man einige sehr feine Arbeiten zustande brachte.

Gewebte Decken stammten an der Küste aus einheimischer Fertigung ohne Anlehnung an Vorbilder oder an Materialien der Alten Welt. Die Wolle wurde von wilden Bergziegen und bei den Salish von einer besonderen Züchtung kleiner weißer Hunde, die es jetzt nicht mehr gibt, gewonnen. Hundehaar wurde mit anderen Fasern gemischt und auf einem echten Webstuhl mit straffer Spannung der Kettfäden verarbeitet. Es entstanden rechteckige Decken in einfachen Schachbrettmustern, bei denen sich Rot, Blau und Schwarz mit Naturweiß ablösten. Die sogenannte Chilkat-(Tlingit-)Decke (Chilkat blanket), die auch von einigen Tsimshian hergestellt wurde, war immer 1,80 m lang, an den Enden 60 cm und in der Mitte 90 cm breit. Sie hatte außer am geraden oberen Rand dikke Fransen und war mit den Fingern gewebt, wobei die Kettfäden lose von einer Stange herabhingen. Fasern der Zedernrinde bildeten die Kettfäden, das übrige bestand aus Ziegenwolle. Schwarz, Weiß, Gelb und Blaugrün waren die üblichen Farben, und die gesamte Fläche innerhalb des breiten Saums war mit Motiven von tierischen Körperteilen bedeckt.

Das Auffüllen der Speisekammer

An der Küste war Nahrung gleichbedeutend mit Fisch. An erster Stelle stand Lachs. Man fing ihn in großen Mengen mit Harpunen, Netzen oder in Fallen. Quer über breite Flüsse und kleine Bäche legte man Fischreusen aus, um die Lachse bei ihrer jährlichen Wanderung zu fangen. Heringsschwärme kamen zum Laichen so nahe ans Ufer und so dichtgedrängt, daß man mit einer Heringsharke – einem Stab mit einer Reihe von Knochenzähnen – mit einem Schlag mehrere Fische aufgabeln, ins Kanu schütten und dann immer wieder von neuem zustoßen konnte. In die

Ein Walfänger der Nootka hält eine Harpune (unten links) mit daran befestigtem Schwimmer aus Robbenfell

Laichgründe versenkte und mit Bojen markierte Äste brachten den hochgeschätzten Heringsrogen zutage. An den nördlichen Flußmündungen gab es eine sehr wichtige Fischsorte, die Olachen (Oolakan, Eulachon, Kerzenfisch, Thaleichthys). Das war eine kleine Salmonidenart, die so viel Öl enthielt, daß ihr Fleisch, in Fasern getrocknet, hell genug brannte, um als fast einziges im indianischen Amerika bekanntes Lampenlicht zu dienen. Man fing den Fisch in taschenförmigen Netzen, ließ ihn etwas faulig werden und kochte ihn dann in der Höhlung eines Bootes, um Öl zu gewinnen, das die Frauen abschöpften. Es schloß eine bedeutende Lücke in der Ernährung und wurde auch weit die Küste hinunter gehandelt, gelangte über die »Fettstraßen« an Inlandstämme.

Auf See ging man auf Heilbutt und Kabeljau mit Knochenhaken an Leinen aus Seegras, während die Nootka mit großen Harpunen und ernsten Gebeten auf Wale aus waren. Der Walfang erfolgte in besonderen Booten mit ungefähr sechs Mann Besatzung und bedurfte genauer Kenntnisse und spezieller Ausrüstung. Den Anreiz dazu lieferten gleichermaßen die Aufregung und das Prestige außerdem der Walspeck und die Haut. Die Walfänger und ihre Ehefrauen unterwarfen sich strengen Tabus.

Zu Lande fing man Tiere mit den üblichen Schlingen und Schlagfallen und ging auch auf die Pirschjagd. Bären galten in einigen Gebieten als Mittelpunkt eines Kultes. Sie wurden zum Fang durch Hunde auf Bäume getrieben. Pflanzennahrung beschränkte sich auf wenige Grünpflanzen, wie z. B. Klee und Stinkende Zehrwurz, Wurzeln und einige Beeren. Fisch aß man roh oder getrocknet, gebraten oder gekocht. Fast alle Nahrung tunkte man in Fischöl. Die Köpfe und den Rogen der Fische, die zum Trocknen zerschnitten worden waren, gab man beiseite und ließ sie eine Weile faulen, bevor man sie als Delikatesse verspeiste. Bei Gegenwind konnte ein nahegelegenes Dorf kaum verfehlt werden!

Die gesellschaftliche Hierarchie

Gesellschaftliche Gleichheit hatte an der Küste keine Bedeutung. Zwar gab es keine vergötterten Könige wie bei den Natchez, aber die Gesellschaft war starr nach Häuptlingen, Vornehmen, Gemeinen und Sklaven geschichtet. Die Häuptlinge fungierten als Oberhäupter von Familiengeschlechtern, die durch Erbschaft, Kauf und kluge Wahl von Ehefrauen aus anderen vornehmen Familien die größte Anzahl von Ehrentiteln, Wappenzeichen (»Crests«), Rechten auf beste Fischgründe oder Kleewiesen usw. hatten. Im Süden waren die eigenen Söhne ihre Erben, im Norden die ihrer Schwestern. Dort konnten Eheschließungen allerdings manipuliert werden, so daß das Erbe trotzdem in der männlichen Linie blieb. Von einem Häuptling erwartete man, daß er seine Leute mit Wohlwollen behandelte und sich ständig bemühte, ihr Ansehen durch die Stärkung seines eigenen zu erhöhen. Außenseitern mußte er seine Überlegenheit spüren lassen. Die »Vornehmen« verfügten über bescheidenere Mittel. Sie hatten eine gewisse Chance, ihre Stellung innerhalb ihrer eigenen von Mißtrauen gespaltenen Schicht aufzubessern, jedoch besaßen sie keine reale Chance auf einen Häuptlingsstatus. Die »Gemeinen« aber waren die armen Verwandten, die keine Anrechte auf die Quellen des Wohlstands besaßen und nicht einmal hoffen konnten, ein für ihre Besserstellung notwendiges Mehrprodukt zu akkumulieren. Die Kriegsgefangenen und deren Nachkommenschaft waren Sklaven, sie wurden wie bewegliches Eigentum behandelt. Sie lebten nicht schlecht, konnten aber je nach Laune ihres Besitzers getauscht, weggegeben oder getötet werden. Die Leichen von Sklaven wurden beim Hausbau von den Tlingit unter den Pfosten eingegraben. Lebendig konnten sie als Rollen genutzt werden, über die ein großes Häuptlingsboot den Strand hinaufgezogen wurde. Ein in Sklaverei geratener Häuptling konnte sich von dieser Schande, auch wenn ihn seine Leute befreiten, nie wieder lösen.

Die politische Organisation ging selten über die Grenzen eines Dorfes hinaus, obwohl einige locker miteinander verbündet waren (und die Mitgliedschaft in einem Clan einer Stammeshälfte konnte Bindungen quer durch eine ganze Sprachgruppe schmieden). Die Rivalität der Häuptlinge begünstigte Streitereien zwischen einzelnen Dörfern wegen bewußter oder eingebildeter Beleidigungen. Manchmal artete sie in grausame Rachefeldzüge aus. Sklavenraub bedurfte keines Vorwands. Kriegsabteilungen fuhren mit den Booten los und griffen im Morgengrauen an. Man trug Schutzpanzer aus Stäbchen oder aus Fell und hölzerne Helme. Man kämpfte mit Speeren, Keulen und zweischneidigen Dolchen aus Stein oder Kupfer. Als Siegestrophäen dienten ganze Köpfe. Friedensverträge drehten sich um genau veranschlagte Reparationen.

Der Potlatch

Öfter jedoch wurden Rivalitäten durch den Potlatch ausgetragen. Das war eine feierliche Verteilung von Geschenken an Gäste, die nicht zur Gruppe des Schenkenden zählten. Dazu gehörten eine verschwenderische Bewirtung, Reden und Schautänze. Den Potlatch gab es anläßlich der Weihe von Knaben und der Pubertät von Mädchen, bei Verlobungen, Hochzeiten und, noch wichtiger, bei der darauffolgenden und durch

»Kupfer« der Haida, 79 cm lang. Diese Schilde standen als Prestigebeweise außerordentlich hoch im Wert. Zuerst waren sie aus einheimischem Kupfer, später stellte man sie aus der Metallverkleidung und den Kesseln von Handelsschiffen her

Zinsen belasteten Bezahlung des Brautpreises. Namen und Vorrechte, ob ererbt oder auf andere Weise erlangt, mußten durch den Potlatch öffentlich gültig gemacht werden. Die Bestattung von Toten und der Bau eines neuen Hauses waren Angelegenheiten, die der anderen Stammeshälfte übertragen wurden, dafür mußte sie wieder durch einen Potlatch belohnt werden. Die Beschaffung des benötigten Essens und der Geschenke konnte Jahre in Anspruch nehmen. Aber man erwartete von den nächsten Verwandten des Ausrichtenden, daß sie sich aktiv daran beteiligten; und da sie damit für ihr eigenes Ansehen sorgten, war man sicher, daß sie das taten. Wahrhaft erstaunliche Werte wurden verteilt: Kanus, Pelze, Sklaven, Decken, Truhen, Hornlöffel und andere Gegenstände, die speziell für luxuriöse Ansprüche geschnitzt worden waren. Man vergab auch unantastbare Privilegien. Die Gäste wurden genau nach ihrem Rang plaziert und behandelt, und beide Seiten führten exakt Buch darüber, was den Besitzer wechselte. Möglicherweise stürzte der Ausrichtende sich und seinen Anhang wirtschaftlich in Armut, nur um einen höheren sozialen Status und einen neuen Namen zu erhalten, aber der wichtigste Gast verabschiedete sich mit der Verpflichtung, das alles mit noch verschwenderischerer Freigebigkeit zu erwidern. Die gelieferte Verpflegung zählte nicht zu den Geschenken und konnte in gehässiger Absicht auch aus Speisen bestehen, die man sonst als widerlich betrachtete, wie z. B. Hunde- oder Sklavenfleisch.

Mitglieder der Hámatsa Society von der Gruppe der Koskimo aus dem Stamm der Kwakiutl bei einem winterlichen Fest im Jahre 1894. Zur Festbekleidung der Männer gehören die mit Daunen gefüllten Kopfreifen aus Rinde, und einige Frauen tragen die mit Knöpfen besetzten Decken. Bei der Frau ganz links im Bild sieht man in der Seitenansicht die künstlich verlängerte Schädelform, wie die Mode es verlangte

Es ist wohl klar, daß der Potlatch den Familien einen Ansporn zur Zusammenarbeit lieferte und dafür sorgte, daß der Reichtum auf angemessene Weise zirkulierte.[9] Auch das rechte Gefühl für eine solche Gelegenheit war psychologisch bedeutsam. Ein weniger schöner Aspekt dieses Systems zeigte sich speziell bei den Kwakiutl, wo man zielgerichtet auf die Erniedrigung der Rivalen aus war. Um aristokratische Gleichgültigkeit gegenüber dem Verlust großer Werte zu demonstrieren, konnte ein Gastgeber Kanus versenken, Sklaven abschlachten und ein oder mehrere »Kupfer« zerbrechen. Letztere waren äußerst wertvolle Kupferschilde, die man aus Prestigegründen hortete. Solch eine Herausforderung nicht annehmen, mochten auch die Folgen noch so schlimm sein, bedeutete den schlimmen »Verlust seines Gesichts«. Der Tod brachte keinen Ablaß. Die Verpflichtung, etwas noch großzügiger zu vergelten, ging auf die Erben über. Es überrascht kaum, daß die verantwortungslose Umverteilung von Zuschüssen und Ausrüstungsgegenständen des Indian Service (Indianerdienstes) und die damit verbundene Verstärkung »heidnischer« Haltungen die kanadische Regierung 1884 veranlaßte, den Potlatch zu verbieten. Dieser Schlag gegen die indianische Lebensauffassung war sehr verhängnisvoll. Das Verbot wurde 1951 wieder aufgehoben. Eine Art Potlatch findet auch heute noch statt, allerdings mit Fünfdollarscheinen und Kühlschränken statt der Knopfdecken und Kanus.

Ritual und Drama

Die Religion der Küstenindianer hatte Raum für Schutzgeister, hier und da für einen etwas vage aufgefaßten Schöpfer und vor allem, besonders bei den nördlichen Stämmen, für den mythischen Kulturbringer, den Raben, dessen Abenteuer und grobe Späße den Inhalt zahlloser Erzählungen ausmachten. Schamanen konnten körperliche Leiden heilen und auch die heimtückischeren Krankheiten, die dem Glauben nach durch das Davonwandern der Seele verursacht wurden, kurieren. Die mystische Kunst dieses Gebietes spiegelt die unheilvolle Natur der Geister wider, die in den dunklen Wäldern und Fjorden spukten und Schrecken und Verzauberung hervorriefen. Riesen, Meeresungeheuer und Menschenfresser gab es im Überfluß. Die »Wilde Frau«, Dsonoqua mit den wulstigen Lippen, die von gebratenen Säuglingen lebte, taucht immer wieder in den Schnitzarbeiten der Kwakiutl auf. Es existierten Vereinigungen, die die Überirdischen darstellten und die Mythen neu in Szene setzten. Dabei arbeiteten sie mit perfekten Theatermitteln und hatten Erlaubnis zu ansonsten unerhörtem Betragen. Alle Knaben der Nootka wurden von Wolfsgeistern geraubt und tagelang eingesperrt. Sie lernten Wolfslieder und Tänze, bevor sie in einem Scheingefecht gerettet und unter großem Aufwand wieder zu menschlichem Verhalten gebracht wurden. Die heranwachsenden Kwakiutl verschwanden unter der Regie der Hamatsa, des Kannibalenbundes, im Walde, um bei einer öffentlichen Zusammenkunft im Zustande geistiger Besessenheit wiederzukommen und die Zuschauer in die Arme zu beißen. Mitglieder des Bundes verzehrten Leichen (was in neuerer Zeit – und vielleicht immer schon – nur simuliert wird). Die Masken für die Darsteller der Überirdischen regten die Holzschnitzer zu einigen ihrer besten Arbeiten an, was Realismus und Phantasie anbelangt. Großen Einfallsreichtum zeigten »Verwandlungsmasken«, die schnell zu öffnen waren, um dahinter das Gesicht eines anderen Wesens zu enthüllen. Im Winter, wenn man nur gelegentlich auf Fischfang ging, war die beste Zeit für Vorstellungen sogenannter Geheimgesellschaften, die in geschlossenen Räumen bei Feuerschein stattfanden.

Der »Chinookjargon«

In Alaska wird die reine Kultur der Nordwestküste durch eine kleine Übergangsgruppe von der der Eskimo getrennt. Aber im Süden, nach Kalifornien zu, geht ihre Verbreitung allmählich mehr zurück. An der Mündung des Columbia lebten die Chinook in gemeinschaftlichen Häusern, deformierten ihre Schädel und hielten Sklaven. Anscheinend fehlte ihnen ein gesellschaftliches und künstlerisches Betätigungsfeld. Als eifrige Händler haben sie offenbar eine vereinfachte Mischung von einheimischen Sprachen zum Zwecke des Tauschhandels entwickelt. Britische und amerikanische Handelsschiffe befuhren seit 1780 regelmäßig die Küste, um von dort aus das Land zu erkunden. 1811 richtete J. J. Astor dabei einen Pelzhandelsposten an der Columbiamündung ein, so daß die dortige Handelssprache vom Englischen beeinflußt wurde. Da die Angestellten der Pelzhandelskompanien meist französisch-indianischer Abstammung waren, kamen auch Elemente des Französischen in die Mischsprache. Dieser »Chinookjargon« entwickelte und verbreitete sich über weite Gebiete von Kalifornien bis Alaska, wo sich einige wenige Alte noch heute wehmütig daran erinnern. Den Kern eines fließenden Vokabulars von 700 bis 1 200 Wörtern bildeten flexionslose Wurzeln aus der Sprache der Chinook und der Nootka. Dazu kam ein wachsender Anteil Englisch und Französisch, der mehr oder weniger verhunzt war. Solche Begriffe wie Potlatch (in der Sprache der Nootka für »geben«), Siwash in der Bedeutung »Indianer« (vom französischen sauvage [Wilder – d. Ü.]) und Cheechako als »Neuankömmling, Grünschnabel« (Chinook und Nootka) mögen örtlich zum festen sprachlichen Bestandteil geworden sein,[10] aber z. B. kingehautch für »Englisch« (King George) ist nicht mehr üblich.

Mit einem Bein in der Vergangenheit

Die Nordwestküste erlebte keine Kriege zwischen Indianern und Weißen. Den größten Aufruhr gab es laut Statistik 1811, als die Nootka Astors Schiff, die Tonquin, stürmten und alle Männer niedermetzelten, bis auf einen, der in die Pulverkammer entkam und das Schiff, die Indianer und sich selber in die Luft jagte. Trotzdem gab es bei den Indianern durch Krankheit und Mischehen einen Bevölkerungsrückgang. Ihre Kultur wurde durch den Eingriff der Missionare und der Behörden sowie durch eine allgemeine Kommerzialisierung geschwächt. Aber nicht alles ging verloren. Viele Indianer sind in lachsverarbeitenden Konservenfabriken beschäftigt oder betreiben selbst solche Betriebe, in denen die Native Brotherhood als eine Art Gewerkschaft alle Stämme gegenüber dem Indian Affairs Branch in Ottawa vertritt. (Auf der anderen Seite ist im Staate Washington der Lachs Anlaß zur erbitterten Feindschaft zwischen den Indianern, den Angelsportlern und den Naturschutzvereinen.)

Kupfer- und Silberschmuck mit traditionellen Ätzmustern beherrschen einen aufnahmebereiten Markt. Die Haida schnitzen seit 150 Jahren kostbare Miniaturtotempfähle und kleine Schmuckstücke aus schimmerndem Schwarzem Tonschiefer (Argillit) und sind nun aktiv dabei, ihre vom Untergang bedrohte Handwerkskunst gegen Plastimitationen aus Asien zu schützen. Am Skeenafluß bei Templeton, British Columbia, haben die Gitska, eine stromauf wohnende Gruppe der Tsimshian, geschickte Reklame und Stolz auf ihre Vergangenheit vereint. Dort entstand ein »Historisches Indianerdorf« (»Ksan Historic Indian Village«) mit Museum und Ausstellung im Freien, Tanzvorführungen, einem Ausbildungszentrum für Handwerker und einer Verkaufsabteilung für ihre Schöpfungen.

Kapitel 11

Die weite Subarktis

Ein einzelner Indianerstamm trennt die Küstenkultur der Tlingit von den südlichsten Eskimo am Ufer des Pazifiks: Es sind die Eyak. Einst hielt man sie für Eskimo, die zu Indianern geworden waren; jetzt weiß man, daß sie Athapasken sind und im subarktischen Kulturgebiet wurzeln. Dieses Gebiet überspannt den gesamten Kontinent, berührt an der südlichen Hudson Bay wieder das Meer und erreicht am Golf des St. Lawrence den Atlantik. Im Norden ist die ganze Küste Eskimogebiet. Die subarktische Kultur übernahm das Gedankengut der westlichen und südlichen Nachbarn. Sie haben aber auch eine Reihe von Errungenschaften entwickelt – im folgenden Text wird davon noch die Rede sein –, die nicht allein in der Subarktis von Bedeutung waren, sondern teilweise weit verbreitet wurden: in das Gebiet der Großen Seen, in die nördlichen Prärien, ins Plateau und in den Norden der Nordwestküste. Genannt seien hier das Birkenrindenkanu und überhaupt die Verarbeitung von Birkenrinde zu Behältern usw., ferner der Trittschneeschuh, der kufenlose Schlitten, das Tipi sowie die zugeschnittene Vollkleidung aus Leder und wahrscheinlich auch die Stachelschweinborstenstickerei. Eine Unterteilung wäre möglich in das Gebiet um den Yukon, den Mackenzie, in ein Zentralgebiet südlich der Hudson Bay und in ein Ostgebiet auf der Halbinsel Labrador. Alles, was wir dabei beachten müssen, ist eine Sprachgrenze, die vom Churchillfluß am Manitobaufer der Hudson Bay nach Südwesten verläuft. Die Sprachen westlich davon gehören zur Athapaskensprachfamilie, während die östlichen zur Algonkinsprachfamilie zählen.

Abgesehen von den Gebirgen des nördlichen Alaska, ist das Land meist flach, von großen oder kleinen Seen und auch Sümpfen (Muskegs) überzogen. Während der langen, strengen Winter ist der Boden hart gefroren. Die Seen sind mit Eis bedeckt. Ein großer Teil des Gebietes ist mit borealem Wald (Taiga) bedeckt. Er besteht aus Tannen, Birken und

Ein Ehepaar von einem der nördlichen Athapaskenstämme, fotografiert im Jahre 1952 am Rocher River, Great Slave Lake

Weiden und macht im Norden der offenen Tundra Platz – den Barren Grounds.

Die Rentiere (Karibus) wanderten zu Tausenden quer durch die Barrens und bildeten die Voraussetzung für die subarktische Kultur. Auch heute sind sie noch wichtig für das Leben der Indianer, obwohl sie an Zahl und Bedeutung abnehmen. In den Wäldern kommen zu den weniger werdenden Woodlandkaribus noch der Elch und einige Waldbüffel, im hohen Norden Moschusochsen. Den Hasen oder das »Schneeschuhkaninchen« gibt es überall. Aber es unterliegt dem Zehnjahreszyklus von Vermehrung und Rückgang, was ernste Auswirkungen für die Lebensweise der Menschen haben kann. Die Gewässer wimmeln von Fischen, und Wassergeflügel sammelt sich zum Brüten im Norden.

Die Stämme, die dieses riesige Territorium bewohnen, leben weit verstreut. Und wieder können wir das Wort »Stamm« nur verwenden, um kleine Gruppen von Familien mit einheitlichem Dialekt zu bezeichnen. Irgendeine politische Organisation ist darunter nicht zu verstehen. In Alaska gehören dazu die Ahtena, Ingalik, Tanana, Tanaina, Koyukon und Kutchin (»Loucheux«), von denen zahlreiche kleine Bands bis über die Grenzlinie zu Kanada hinaus im Yukon Territory sitzen. (Die Han Kutchin waren die unfreiwilligen Gastgeber beim Ansturm auf das Gold am Klondike.) Längs der östlichen Ausläufer der Rocky Mountains leben die Tahltan, Tsetsaut, Sekani, Carrier und Chilcotin, von denen einige beim Tauschhandel mit den Küstenbewohnern (Felle und Wolle gegen Fischöl und gewebte Decken) auch deren Vorstellungen von Reichtum und Ahnenstolz übernommen haben. Die Tagish an der kanadischen Grenze sind eigentlich Tlingit, die zu Inländern wurden. Das Zentrum der westlichen Subarktis liegt auf beiden Seiten folgender Seen: des Great Bear, des Great Slave, des Athabasca und des Reindeer. Hier zogen die Hare, Dogrib, Slave und Chipewyan umher, zu letzteren gehörten auch die Yellowknives (»yellow« bedeutet hier Kupfer). Diese Chipewyan, nicht zu verwechseln mit den Chippewa (ein anderer Name der Ojibwa), dehnten sich über einen relativ schmalen Landstreifen bis zum Westufer der Hudson Bay aus und waren dort eingekeilt zwischen den Eskimo und den Cree. Von dort aus ostwärts haben wir es mit Stämmen der Algonkinsprachfamilie zu tun, z. B. den expansiven Cree, die das Land bis zur Halbinsel Labrador beherrschen. Dort schließen sich die Montagnais-Naskapi an. Südlich der Cree haben die Ojibwa und die eigentlichen Algonkin (von dem Namen dieses Stammes wurde die Bezeichnung für die ganze Sprachfamilie abgeleitet, beide Begriffe durften nicht verwechselt werden) die Randgebiete der östlichen Woodlands fest in der Hand. Eine vollständige Aufzählung der »Stämme« wird hier nicht versucht, weil es seitens ernst zu nehmender Forscher eine ganze Menge Namensvertauschungen und darüber hinaus Umgruppierungen einzelner Bands durch die Indianer selbst gegeben hat.

Das materielle Leben

Allen gemeinsam waren die Ernährung mit Fleisch und Fisch, Lederbekleidung, Rindenkanus, der Glaube an Schutzgeister, die Isolierung der Mädchen während der Pubertät, dauernde Gefahr einer Hungersnot und ein ungewöhnlich verfeinerter Sinn für dekorative Kunst. Ein für uns neuer Zug ist die Verwendung von Rinde, überwiegend Birkenrinde, für Behälter aller Art anstelle von Holz, Ton und Flechtwerk. Die Behausung war überall einfach und im Typ ziemlich einheitlich. Die Kutchin bauten gewölbte und mit Fellen bedeckte Hütten. Die Cree nahmen dafür manchmal Rinde. Ansonsten war die Behausung (im Lande der Algonkinsprachen können wir das passende Wort »Wigwam« verwenden) ein spitzes Zelt wie das Tipi der Prärieindianer, das in den Wäldern mit Rinde und in der Tundra mit Tierhäuten bedeckt wurde. In der Mitte befand sich ein Feuerplatz und ein Rauchloch an der höchsten Stelle.

Von Süden nach Norden nahm die Bekleidung an Bedeutung zu. Man trug Mokassins, Leggings und ein ärmelloses Hemd, das bis zu den Oberschenkeln reichte. Als Ergänzung diente eine Decke, die aus Kaninchenfell geflochten war. Frauen trugen kürzere Leggings und längere Hemden, im Osten mit daran angebrachten abtrennbaren Ärmeln. Die ganz charakteristische Bekleidung der subarktischen Athapaskenstämme bestand aus Leggings oder richtigen Hosen mit angesetzten Mokassins und darüber ein geschneidertes Hemd mit Ärmeln, das hinten und vorn in Dreiecksform auslief. Dazu trug man bisweilen eine Kapuze und Fausthandschuhe an einer Schnur um den Hals. Als Schmuck dienten Bänder mit zierlichen geometrischen Figuren, die aus Stachelschweinborsten gewebt waren. Daran hingen Dentaliumgehäuse, silbergraue Samenkörner von Eleagnus oder Glasperlen und Fransen. Bei den Frauen reichte dieselbe Art Hemd oder Kleid bis fast auf den Erdboden. Im Winter trug man Pelze mit dem Fell nach innen als Obergewand oder als Unterbekleidung. Die Männer der Athapasken bemalten ihre Haarzöpfe mit Ocker und steckten Federn ins Genick. Nasen und Ohren waren für Anhänger durchbohrt, die Gesichter tätowiert. Eine wirksame, wenn auch schmerzhafte Methode zur Herstellung schnurgerader Tätowierungen bestand darin, eine Nadel mit einer holzkohlegeschwärzten Sehne so dicht wie möglich unter der Hautoberfläche entlangzuführen.

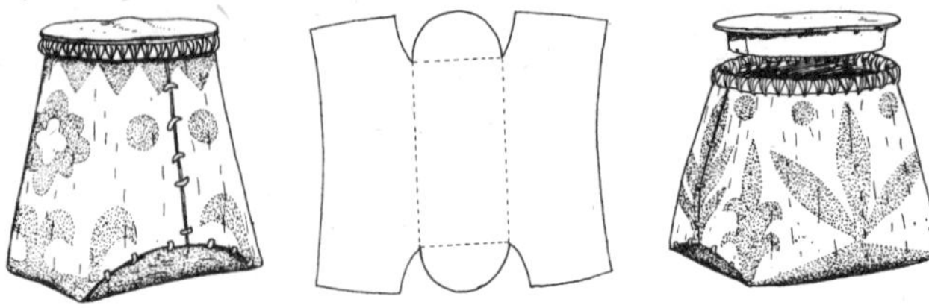

Mokoks aus Birkenrinde, Allzweckbehälter in den nördlichen Wäldern; in der Mitte Faltmuster. Der obere Rand kann mit Kirschbaumrinde oder gefärbten Gänsekielen umwickelt sein. Die äußere Rindenschicht ist stellenweise weggeschabt, so daß Muster als Negative stehenbleiben

Die Männer der Cree trugen enganliegende, hüftlange Leggings, einen langen Schamschurz, Mokassins, einen Umhang, eine Pelzkappe und vermutlich auch ein Hemd mit Fransen, das aber unten nicht spitz zulief. Die Mantelumhänge waren bisweilen aus Biberpelz. Frauen trugen die üblichen kurzen Leggings und lange Kleider, den Kopf mit einer Art Kapuze bedeckt, die unterm Kinn befestigt war und hinten bis zum Gürtel reichte.

Die charakteristische Männerbekleidung der Naskapi bestand aus einem gut geschneiderten keilförmigen Gehrock aus Rentierfell ohne Knöpfe und Taschen, der nicht mit Fransen oder Perlen, sondern mit symmetrischen roten und blauen Linien, Punkten und Rhomben geschmückt war. Die Frage nach dem Ursprung dieses Stils hat schon viel Kopfzerbrechen bereitet, aber es ist schwer zu verhindern, daß einem dabei Vorbilder früher französischer Siedler in den Sinn kommen. Die Damen der Naskapi zeigten in den letzten Jahren eine Vorliebe für pilzförmige Stoffkappen oder weiche runde Wollmützen. Ihre Haare wickeln sie um Holzstäbchen, die dann wie große Garnrollen über die Ohren hängen.

Dekorative Kunst

Die künstlerische Besonderheit im Nordwesten der Subarktis zeigt sich an Arbeiten mit Stachelschweinborsten. Sie werden auf einem Webrahmen mit Kettfäden aus Sehnen verarbeitet. Dieser ähnelt einem winzigen Bogen mit vielen Saiten. Die Muster waren notwendigerweise viereckig und setzten sich aus winzigen verschiedenfarbigen Quadraten zusammen. Der Stil der Cree war weniger zierlich als bei den Athapasken, denn es wurde mit breiteren Borsten gearbeitet, und er ähnelte den Arbeiten der Woodlands, die vorher beschrieben sind. Die Webarbeiten brauchte man für Gürtel und Kniebänder sowie als Besatz auf Gewändern, Beuteln, Köchern und Gewehrtaschen. Für Blumenmuster nahm man Applikationen aus Stachelschweinborsten, besonders bei den Cree. Gelegentlich wurden auch gefärbte Elchhaare bei diesen Web- und Applikationsarbeiten aus Borsten gebraucht oder bei der Verzierung von Beuteln und Mokassins verwendet. Man steckte kleine Büschel von Elch- oder Rentierhaaren durch das Flechtwerk und stutzte sie so mit der Schere, daß als Muster stachlige Blumen oder Beeren entstanden, wie man sie jetzt noch auf den Mokassins der Slave und Kutchin sieht. Diese besondere Technik ist vielleicht eine späte Anleihe bei den Huronen und entbehrt der Feinheit früherer Arbeiten.

Mokassins sind ungefähr der letzte Gegenstand einheimischer Bekleidung, der heute allmählich verschwindet, besonders im Norden. Bei der hier vorherrschenden Machart nimmt man geräuchertes Elchleder aus einem Stück, das vorn an den Zehen zusammengebunden wird und über der Öffnung einen ovalen Einsatz bekommt. Dieser Einsatz oder dieses Oberleder ist gewöhnlich mit dunklem Samt oder gebleichtem Rentierleder überzogen, manchmal mit Elchhaar oder Seidenfäden bestickt und fast immer mit zwei oder mehr Büscheln verdrillten, glänzenden, gefärbten Pferdehaares umsäumt. Dieses Pferdehaar kauft man bereits gefärbt bei der Hudson Bay Company, es hat die Paspelarbeit mit gespaltenen Federkielen von Vögeln verdrängt.

Die gefärbten Federkiele wurden sehr gern verwendet, um den oberen Rand von Behältern aus Birkenrinde (mokoks) zu umwickeln. Die Behälter waren oft mit Figuren verziert, die nach dem Wegschaben der äußeren Rindenoberfläche als Negativ stehenblieben.

Handelsübliche Perlen wurden in Verbindung mit Stachelschweinborsten benutzt, bevor Perlen diese völlig ersetzten. Perlen wurden auch auf dem bogenartigen Webrahmen zu Ornamentstreifen zusammengefügt

Fichtenrindenboot der Chipewyan. Es wurde auch Birkenrinde verwendet, bei der aber die Bootsrippen enger angeordnet sein mußten, als in der Abbildung zu sehen ist

oder zum Sticken von auffallenden Blumenmustern verwendet. Außerdem dienten sie als weiße Umrandung anderer Muster auf rotem und blauem Stoff. Die Naskapi-Montagnais trugen auf Mützen, Beuteln und Mokassins kleine Quadrate davon als Jagdzauber am Hals.

Reisen

Die Menschen der Subarktis wanderten ziemlich weit innerhalb bestimmter Territorien, die oft einzelnen Familien »gehörten«. Die weiter im Norden beheimateten verbrachten den Sommer draußen in den Barrens. Sie reisten zu Fuß, mit Hunden und Frauen als Trägern. Auch Boote wurden im Sommer mitgeführt, um Flüsse überqueren zu können. Im Winter zogen die Frauen oder die Hunde den flachbödigen Toboggan-schlitten, hergestellt aus schmalen, vorn hochgebogenen Brettern. Zurückkehrende Jäger begnügten sich manchmal mit einer steifgefrorenen Tierhaut, auf der sie ihre Ladung heimzogen. Die Nachbarn der Eskimo benutzten echte Schlitten mit Kufen und Schneeschuhe von ovaler (»Bärentatzen«) oder bootsförmiger Form. Deren Holzrahmen waren mit einem Netz von Babiche bespannt. Das waren schmale Streifen rohen ungegerbten Leders, die man anstelle von Pflanzenfasern überall im Norden zum Festbinden und Zusammennähen verwendete. Aus feingeschnittener Babiche wurden geflochtene Jagdnetztaschen und Schlingen gearbeitet. Stärkere Lederstreifen ergaben Seile, Gepäckgurte und kilometerlange Stellnetze, mit denen die panisch flüchtenden Karibus in Pferche zum Abschuß getrieben wurden.

Das Los der Frau

Die Kinder der Athapasken wurden in Zurückgezogenheit geboren. Die Mütter töteten mitunter ihre Töchter nach der Geburt, denn Söhne wurden als künftige Jäger vorgezogen. Man heiratete zeitig, und der Bräutigam gehörte im ersten Jahr zu den Eltern seiner Frau und ging für sie auf die Jagd. Er konnte seine Frau jedoch verlieren, wenn er von einem anderen Mann zum Ringkampf aufgefordert wurde und unterlag. Von der Frau erwartete man, daß sie dem Sieger ohne Zögern folgte. Es gibt Aufzeichnungen, denen zufolge eine Frau auf diese Weise an einem einzigen Tag siebenmal den Mann wechseln mußte. Ein Mann hatte so viele Frauen, wie er sich bei erfolgreicher Jagd leisten konnte. Gelegentlich teilten sich mehrere Männer eine Frau.

Umgang mit dem Überirdischen

Einen entwickelten religiösen Kult gab es im Grunde genommen nicht. Jeder Mann hatte selbst eine direkte Beziehung zu den Tier- und Naturgeistern und war bemüht, sie nicht zu beleidigen, damit er beim Jagen und Fischen keinen Mißerfolg erlitt. Er beachtete ihre Anleitung, die er in Träumen bekam. Böser Zauber war eine Gefahr, der man mit Amuletten begegnete. Die Gegenmaßnahmen der Schamanen waren noch wirkungsvoller. Die Schamanen waren ansonsten für Prophezeiungen zuständig, aber man wandte sich auch an sie, wenn man verlorenes Eigentum wiedererhalten wollte. Eine Besonderheit des Schamanen der Algonkinstämme bestand darin, eine kleine, geschlossene Hütte zu betreten und dorthin die Geister zusammenzurufen. Die Aussprüche der Geister, in einer fremdartigen und schneidenden Stimme vorgebracht, ließen die gläubige Masse nicht weniger erschauern als das mächtige Schwanken der Hütte wie etwa im Sturm. Einige Deutungen und Vorhersagen, die der Schamane am Ende einer solchen »Sitzung« verlauten ließ, bestätigten sich mit einer Genauigkeit, die man sich nicht erklären kann.

Die Jäger der Naskapi bedienten sich verschiedener Zaubermittel, am wichtigsten war dabei die Schulterblattwahrsagerei. Dies bedeutete das Enträtseln der Sprünge in einem Schulterblattknochen vom Elch oder Rentier, der über dem Feuer erhitzt worden war, so wie europäische Damen aus dem Kaffeesatz orakeln, bloß geschah es mit größerer Überzeugung.

Die Subarktis war auch die Heimat von Wi'tigo (Windigo), einem menschenfressenden Geist, dessen besondere Opfer diejenigen wurden, die vom Fleisch Verstorbener gegessen hatten, weil der Hunger sie dazu gezwungen hatte. Die Opfer Windigos haben kanadische Gerichtshöfe bis in unser Jahrhundert beschäftigt. Aber die Existenz dieser Psychose spiegelt das unsichere Leben früherer Tage wider, als eine Unregelmäßigkeit in der Wanderung der Karibus, wenn sie dazu noch mit dem periodischen Rückgang der Hasen zusammenfiel, grassierenden Hungertod bedeuten konnte. Berichte aus dem Norden zeigen, daß in den 40er Jahren des vorigen Jahrhunderts Erzählungen vom Überleben durch Kannibalismus noch allgemeine Verbreitung fanden. Es ist auch klar, daß die Indianer, die der Hunger zu Kannibalismus zwang, selbst zutiefst davon angewidert waren.

Die verschwundenen Beothuk

Die Beothuk auf Neufundland gehörten kulturell mit zum subarktischen Gebiet. Ihre Sitte, sich und ihre Besitztümer mit rotem Ocker zu bestreichen, soll den Begriff Red Indians geprägt haben. Die Sprache der Beothuk ist zuletzt als Algonkin klassifiziert worden, aber die Tatsache, daß das lange in Zweifel stand, verrät, daß sie sich schon frühzeitig von der Hauptgruppe gelöst haben muß. Die Lebensweise der Beothuk scheint gut zur Struktur der Subarktis zu passen, außer daß sie auch die Jagd auf Meeressäugetiere betrieben, was sie vielleicht von den Eskimo gelernt haben, die früher auf der Nordspitze der Insel saßen. Dafür benutzten sie ein seetüchtiges Birkenrindenkanu von ganz eigentümlicher Bauart, nämlich im Querschnitt V-förmig und in der Mitte mit hochgezogenen Bordwänden.

Weil die weißen Fischer sich von den Beothuk beeinträchtigt fühlten, setzten die Franzosen einen Kopfpreis auf sie aus, den sich europäische Siedler und Fischer, aber auch die eingewanderten Indianer vom Stamme der Micmac eifrig verdienten. Als der britische Gouverneur im Jahre 1810 Anordnungen zu ihrem Schutz traf, war es bereits zu spät. Die Beothic Society for the Civilization of the Native Savages durchkämmte die Insel im Jahre 1827 und fand niemanden mehr. Es ist höchstens möglich, daß einige wenige auf dem Festland bei ihren alten Handelspartnern, den Naskapi, Zuflucht fanden.

Die Pelzhändler

Die allgemeine Entwicklungsrichtung für die nördlichen Indianer wurde am 2. Mai 1670 fixiert, als der Gouverneur und die »Company of Adventurers of England Trading into Hudson's Bay« die Urkunde erhielten, die ihnen die wirtschaftliche Souveränität über fast die Hälfte des nordamerikanischen Kontinents verlieh. Das große Geschäft dieser Gesellschaft bestand im Pelzerweb. Sie kaufte nur; das Jagen und Fallenstellen war Sache der Indianer. Sie bot dafür Messer, Kessel, Feuerwaffen, bunten Stoff und Wolldecken hoher Qualität – Annehmlichkeiten, denen Menschen der Steinzeit in einem rauhen Land nicht widerstehen konnten. Die Indianer entwickelten neue Aktivitäten und konzentrierten sich ganz auf Biber, Marder und Bisamratten. Mit ihrer Beute machten sie lange Reisen zu den »Forts« und »Faktoreien« der Company an der Hudson Bay. Erst nach 1779, als das Monopol der »Hudson's Bay Company« von der »North-West Company of Montreal« angefochten wurde, begann eine ernsthafte Durchforschung des Binnenlandes. Die Leute von der North-West Company (»Nor'-Westers«), überwiegend Hochlandschotten mit franco-kanadischen Voyageurs als Bootsmannschaften, brachten eine Reihe von Erkundungsreisen in Gang, die sich quer über den ganzen Kontinent erstreckten. Alexander Mackenzie folgte im Jahre 1789 dem Fluß, der nun seinen Namen trägt, bis zum Arktischen Ozean, und 1793 überquerte er das Felsengebirge bis zum Pazifik. Sein Ausgangspunkt bei beiden Expeditionen war Fort Chipewyan am Athabascasee, eine der vielen Handelsniederlassungen, die das Gebiet zu überziehen begannen.

Die Rivalität zwischen den beiden Pelzgesellschaften führte zu einigen skrupellosen Praktiken beim Werben um die indianischen Handelspartner. Dazu gehörte die freigebige und nahezu verheerend wirkende Ausgabe von verwässertem Rum, die in Schießereien zwischen den Händlern gipfelte, in die natürlich die Indianer mit hineingezogen wurden. Im Jahre 1821 fusionierten die beiden konkurrierenden Gesellschaften unter der Flagge der Hudson's Bay Company. Alkohol wurde aus dem Handel gezogen, und die wohlüberlegten Bemühungen der Company um eine Pockenschutzimpfung retteten die Cree vor dem Untergang durch die Seuche, die die Stämme des oberen Missouri heimsuchte. Die patriarchalische Fürsorge der Company wird schon ihre guten ökonomischen Gründe gehabt haben (nur ein bewußtes Mißverstehen des viktorianischen Geistes könnte zu der Vorstellung führen, daß es selbstlos geschah), aber sie schützte vor immer wiederkehrendem Hunger und bereitete der Kriegführung ein Ende. Die Händler waren meist fromme Männer und heirateten Indianerfrauen, die sie manchmal auf ihre alten Tage mit nach Schottland nahmen, nachdem sie riesige Familien von Mischlingskindern großgezogen hatten. Die Kinder blieben im allgemeinen in Amerika. Zu den Pelzhandelsstationen gesellten sich Missionsschulen und später Posten mit Einheiten der berittenen Polizei (Mounted Police). Nach der Bildung der Konföderation von Kanada schloß die Regierung Verträge mit einer Anzahl nördlicher Gruppen, den letzten mit den Dogrib im Jahre 1921, die Zahlung von Jahresgeldern und gewisse Dienstleistungen für die aufgenötigte Abtretung riesiger Landstriche vorsahen. Die jährliche Auszahlung von Vertragsgeldern (»treaty«) brachte die verstreuten Familien regelmäßig zusammen, und durch die Ernennung von »Häuptlingen« in den einzelnen Trupps wurde ein gewisses Maß an politischem Zusammenhalt gesichert.

Die Hudson's Bay Company gab ihr Monopol 1869 freiwillig auf, blieb aber weiter in Aktion. Die Initialen H. B. C. werden von ihr ironisch, aber sehr geschäftstüchtig gedeutet als **H**ere **B**efore **C**olumbus (Hier vor Kolumbus). Sie überstand eine weitere Zeit des Wettbewerbs mit »freien

Händlern«, das war jene Zeit, als die wegen Raubbaus zur Neige gehenden Pelzvorräte die Indianer an den Rand des Elends gebracht hatten. Die Lizenzierung der Fanggebiete und die Einbeziehung der Indianer in geplante Wilderhaltungsmaßnahmen halfen sehr, die Lage bis 1940 zu stabilisieren. Aber seit dem Krieg hat sich alles schnell und drastisch geändert. Der Transport, der einst mit Hunden, Booten und ein paar Flußdampfern bewältigt wurde, ist nun durch Motorschlitten, Außenbordmotoren, die Alaska-Autobahn und hauptsächlich durch Flugzeuge umgewandelt worden. Arbeit im Bergbau, auf Ölfeldern, in Kraftwerken und in militärischen Einrichtungen gewährleistet nur einigen wenigen Indianern den Lebensunterhalt, der aber kaum dem der schnell wieder verschwindenden weißen Spezialisten vergleichbar ist und deren Können sie durch mangelnde Ausbildung, Sprachschwierigkeiten und Temperament kaum gewachsen sind. Einige stellen noch Fallen für einen im Schwinden begriffenen Pelzmarkt. Einige trinken. Einige kehren zurück zur Jagd, die sie einem apathischen Leben rund um die Postämter, wo sie ihre Wohlfahrtsschecks und Altersrenten in Empfang nehmen, vorziehen.

Kapitel 12

Die findigen Eskimo

Die Eskimo waren die ersten Amerikaner, denen der Weiße begegnete, und ungefähr die einzigen, die ihn auch wieder gehen sahen. Das war in Grönland zwischen dem 10. und 15. Jahrhundert. Die Einzelheiten liegen im Nebel der Ungewißheit. Wir wissen, daß Erik der Rote im Jahre 986 vierzehn Langboote voller Kolonisten von Island mitbrachte, um die erste Siedlungskolonie von Europäern in der Neuen Welt einzurichten. Aber die Eskimo erscheinen in den frühesten altnordischen Berichten nicht. Es ist möglich, daß die Siedlungen gegründet wurden, als die Eskimo gerade nicht dort weilten, nämlich zwischen dem Abzug der Dorseteskimo und dem Eintreffen derer von Thule. Wenn es zu Kontakten kam, dann scheint es sich um den Tausch von roten Stoffen gegen Pelze oder um gelegentliche Kämpfe gehandelt zu haben. Aber die Nordländer waren von ihren Gehöften und Weiden voll in Anspruch genommen, wogegen sich die Eskimo mehr für das Eisrandgebiet interessierten, und das lag damals nördlicher als heute.

Im Jahre 1261 leistete die Kolonie den Treueeid an Norwegen, und der Handel mit Grönland kam ins Stocken und hörte schließlich ganz auf. Nach 1410 kam kein reguläres Schiff mehr aus Europa. Die Reisenden aus dem Elisabethanischen England fanden ein oder zwei Ruinen, eine Handvoll Nägel und auf einem Grab ein Kreuz – die Kolonisten selbst waren spurlos verschwunden. Sie kamen während einer anhaltenden Wärmephase, die nach 1200 von extremer Kälte über der gesamten nördlichen Hemisphäre abgelöst wurde. Das Meereseis rückte nach Süden vor und die Eskimo mutmaßlich mit. Die weißen Grönländer müssen in zunehmendem Maße mit ihnen in Wettstreit um Seehunde und Narwale getreten sein, bei deren Fang die Eskimo viel mehr Übung hatten. Die Weißen wollten damit ihre schwindenden Nahrungsquellen aufbessern und gingen wahrscheinlich trotzdem an Mangel und Krankheit zugrunde. Vielleicht wurden sie auch bei Raubzügen vernichtet oder schlossen sich den Siegern an und gingen in der Eskimobevölkerung auf. Was auch immer geschah, es vollzog sich genau zu der Zeit, als Kolumbus nochmals die Neue Welt entdeckte. Aber bis zum 18. Jahrhundert war Grönland erneut ausschließlich Eskimogebiet.

Was unterscheidet den Eskimo vom Indianer? Im Körperbau erkennt man ihn an einer kurzen, gedrungenen Statur, am langen Schädel, breiten Gesicht und deutlicher Mongolenfalte an den Augen. Vom Temperament her ist er lebhaft und ausdauernd, ein einfallsreicher guter Mechaniker und immer bereit zum Lachen und Scherzen. Er spricht eine eigene Sprache, die trotz der drei erfaßbaren Abteilungen bemerkenswert einheitlich ist. Vom nordwestlichen Alaska bis ins östliche Grönland unterscheiden sich die Dialekte so wenig, daß Menschen aus diesen entgegengesetzten Gebieten einander verstehen können. Und überall ist der Eskimo ein Jäger, und zwar mit wenigen Ausnahmen ein uferbewohnender Meerjäger und somit völlig auf Fleischnahrung eingestellt. Er versäumt es tatsächlich, das, wenn auch spärliche, Angebot an Pflanzennahrung voll auszunutzen. Das trennt den Eskimo von der »archaischen Tradition«, alles Eßbare zu verwerten. Der Eskimo hatte das nicht nötig. Er nutzte seinen gewählten Lebensraum ausreichend und konnte mit seiner Begabung für einfallsreiche Waffen und Werkzeuge alle benötigte Nahrung aus dem Meer und seinen Ausläufern gewinnen, so daß er selten dem Hunger zum Opfer fiel, wie es den landverhafteten Nachbarn erging. Man war beim Essen von »Abfall« nicht gerade zimperlich und nahm somit alles mit der Nahrung auf, was für die Gesundheit nötig war.

Der Lebensbereich der Eskimo und Alëuten erstreckt sich über 4500 km Luftlinie von Ost nach West; folgte man den Küstenlinien und Inseln, wären es noch viel mehr. Vom Norden nach Süden beträgt die Entfernung ungefähr 3000 km, und zwar vom polaren Eskimo, der um 79° nördlicher Breite wohnt, bis zu den inzwischen aufgegebenen Vorposten am Golf von St. Lawrence bei ungefähr 50° nördlicher Breite, also etwa der Breite von London entsprechend. Diese gewaltige Strecke war nur von der Hudson Bay unterbrochen und sehr dünn besiedelt. Die Bevölkerung reichte niemals an die 100000 heran.

Ureskimo, Eskimo und Alëuten

Im Westen lassen sich Anzeichen von kulturellen Strukturen, die denen der Eskimo ähnlich waren, 3000 Jahre und länger zurückverfolgen. Eine Phase der Herstellung winziger Steinklingen in Alaska, bezeichnet als »Arktische Kleinwerkzeugtradition«, scheint so weit zurückzureichen. Sie hat sich zu einer Kultur entwickelt, die wir nach einem Fundplatz bei Kap Dorset benennen. Eine wichtige Errungenschaft der Dorsetmenschen war die Steinlampe, eine offene Schale, in der ein Moosdocht in Seehundöl brannte. Sie ermöglichte das Leben in der baumlosen Tundra und an der Küste, wo Treibholz als Brennstoff viel zu kostbar war. Dorset war zumindest eine Vorstufe der Eskimokultur, und die Menschen verbreiteten sich nach Osten und nach Süden bis an die nördlichste Spitze von Neufundland. Nach ihnen kamen aus fast derselben Wiege die Menschen von Thule, vollspezialisierte Seehundjäger, die an die nördlichen Küsten vorstießen und die Dorsetmenschen ersetzten, vernichteten oder in ihre Reihen aufnahmen. An den Westküsten Alaskas entstand eine etwas andere Lebensstruktur, die auf Walfang und Walroßjagd in offenen mit Leder bespannten Booten beruhte. Die Sprachen der pazifischen und der nördlichen Gruppen unterscheiden sich weit genug, daß man sie als zwei getrennte Abteilungen klassifizieren kann. Eine dritte Abteilung bilden die Alëuten, deren Abtrennen von den Eskimo zeitlich sehr weit zurückliegt. Alëuten haben ihren Namen von einer langen Inselkette, die durch den Japanstrom ein ziemlich mildes und ständig regnerisches Klima hat. Sie erstrecken sich von der Halbinsel Alaska bis weit in den Pazifik.

Längs dieser westlichen Küsten haben sich hauptsächlich nach der Zeitenwende örtliche Kulturen entwickelt und sind wieder vergangen, die Beweise hoher künstlerischer Fertigkeiten in Stein, Knochen und Elfenbein hinterließen. Die alten Handwerkskünstler der Beringsee, von Ikvik, Ipiutak und Punuk schufen Schnitzereien von großer Originalität und ästhetischer Wirkung. Alle haben, unabhängig von Ort und Zeit ihrer Entstehung, eine individuelle Prägung, die typisch für die Eskimo ist.

Die modernen Eskimo nennen sich selbst »Inuit«, das heißt »Menschen«. »Eskimo« ist ein Wort aus dem Algonkischen und bedeutet »Rohfleischesser«. Das trifft teilweise auf sie zu, aber nicht wesentlich öfter als auf die Indianer, und das in einem Land fast ohne Brennmaterial. Rohe Leber ist auch weit südlich von der Arktis eine Delikatesse.

Iglus, Zelte und Hütten

Das weiß jeder über die Eskimo: Sie wohnen in Iglus aus Schnee. Das stimmt zwar, aber das tun nicht alle und nicht zu jeder Zeit. Das Schneehaus ist die Winterwohnung der Zentraleskimo des kanadischen Nordens und kann weit draußen auf dem Eis des Meeres stehen. Es ist im Grundriß rund, und manchmal sind drei zusammengesetzt, so daß ein Wohnraum, ein Schlafraum und ein Vorratsraum entstehen. Betreten

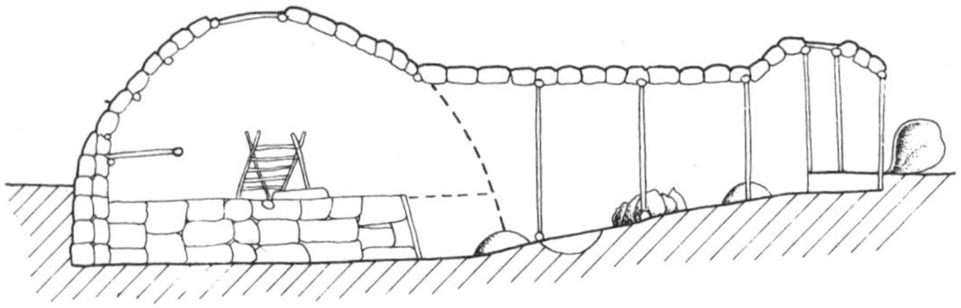

Eskimohaus von Point Barrow im Querschnitt. Es ist halb unterirdisch und mit Steinen ausgelegt. Man betritt es (auf allen vieren) durch einen abschüssigen Zugang mit Vorratsnischen. Die mit Rasenstücken bedeckte Wölbung wird von Walrippen und Treibholz gestützt. Das gewölbte Schneehaus unterscheidet sich in der Konstruktion durch seine spiralförmige Anordnung eckiger Blöcke, mit einem Abschlußblock ganz oben, wo das hier gezeigte Haus aus Rasenstücken ein quadratisches Oberlicht hat

wird das Schneehaus durch einen überdeckten Gang. Man könnte glauben, es hätte sich aus den bienenkorbähnlichen Steinhütten früherer Tage entwickelt. Auf jeden Fall ist es jedoch eine architektonische Leistung von keineswegs armseliger Art. Die Schneeblöcke müssen eine ganz bestimmte Konsistenz haben, in genaue Formen geschnitten sein und so akkurat spiralig aufgeschichtet werden, daß sie mit einem abschließenden Block als Schlußteil eine Wölbung bilden. Dieses Prinzip findet man sonst in ganz Nordamerika nicht.[11] Die Wände sind mit weichem Schnee verfugt, das Licht kann durch Eisfenster herein. Die Hitze, die innen durch Öllampen und Körperwärme entsteht, verursacht an den Innenwänden eine Eisschicht und kann so stark ansteigen, daß sie den Bewohnern erlaubt, fast die gesamte Kleidung abzulegen. Kleine Iglus zur Übernachtung auf Reisen sind in weniger als einer Stunde gebaut. Sehr große errichtet man für Trommeltänze, für Hunde gibt es kleine Anbauten.

Dem Schneehaus entspricht im Sommer ein Zelt aus Rentierleder, das mit einer Isolationsschicht aus Schnee gelegentlich auch im Winter seinen Zweck erfüllt. In Alaska, im Osten und in Grönland waren die Häuser etwas solider aus Baumstämmen, Torf, Steinen und Brettern errichtet, je nachdem, wie man Material zur Verfügung hatte. Walrippen ergaben nützliche Querbalken und dünne Darmhäute Fenster. Häufig war der Fußboden so ausgehoben, daß eine Bank zum Sitzen und Schlafen stehenblieb. Diese Schlafbank gab es auch in Schneehäusern; denn obwohl sie nur aus Schnee bestand, gewährte sie doch größere Annehmlichkeit als der Fußboden, wo sich die kälteste Luft sammelte. Am besten behaust waren die Alëuten. Sie konnten sich genug Holz für eine richtige bretterverschalte Grubenhütte mit einer Erdaufschüttung leisten, die durch einen schmalen Eingang oder über das Rauchloch betreten wurde.

Warme Kleidung

Die Seehundöllampe wurde schon erwähnt. Sie war die großartige Voraussetzung für das ständige Wohnen jenseits der Baumzone. Nicht weniger lebenswichtig für die Existenz in diesen nördlichen Breiten ist winddichte, d. h. geschneiderte Kleidung. Ungeschorenes Rentierfell wurde fast überall gern zu Hemden (Parka im Westen, Anorak weiter östlich und Dicky auf Labrador), langen Hosen und Stiefeloberteilen verarbeitet. Die Sohlen bestanden aus grober Seehundshaut, die man durch Kauen in die richtige Form gebracht hatte. Seehundsfell nutzte man auch für Kleidungsstücke zu besonderen Gelegenheiten, ebenso gelegentlich Hundefell. Die gefiederten Bälge von Kormoranen und Wassergeflügel konnten zu Hemden verarbeitet werden. Männer im südwestlichen Alaska trugen Anzüge und Mützen aus dem Fell des Erdhörnchens, die Mädchen von Labrador bevorzugten lange Hosen aus Maulwurfsfell. Hosen aus Eisbärenfell gehören zur östlichen Arktis und zu Grönland. Das Prinzip der Isolation verstand man oder praktizierte es zumindest. Bekleidung für kaltes Wetter bestand aus zwei Anzügen, einem unteren mit dem Fell nach innen und darüber noch einen mit dem Fell nach außen, so daß eine Luftschicht zwischen den gegerbten Oberflächen dieser Kleidungsstücke eingeschlossen war. Angearbeitete Kapuzen waren allgemein üblich.

Sowohl im Zuschnitt wie in der Verzierung existierten zahlreiche regionale Stilrichtungen. Bewußte Kontraste von Weiß und verschiedenen Brauntönen stellten die Zentraleskimo her, indem sie Streifen von unterschiedlichen Teilen oder Farbschattierungen des Rentierpelzes aufnähten. Die Coppereskimo liebten eine enge, spitze Kapuze für Männer und eine sehr weite, überhängende für Frauen. Der indianische Anorak hatte schmale Rockschöße, die bis zu den Knöcheln reichten. Solche Schwänze von verschiedener Breite, Länge und Stärke, vorn oder hinten befestigt, findet man im Küstengebiet zum Atlantik hin. Ihr Nutzen ist in einem Land mit eisigkaltem Erdboden und ohne Stühle leicht einzuschätzen. Die Kapuzen der Frauen waren überall zum Transport von Kleinstkindern geeignet, die ja nur in einer Wattierung aus Moos steckten und die mütterliche Körperwärme brauchten. Im Westen gab es Kapuzen mit Pelzrand, bevorzugt aus Wolfsfell oder aus dem Pelz des Vielfraßes.

Auf den regenfeuchten Inseln der Alëuten mußte das Material nicht nur warm, sondern auch wasserdicht sein. Hauchdünne Seehundseingeweide wurden in Streifen geschnitten und zu Kutten zusammengesetzt, das war die Lösung. Diese wasserdichten Regenmäntel aus Darm schmückte oft ein tunikaartiger Kragen. Sie waren an Nähten und Säumen mit Büscheln aus Borsten oder Streifen gefärbten Pergaments verziert, letzteres noch mit Rentierhaaren in winzigen Mustern außerordentlicher Feinheit bestickt. Derselbe Stil der Verzierung, der leider ohne fotografische Vergrößerung schwer zu illustrieren ist, begegnet uns auf wasserdichten Beuteln. Die Ausrüstung des Jägers wurde bei den Alëuten durch einen Holz- oder Rindenhelm ergänzt, der über den Augen in einen langen Schirm auslief und mit Elfenbeinamuletten behängt war. Die Eskimo von Alaska benutzten ebenfalls diesen Helm oder eine einfache Sonnenblende.

Einige kanadische Eskimogewänder sind in neuerer Zeit stark mit Perlen verziert. Extravagante Grönländerinnen tragen Perlennetzblusen, die an die gemusterten Schulterteile skandinavischer Strickwaren erinnern. Die Haarmode ist nicht wichtig, da ja der Kopf im Freien meistens bedeckt ist. Frauen tragen das Haar im allgemeinen in zwei Flechten, aber die Grönlandmode tendiert zu einem festen Knoten oben auf dem Kopf, der mit bunten Bändern zusammengehalten wird. Einige Männer laufen mit kurzgeschnittenen Haaren oder gar geschoren umher. Bärte wurden selten ausgezupft. Eine Gesichtsbemalung ist nicht üblich, aber das Tätowieren war noch bis vor kurzem bei beiden Geschlechtern weit verbreitet, und zwar am Kinn, an den Wangen, der Stirn, den Armen und auf der Brust. Wenn ein Mädchen alt genug zum Heiraten war, tätowierte man ihr das Kinn. In Alaska hatten kleine Mädchen Perlen an der Nase hängen, wurden sie älter, diente das Loch in der Nasenscheidewand nur noch als angenehmer Platz zum Transport von Nadeln. Lange Ohrgehänge waren bei Frauen üblich, aber der charakteristische Gesichtsschmuck der Eskimo war der Lippenpflock. Man durchbohrte die Lippen in der Kindheit und setzte kleine Elfenbeinnadeln ein, die dann durch immer größere Stifte aus Elfenbein oder Stein ersetzt wurden, und zwar bis zu vier an der Zahl. Lippenpflöcke waren ein kostbarer Besitz und wurden an langen Wintertagen von den Männern liebevoll geschnitzt.

Der Kajak

Ein besonderes Beispiel für den Erfindergeist der Eskimo ist der Kajak. Fellboote findet man in vielen Teilen der Welt, aber der Einmannkajak, voll geschlossen, schlank wie ein Rennboot, aber weitaus seetüchtiger, ist einzigartig. Es ist ein Fahrzeug für die Jagd, das alle Vorzüge an Schnelligkeit und Wendigkeit bietet, deren sich vergleichsweise auch ein Reiter erfreut. Das östliche und nördliche Standardmodell ist an beiden Enden spitz und hat einen einzelnen Sitz genau in der Mitte oder etwas weiter hinten. Die Luke für den Fahrer ist von einem Holzrand umgeben, um den er seinen Anorak fest zubinden kann. Da Kapuze und Ärmel ebenfalls mit einer Verschnürung zu verschließen sind, bildet er mit seinem Fahrzeug eine wasserdichte Einheit. Das Kentern ist somit nicht weiter schlimm, da der Kajak mit seitlichen Paddelstößen wieder aufgerichtet werden kann. Es wird bewußt geübt, den Kajak um seine eigene Achse zu rollen, und ich habe selbst gesehen, wie ein Grönlandeskimo mit seinem Kajak kopfunter im Wasser blieb, während ein zweiter wie ein Hindernisläufer mit seinem Gefährt über dessen Kiel jagte.

Die Rahmen für die Kajaks bestanden aus mit Robbenhäuten bespanntem Treibholz. Als Verstärkung dienten manchmal Knochen oder Elfenbein. Das doppelte Paddel ist eine weitere Besonderheit der Eskimo.[12] Es war und ist aus Holz, und seine schmalen Blätter sind ebenfalls verstärkt. Die regelmäßige Behandlung des Kajaks mit Öl war nötig,

Ein Kajak aus Grönland mit Jagdwaffen. Man fand ihn um 1700 am Meer vor Aberdeen mit einem sterbenden Eskimo an Bord. Diesen und einige andere Eskimokajaks, die im 17. und 18. Jahrhundert im britischen Meeresraum gefunden wurden, schrieb man »Finnländern« zu, d. h. den Lappen der norwegischen Finnmark (die keine Fellboote benutzten). Heute glaubt man, daß die Eskimo damit vor Walfangschiffen flohen, auf denen sie als Kuriositäten nach Europa mitgeführt wurden. (Jetzt im Besitz der Universität von Aberdeen)

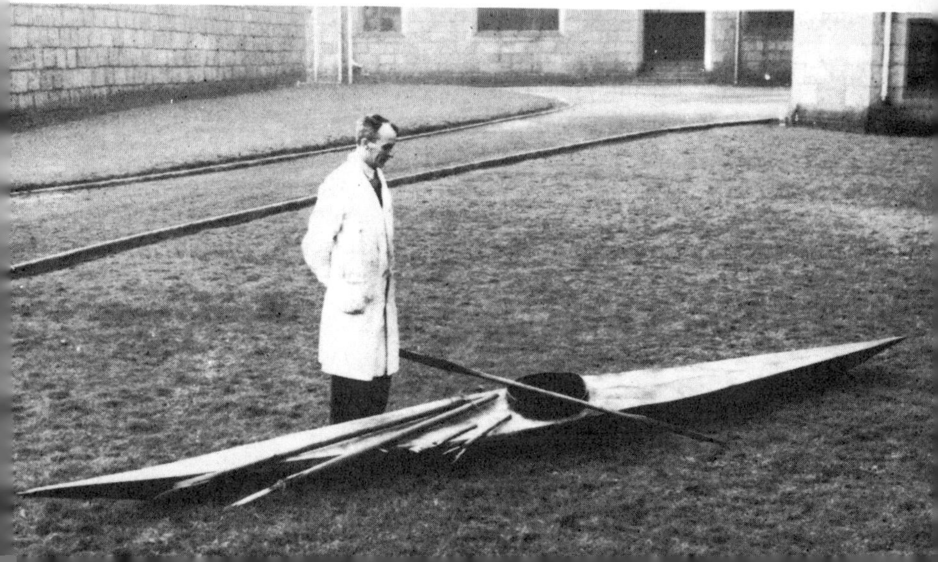

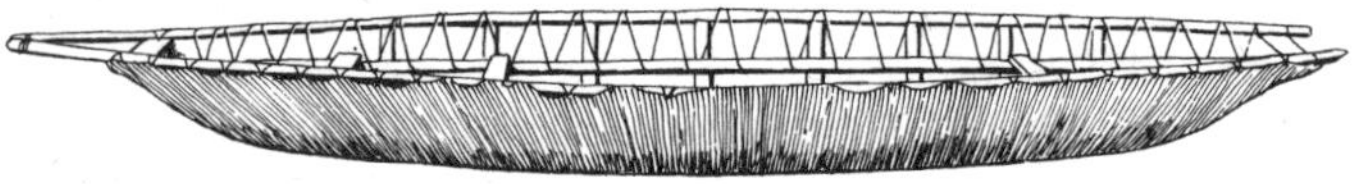

Eskimoumiak, das sogenannte Frauenboot. Es ist über 12 m lang und diente zum Transport und auch zum Walfang. Das leichte Holzgerüst ist mit der Haut vom Walroß oder Seehund bespannt. Es bleibt durch ständiges Tränken mit Öl wasserdicht, wird auch, wenn möglich, täglich an Land getrocknet

damit die Hautbespannung wasserdicht und auch ausreichend elastisch blieb, um dem Zusammenprall mit schwimmenden Eisstücken standzuhalten. Die durchschnittliche Länge beträgt hier ungefähr 5,40 m.

Der Kajak der Alëuten – der Baidarka – war relativ kurz, stupsnasig und mit eckigem Heck. Der Bug konnte wie ein offener Schnabel geteilt sein oder hatte ein rundes Loch, das als magisches Auge und ganz praktisch als Griff diente. Der Baidarka hatte oft vorn eine Luke für den Jäger und eine weitere dahinter für den Ruderer, der ein Paddel mit nur einem Blatt benutzte. Dieser Kajaktyp der Alëuten wurde entlang der gesamten Beringküste beobachtet.

Bei voller Ausrüstung für die Robbenjagd hatte der Kajak eine Harpune und ein Wurfbrett an Bord, einen Spieß, eine Boje aus aufgeblasenem Robbenfell und ein rundes siebartiges Schleppnetz, mit dem die Beute transportiert wurde. Weiter führte der Kajakjäger eine Art Wundpfropfen mit sich, der verhinderte, daß wertvolles Blut und die Schwimmfähigkeit des Fanges verlorengingen. Nach Beginn des Kontakts mit Europäern wurde bisweilen ein kleiner Windschirm aus weißem Tuch aufgespannt, der nicht etwa als Segel diente, sondern den Jäger auf dem eisübersäten Meer tarnen sollte.

Das älteste Muster eines Kajaks, das in England bewahrt wird, ist wahrscheinlich das bei Hull gefundene Exemplar, auf dem sich ein Toter befand und das aus dem Jahre 1613 stammt. Es ist nur ungefähr 3,60 m lang, der Rahmen besteht aus Knochen. Im schottischen Küstenbereich erschienen noch ein oder zwei Kajaks im 18. Jahrhundert. Und um 1700 starb ein Eskimo in Aberdeen, der drei Tage zuvor mit seinem Kajak an Land geworfen wurde. Damals bezeichnete man sie als »Finnländer« und meinte damit Lappen aus der norwegischen Finnmark. Aber die Lappen besaßen niemals Fellboote. Eine neuere Theorie besagt, daß sie von Walfangschiffen geflohen seien, auf denen sie als Kuriositäten mit nach Hause genommen werden sollten. Die Entfernung von Ostgrönland beträgt immerhin fast 3000 km.[13]

Der Umiak

Zum Transport ganzer Familien und zum Walfang im Bereich des Beringmeeres gab es den plumpen Umiak. Das war ein offenes Boot aus Seehunds- oder Walroßhaut mit einer Länge bis zu 12 m, mit flachem Boden und schrägen Seitenwänden. Es unterschied sich vom irischen »Curragh« und übertraf diesen sogar durch einen festeren und elastischeren Fellbezug, der besser als die keltische Kuhhaut war. Es war leichter und hatte nicht den steifen Rahmen. Man benutzte Paddel mit nur einem Blatt (später Riemen), und an flachen Küsten oder flußauf konnte man Eskimohunde zum Ziehen vorspannen.

Der Komatik

Die nördlichen Indianer haben den flachbodigen Toboggan, der Eskimo aber benutzt seinen Komatik, einen richtigen Schlitten mit Kufen.[14] Wegen der Elastizität ist der leichte Holzrahmen mit Rohleder zusammengebunden, und ein Gitter aus dünnen Stäben bildet die Sitzfläche. Die mit Knochen beschlagenen Kufen erhalten vor einer Fahrt eine Beschichtung aus Eis oder gefrorenem Schlamm. Die Größen sind je nach Verwendungszweck unterschiedlich. 5 bis 9 Hunde (»huskies«) können auf einem großen Schlitten Ladungen von 200 kg ziehen, und eine gute Besatzung schafft unter besten Bedingungen pro Tag 60 km. In Alaska werden die Hunde immer zu zweit hintereinander eingespannt. Diese Art der Anspannung (»Nome hitch«) ist vermutlich vom Norden der heutigen Sowjetunion während jener Zeit überkommen, als Alaska noch zu Rußland gehörte. Die ältere, einheimische Methode (»Native hitch«) ist die fächerartige Anschirrung, bei der jeder Hund an seiner eigenen Leine zieht. Es bedarf jedoch bloß einer Rauferei unter den Hunden, um die Leinen zu einem einzigen dicken Lederstrang zu verwickeln, aber der Eskimohundeführer ist stolz auf seine Zielgenauigkeit mit der Peitsche. Männer, die auf brüchigem Eis auf Robbenjagd gingen, zogen ihre leichten, mit einem Kajak beladenen Schlitten selber und bestiegen dann den Kajak, wenn sie von einem schwimmenden Eisfeld zum anderen kommen wollten.

Die Eskimo verzehrten alle großen und kleinen Tiere (außer dem Killerwal), Robben und Karibus[15] bildeten sicher die ersten Vorräte. Die Rentiere flohen im Sommer aus der Tundra vor den dichten Mückenschwärmen und Bremsen an die Küsten. Außer dem Fleisch und dem pflanzlichen Mageninhalt lieferten sie Horn und Knochen für Werkzeuge, Sehnen zum Nähen und die wichtigen Pelze für Bekleidung und Schlafsäcke. Westlich der Hudson Bay, zwischen den Athapasken und den nördlichen Küsteneskimo, befand sich der Lebensraum der Padlermiut oder Cariboueskimo, der einzigen Binnenlandgruppe. Sie waren auf die Rentierherden angewiesen, und deren Bewegungsrichtung war manchmal nicht vorauszusehen. Ohne den Rückhalt durch Fang von Meeressäugetieren lebten diese Menschen in ständiger Angst vor dem Hunger. Ihr Essen kochten sie über einem Feuer aus Heidekraut oder kriechenden Pflanzen in besonderen Zelten oder Hütten. Das Fett der Karibus brannte in Lampen, war aber im Gegensatz zum Seehundöl nicht geeignet, das Essen in den Töpfen zum Kochen zu bringen. Die Rentiere wurden entweder auf der Pirsch erlegt, eingepfercht und dann mit Pfeil und Bogen abgeschossen, oder man trieb sie ins Wasser und erstach sie vom Kajak aus mit Spießen. Die Eskimo der Küste machten im Sommer Jagdzüge in die Barrens und ließen bisweilen ihre Frauen am Unterlauf der Flüsse zum Fischen zurück.

Im Sommer harpunierte man Robben vom Kajak aus oder pirschte sich über die Eisflächen an sie heran, indem man selber wie ein Seehund auf dem Bauche kroch. Einige Robben wurden auch in Netzen gefangen (was bei Fischen nie üblich war). Im Winter halfen Hunde den Jägern, die Löcher im schneebedeckten Eis zu finden, wo die Seehunde zum Atmen auftauchten. Jedes Tier benutzte mehrere solcher Löcher, und es war ziemlich viel Geduld nötig, bevor es gerade dort auftauchte, wo der Jäger lauerte. Eine Daunenfeder, auf die Wasseroberfläche gelegt, signalisierte, daß ein Seehund unter dem Eis heranschwamm. Dann genügte ein mehr oder weniger blindes Zustoßen mit der Harpune, und mit etwas Glück konnte die Beute aus dem Wasserloch gezogen werden. Bevor der Jäger das Tier heimschleppte, mußte er dessen Geist durch einen Schnitt in den Kopf befreien und ihm einen Trunk frischen Wassers anbieten, den er in einem Fausthandschuh frostsicher unter seiner Kleidung bei sich führte. Walrosse traten seltener auf als Seehunde. Sie wurden auf den Eisflächen oder zwischen den Eisschollen gejagt.

Dem über 6 m langen Weißwal (Beluga) wurden an den arktischen Küsten die den Gezeiten unterworfenen Meeresbuchten zu Fallen, wo man ihn stranden ließ. In Alaska vollzog sich der Walfang in Umiaks; man fuhr nach dem furchtbaren Grönlandwal aus, der bis zu 21 m lang ist. Die Bootsbesatzungen arbeiteten zusammen, und die Jagd vollzog sich nach strengen Vorschriften und unter Beachtung magischer Vorkehrungen, die uns an die Walfänger der Nootka erinnern. Der erste Angriff wurde mit Harpunen geführt, an denen aufgeblasene Bojen hingen, so daß diese nicht untergingen. Wenn das Opfer müde war, wagten sich die Jäger nahe heran, um das Tier mit Speeren abzustechen. Lag der Wal endlich am Strand, dann bot die Frau des Hauptjägers in ritueller Weise Wasser an, bevor die Fleischverarbeitung beginnen konnte.[16]

Fische wurden hinter Fischwehren mit Speeren gestochen oder mit knöchernen oder elfenbeinernen Haken und festen Ködern durch Eislöcher geangelt. Wassergeflügel schoß man mit stumpfen Pfeilen oder warf danach mit geübter Hand Bolas – drei verknotete Schnuren mit Steinen an den Enden –, in die sich die Tiere verwickelten. Ansonsten jagte man – je nach dem örtlichen Vorkommen – Bären (Eisbären u. a.), Moschusochsen, Bergschafe, Hasen, Biber und Erdhörnchen. Wölfe, Füchse und Vielfraße wurden auf nicht gerade freundliche Weise getötet, indem man Fettklümpchen auslegte, in denen zugespitzte Streifen klein zusammengelegten, getrockneten Fischbeins verborgen waren. Das Fischbein wurde im Magen naß, und es streckte sich wieder auf seine volle Länge von über 20 cm.

Werkzeuge und Spielsachen

Fischbein, Knochen, Biberzähne, Elfenbein vom Walroß und vom ausgestorbenen Mammut, Seifenstein und Chalcedon, Oberflächenkupfer und sogar Meteoreisen waren das Ausgangsmaterial für viele Gebrauchsgegenstände im Leben der Eskimo. Mit viel technischem Geschick wurden diese Stoffe zusammen mit ungegerbtem Leder und Sehnen zu einer großen Anzahl von speziellen Werkzeugen verarbeitet. Da gab es zusammengesetzte Harpunenspitzen, die so konstruiert waren, daß sie sich vom Schaft lösten und, mit einer Halteleine verbunden, in der Wunde steckenblieben. Man hatte Schneemesser zum Bau von Iglus, Sonden in der Art von Skistöcken, um beim Wandern gefährlich dünnes Eis rechtzeitig zu bemerken, Steigeisen aus Elfenbein gegen das Ausgleiten, elfenbeinerne Versteifungen an den Stiefelsohlen, Bogenbohrer und Ahlen, Fingerhüte und Schaufeln, Angelhaken und Haken zum Ziehen, Netzbeschwerer und Netzknüpfnadeln, Mörserkeulen, Meißel, im Dampf gebogene hölzerne Eimer und alle Arten von Gravierwerkzeugen. Ein charakteristisches

Gerät war und ist das Ulu oder »Frauenmesser« mit einer halbmondförmigen Klinge und einem T-förmigen Griff. Man verwendet es gewöhnlich mit einer schaukelnden Bewegung beim Essen, wenn es gilt, mit einem schnellen Schnitt einen Bissen Fleisch oder Walspeck, den man nun schon zwischen den Zähnen gepackt hat, abzuschneiden (Eskimonasen sind in der Regel nicht so groß).

Mechanische Spielzeuge gab es auch. Ein Pelzstückchen an einer endlosen zur Schleife gebundenen Schnur, die man durch Löcher in ein Brett fädelte, war die Maus, die verschwand und wiederkam, wenn man an dieser Schnur zog. Einen hölzernen Vogel konnte man auf einem elastischen Federkiel nach Futter picken lassen, das zu seinen Füßen aufgemalt war. Kreisel und rotierende Summer, Puppen und Miniaturmodelle von allen möglichen Geräten waren beliebt. Ganze Bücher sind schon über die Geduldspiele der Eskimo geschrieben worden.

Erholung

Es wäre interessant zu wissen, ob die Freude am Lachen den Eskimo primär dazu befähigte, die langen Polarnächte auszuhalten, oder ob sie gerade deswegen erst entwickelt wurde. Die Männer waren begeisterte Ringkämpfer und hatten größte Freude daran, einen aus ihrer Mitte mit einem Walroßfell in die Luft zu schleudern. Viele Dörfer haben extra große Gebäude aus Schnee oder anderem Material, wo sich die Leute zum Singen, Tanzen und Trommeln treffen. Dort wurden auch altüberlieferte Geschichten erzählt oder lustige Kommentare zu lokalen Ereignissen gegeben, und Schamanen führten mit oder ohne Patienten etwas vor. Ganze Reihen sitzender Frauen »tanzen« mit ihren Armen und nackten Oberkörpern in einer Harmonie, wie man es auch aus Ozeanien kennt. In Alaska führten Männer mit Masken aus Holz und Federn lustige und auch fromme Tänze auf. Einige Masken sind Karikaturen, andere wieder basieren auf Traumbildern und sind auf gespenstische Art surrealistisch.

Der Tabak mußte erst um den Erdball gehen, bevor er die Eskimo von Sibirien aus erreichte. Die Männer rauchen ihn in Pfeifen asiatischer Art oder kauen ihn in Kügelchen mit einem getrockneten Pilz vermischt, den ihnen die Indianer verkaufen.

Gesellschaftliches Leben und der Tod

Die gesellschaftliche und politische Organisationsform der Alëuten scheint von den standesbewußten Tlingit beeinflußt worden zu sein, bei den Eskimo hingegen war die soziale Struktur nicht sehr hoch entwickelt. Herausragende Persönlichkeiten konnten stärkeren Einfluß gewinnen, aber angehende Despoten wurden wahrscheinlich unter allgemeiner Zustimmung beseitigt, und zwar am besten von der eigenen Großfamilie, um die Verpflichtungen der Blutrache nicht in Anwendung bringen zu müssen. Die Grundeinheit war die Großfamilie einschließlich der angeheirateten Verwandtschaft. Die Kooperation mehrerer Großfamilien erhielt bei Krisen und bei gemeinsamer Jagd Bedeutung. Heiratete ein Mann außerhalb seiner Zugehörigkeitsgruppe, so vergrößerte er damit das System des familiären Zusammenhalts. Bei Jagdzügen oder auf Reisen war es ganz gut, unterwegs Verwandte zu haben, denn die Leute waren allgemein mißtrauisch gegen Fremde, die zuweilen sogar verfolgt und getötet wurden. Heirat und auch Scheidung entbehrten jeglicher Zeremonie. Junge Burschen von 17 oder 18 Jahren taten sich mit etwa um ein Jahr jüngeren Mädchen im Hause der Eltern oder Schwiegereltern zusammen und wurden bei der Geburt eines Kindes als verheiratet betrachtet. Die Frau konnte von einem älteren, stärkeren Mann entführt oder dem ihren abspenstig gemacht werden, und ob der betrübte Ehemann etwas dagegen tun konnte, hing davon ab, wie seine Verwandtschaft ihn unterstützte. Ein Mann durfte so viele Frauen haben, wie er ernähren konnte, oder er teilte sich eine mit anderen Männern. Ein nicht unwichtiger Ausdruck der Gastfreundschaft bestand darin, die Gattin dem Gast zur Verfügung zu stellen. Es war auch normal für eine entstehende enge Freundschaft zwischen zwei Männern, daß einer mit der Frau des anderen verkehrte, was außer wechselseitigem Vergnügen keine gefühlsmäßigen Folgen hatte. Solche Partner waren einander in jeder Notlage zur Hilfe verpflichtet. Alle Kinder gehörten zur Mutter und deren offiziellem Ehemann; Fragen der tatsächlichen Vaterschaft wurden nicht wichtig genommen. Aber Eifersucht konnte durch außerehelichen Verkehr ohne Einverständnis des Ehepartners entstehen und bis zum Mord führen. Mord forderte Blutrache, ausgenommen das Opfer hatte ungewöhnlicherweise keine Verwandten, die die Tat sühnen konnten. Der bevorzugte Rächer war der Sohn des Getöteten, auch wenn die Vergeltung auf sich warten lassen mußte, bis der Junge groß genug dafür war.

Leichen fürchtete man. Da die Bestattung im Dauerfrostboden schwierig war, bedeckte man die Toten so gut es ging, oder man ließ sie einfach so liegen. Die praktische Notwendigkeit konnte dazu führen, daß man die Alten und Schwachen, oft auf deren eigene Bitte, im Stich ließ oder tötete. Einige weibliche Neugeborene wurden ebenfalls beseitigt. Die Männer waren als Jäger genauso wichtig wie die Frauen als Näherinnen, aber in dieser gnadenlosen Umwelt war die Unfallquote bei Männern hoch, und eine zu große Unausgewogenheit in der Anzahl von Frauen und Männern mußte vermieden werden.

Kriegführung war wenig institutionalisiert, obwohl die Beziehungen zwischen den Eskimo und ihren indianischen Nachbarn ständig von friedlichem Handel zu gegenseitigen Überfällen wechselten. Streit innerhalb der Eskimostämme gab es hauptsächlich im Gebiet der Beringsee; dazu gehörte der überraschende Beutezug und das Töten der männlichen Stammesmitglieder, wie wir es aus den weiter südlich gelegenen Gebieten bereits erfahren haben. Als Panzerung verwendete man Walroßzähne, die mit Leder zusammengebunden waren. Jeder Kampf, der als unvermeidbar ausgetragen werden mußte, konnte unter gegenseitigem Einverständnis mit einer »Halbzeit« zur Stärkung der Kräfte unterbrochen werden.

Ein regelmäßiger Kontakt mit den Weißen ergab sich wieder, als im Jahre 1721 die Skandinavier erneut nach Grönland kamen. Als dänische Kolonie wurde Grönland vernünftig verwaltet, so daß es den Eskimo nicht schlecht ging. Als die Nazis im Jahre 1940 Dänemark besetzten, wurde die Insel zeitweilig zum Protektorat der USA erklärt. Die Bevölkerung bestand damals aus 17 000 Eingeborenen und 500 Weißen. Eine Handvoll Eskimo im Norden und an der Ostküste bei Angmagsalik und Scoresby Sound (1925 neu besiedelt) hielt an der alten Lebensweise fest, aber heutzutage spricht man lieber von »Grönländern«. Moderne Häuser und Schulen stehen dem gebildeten Volk, das stolz auf seine Identität ist, zur Verfügung. Auf Tüten mit dem beliebten dänischen Mehl finden sich Backrezepte in der Sprache der Eskimo ebenso wie auf Dänisch.

Auf der Pazifikseite litten die Aleuten seit ungefähr 1745 unter dem Eindringen der Pelzrobbenjäger, bis der Handel durch das Monopol der zaristischen Regierung unter Kontrolle gebracht wurde. Wie in vielen Gebieten Nordamerikas ging auch hier die Anzahl der einheimischen Bevölkerung drastisch zurück. Es wird angenommen, daß Ausbeutung und Krankheit die Bevölkerung der Aleuten, die einst 20 000 Köpfe zählt, auf 10 Prozent reduzierten. Russisch-orthodoxe Priester bekehrten die Überlebenden, während die Eskimo auf dem Festland sich widerstandsfähiger zeigten. Längs der Küste von Labrador verfolgten einst die Eskimo die weißen Fischer, die in ihre Gewässer eindrangen. Ebenso wie die Naskapiindianer seit Ende des 18. Jahrhunderts leben sie mit den bleichgesichtigen »Live-yeres« unter der Aufsicht von Missionaren der »Moravian-Brethren« (Mährische Brüder oder Herrnhuter) und der

»Grenfell Medical Mission« längst in Frieden. Die Hudson's Bay Company hat immer noch eine Kette von Handelsniederlassungen, die bis weit in den arktischen Archipel und darüber hinaus bis an die Grenzen Alaskas reichen. Die meisten stammen aus dem ausklingenden 19. Jahrhundert oder später, und genau wie auf indianischem Gebiet ist ihr Einfluß im Schwinden. Die Eskimo stellen noch dem Polarfuchs und anderen wertvollen Pelztieren nach, aber die letzten Generationen sind immer weniger bereit, das rauhe Leben in der weiten Landschaft (oder auf dem Meer) auf sich zu nehmen, auch wenn ihnen Faltboote mit Außenbordmotor statt der Kajaks und Motorschlitten statt der Hundeschlitten zur Verfügung stehen. Die Zeiten sind vorbei, als man noch das ganze Jahr über im Freien lagerte. Epidemien, die einst die ursprüngliche Bevölkerung um fast die Hälfte reduziert haben, stellen vermutlich keine ernste Bedrohung mehr dar. In Kanada werden es immer mehr Eskimo oder Inuit, wie die Regierung sie nun offiziell betitelt; aber die Möglichkeiten für eine Beschäftigung im »Neuen Norden« reichen nicht aus. Angesichts der Mentalität der Eskimo kann man jedoch optimistisch sein.

Kapitel 13

Der Indianer entdeckt sich selbst

Dieses Buch handelt in erster Linie von den Indianern, wie sie waren, bevor sie die Freiheit verloren: Sie taten, was ihnen gefiel, und gingen dorthin, wo sie sich sicher hinwagen konnten. Was seitdem geschah, wird heute in einem so großen Angebot an Literatur beschrieben, daß man es kaum bewältigen kann. Hier sollen nur einige Entwicklungstendenzen der letzten Zeit zusammengefaßt werden.

Die Britische Krone bemühte sich 1763, alles Land westlich des Allegheny für die Indianer zu reservieren. Das tat die Britische Krone natürlich nicht, um den Indianern ihren Landbesitz zu gewährleisten, sondern um eine Ausdehnung der immer selbstbewußter auftretenden Kolonisten ins Landesinnere aufzuhalten und um sich selbst das alleinige Vorrecht der Landerwerbungen von den Indianern zu sichern. Entsprechend reagierten die meisten Kolonien sofort, und demonstrativ drangen Siedler über die Grenzlinie ins Indianerland vor. Dieses Bemühen der Krone war unrealistisch wie die späteren Vorschläge, riesige Reservationen für die Indianer der Prärie zu schaffen, oder die Idee, eine neue Heimat, ein Indianerterritorium (»Indian Territory«), bereitzustellen. Die Indianer der Reservationen waren mutlos und irritiert, und man sah nicht, daß sie das Land in vollem Umfang nutzten. Das genügte den Präriefarmern und Rinderzüchtern völlig als Rechtfertigung, es ihnen wegzunehmen. Die Reservationen wurden in zunehmendem Maße (durch Zwangskäufe) reduziert und das Territorium von Oklahoma vom Indianerterritorium abgetrennt, bevor man sich dann alles einverleibte. Nach dem Landverteilungsgesetz (Allotment Act) von 1887 begann die US-Regierung, Reservationsgebiet an Einzelpersonen aufzuteilen, in dem Glauben, daß ein persönlicher Besitz von ungefähr 65 ha zur Selbstversorgung und zum Stolz auf das Eigentum anregen würde.[17] In der Praxis war das selten so. Die Behörden gingen davon aus, daß die Indianer auf jeden Fall zu verschwinden hätten, teilweise dadurch, daß diejenigen, die schon ausreichend Fortschritte

Ed Burnstick, ein Cree, Direktor der kanadischen Abteilung des American Indian Movement (AIM), 1976

gemacht hatten, von der weißen Bevölkerung absorbiert würden. Erziehung und Gesetzgebung waren darauf ausgerichtet, den Indianer so zu formen, daß er seinen Platz in der modernen Welt einnehmen sollte, ob es ihm gefiel oder nicht.

Aber die Indianer verschwanden nicht. Im Gegenteil. Von einem Tiefpunkt im Jahre 1900 ausgehend, als die Indianerbevölkerung der USA auf 237 000 zurückgegangen war, begann der Aufschwung mit einer Zuwachsrate, die doppelt so groß war wie die der weißen Bevölkerung. Die Volkszählung der USA von 1970 ergab 792 730 Indianer, die Statistik von 1971 spricht von 312 765 für Kanada, einschließlich der Eskimo. Das sind zusammen 1 105 495, die man neben die Zahl von etwas über einer Million zu Beginn ihrer Entdeckung stellen muß. Der Unterschied besteht bloß darin, daß die Million von 1492 rein indianisch war, wogegen die von 1970 auch eine große Anzahl von Personen erfaßt, die nur zu einem Teil

Indianer besetzen das Büro für Indianerangelegenheiten in Washington, D. C., im Juni 1972 als Höhepunkt einer mächtigen Demonstration mit dem Namen »Der Zug der gebrochenen Verträge«

indianische Vorfahren haben. Heutzutage gibt es seitens der Statistik keinen Versuch mehr, den »Grad der Rassenmischung« zu erfassen, aber 1927 zählte man nur 61 Prozent der Indianer der USA als »reinrassig«, angefangen bei den Menomini mit 15 Prozent über die Kiowa mit 49 Prozent bis zu den Navajo mit einer leicht optimistischen Prozentzahl von 100. Im Osten und Süden trugen entlaufene Sklaven afrikanischer Herkunft sehr zu einer anthropologisch gemischten Bevölkerung bei. Die »Fünf Zivilisierten Stämme« gewährten ihren eigenen freigelassenen Sklaven (den »freedmen«) volle Mitgliedschaft, genau wie den eingeheirateten Weißen. In jüngerer Zeit haben sich große Gemeinschaften gemischter Herkunft, wie z. B. die Lumbees von Carolina, für die Anerkennung als Indianer entschieden. Wie dem auch sei, jetzt bezeichnet sich etwa eine Million Menschen Nordamerikas als Indianer oder Eskimo und beginnt sich als eine wichtige Minderheit zu sehen. Die Indianer der USA haben seit 1924 das Wahlrecht, und nur ein Drittel von ihnen lebt

Häuptling David Crowchild, ein Veteran der Sarceeindianer von Alberta

in Reservationen – oft deswegen, weil dort nicht mehr genug Platz für sie ist. Es ist schlimm, daß gerade in den Gebieten, wo sich die beiden Rassen begegnen, die Weißen meist nicht bereit sind, den Indianer als gleichberechtigt zu akzeptieren. Was die Indianer betrifft, so nehmen sie es übel, wenn ihnen ihre materielle Notlage auch noch vorgehalten wird, und sie sind verärgert über alles, was sie als Manipulation von Außenstehenden betrachten, sei es nun widerlicher Betrug oder Maßnahmen, die ihnen eigentlich zum Vorteil gereichen sollen. Seit langem schon gibt es den Indianern gegenüber auch ein ausgesprochenes Wohlwollen, das seinen Ursprung am Schreibtisch, weit weg von den Problemen, hat: Nur allzuoft aber waren die Indianer nicht bereit oder gar nicht in der Lage, diese Willensbekundungen ernst zu nehmen. Nach dem Gesetz zur Neuorganisierung der Indianer von 1934 (Indian Reorganization Act), das verabschiedet wurde, als der idealistische John Collier Vorsitzender der Kommission für indianische Angelegenheiten (Commissioner of Indian Affairs) war, erklärten viele Stämme ihre Bereitschaft, sich als gesetzlich anerkannte Körperschaften zu konstituieren. Aber die

Bildung von Fraktionen ist eine häufige Erscheinung des heutigen Indianerlebens, und wer Entwicklungsprogrammen, die von der Regierung angeregt sind, zuarbeitet, riskiert es, von der Gegenseite als Marionette Washingtons gebrandmarkt zu werden.

Von der Mehrheit der in den Städten wohnenden Indianer besuchen viele regelmäßig die Heimatreservation, um an Feierlichkeiten teilzunehmen oder auch nur, um in der Begegnung mit den Traditionen ihrer Familien Mut zu schöpfen. Das damit verbundene Fernbleiben von der Arbeit ist nicht vorteilhaft für eine langfristige, reguläre Anstellung, und das andersartige Zeitgefühl der Indianer stellt außer den bereits genannten Vorurteilen und den geringen Ausbildungsmöglichkeiten einen der Gründe dar, warum sie viel schwerer eine Anstellung finden als die Arbeiter anderer Hautfarbe. Wer kein Einkommen hat, erhält eine geringe staatliche Unterstützung, die der Demoralisierung keinen Einhalt bieten kann. Hauptsächlich bei den nicht in der Reservation lebenden Indianern sind solche Bewegungen wie der (gemäßigte) National Congress of American Indians und der (radikale) National Indian Youth Council entstanden. Die mächtigste ist jetzt wahrscheinlich die gut organisierte und selbstbewußte American Indian Movement – AIM. Zu den größeren Aktionen gehörten die Besetzungen der Insel Alcatraz, des Amtes für Indianische Angelegenheiten in Washington und 1973 die Einnahme des Dörfchens Wounded Knee in der Reservation von Pine Ridge (Oglala). Einige versuchen, mit den unzufriedenen Métis aus Kanada und den Chicanos, den aus Mexiko stammenden Arbeitern (hauptsächlich indianischer Abstammung und überwiegend illegal eingewandert), gemeinsame Sache zu machen. Zudem sprechen die indianischen Organisationen keine einheitliche Sprache in ihren Forderungen. Eine Gruppe verlangt die völlige Abschaffung des Indian Service, den sie für diskriminierend hält. Andere haben sich mit gleicher Heftigkeit gegen die Vorschläge des Kongresses gewandt, »den Indianer freizusetzen«, ihn also aus dem Zuständigkeitsbereich der Bundesregierung zu entlassen und statt dessen den einzelnen Bundesstaaten zu unterstellen, weil sie unter anderem im Indian Service ihre einzige Hoffnung sahen, die Steuerfreiheit, deren sie sich als Indianer erfreuen, aufrechtzuerhalten.

In Kanada kam der Druck in Richtung West später und weniger heftig (und die berittene Polizeitruppe, ob nun in behelfsmäßigen Uniformen oder in scharlachroten Waffenröcken und weißen Helmen, ließ bei denen, die es nicht zu genau wissen wollten, das fromme Trugbild vom Pax Britannica entstehen). Und so kamen Indianerkriege kaum vor, und man war großzügiger bei der Bereitstellung von Reservationen.[18] 1954 wurden den Indianern die vollen staatsbürgerlichen Rechte verliehen. Trotzdem gab es genug ärgerliche Anlässe, da solche Vereinigungen wie die National Indian Brotherhood of Canada beachtliche Aktivitäten entfalteten. Der Vorschlag des kanadischen Parlaments, die Verwaltung der indianischen Angelegenheiten an die Provinzen zu übergeben, verursachte viel Aufruhr. Schließlich forderte eine Gruppe, daß jeder Stamm als unabhängige Nation anerkannt werden sollte, für die nur die Vereinten Nationen zuständig seien. Man forderte weiterhin ein nicht so bedeutendes Privileg, nämlich den freien Grenzverkehr zwischen den USA und Kanada ohne Zollkontrolle und andere Einschränkungen, wie sie weißen Bürgern auferlegt sind.

Das alles bedeutet, daß den Indianern bewußt geworden ist, daß es noch andere ihresgleichen gibt – nicht bloß Verbündete im nächsten Tal oder Feinde jenseits des Berges, deren Skalpe man holen könnte, sondern Menschen mit gemeinsamen Problemen, auch wenn sie über den gesamten riesigen Kontinent verstreut sind. Kurz gesagt, der Indianer ist im Begriff, sich selbst zu entdecken.

Generelle Äußerungen über die Indianer des heutigen Amerika sind kaum mehr möglich, genausowenig wie über die von gestern. Man kann nur inbrünstig hoffen, daß die Qualitäten Mut, Anpassungsfähigkeit und Findigkeit, die den Indianer dazu befähigten, den riesigen und so unterschiedlichen Kontinent zu entdecken und zu bevölkern, ihn nicht im Stich lassen werden und nicht verkümmern, denn er wird sie so dringend brauchen wie eh und je.

Anmerkungen

1 Im amerikanischen Sprachgebrauch wird heute zwischen Plains und Prairie unterschieden. Prairie sind die östlichen, etwas feuchteren Langgrassteppen, hingegen Plains die westlichen trockenen Kurzgrassteppen. So spricht man in der englischsprachigen Literatur heute nur selten von Prairieindians, sondern von Plainsindians. Bei Übersetzungen ins Deutsche wird das gewöhnlich mit „Indianer der großen Ebenen" widergegeben (vgl. Oliver La Farge u. a.). »Prärie« und »Präriendianer« haben sich im deutschen Sprachgebrauch seit langem eingebürgert. Deshalb haben wir sie durchgehend beibehalten, obwohl das nicht immer dem heutigen englischen Sprachgebrauch entspricht.

2 Die Statistik ergibt ein falsches Bild, denn die Verluste der Indianer durch eingeschleppte Epidemien, Hungersnöte und die Mordaktionen amerikanischer Zivilisten sind nicht inbegriffen.

3 Im Auftrage des Himmels, der sowohl das männliche als auch das weibliche Prinzip verkörpert und der sich als große blaue Kuppel über allem wölbt, sandte Vater Sonne seine beiden göttlichen Söhne aus, um die Zuñis ans Licht zu führen. Das geschah nach den Vorstellungen dieser Indianer in mehreren Etappen.

4 Dieses Territorium ist übersät mit flachgewellten, aber dafür steilwandigen Hochplateaus, den Mesas.

5 Diese Gebirgskette oder Sierra, nach einem spanischen Gouverneur des 18. Jahrhunderts benannt, lieh diesen wenig eleganten Namen Mogollón, d. h. »Schmarotzer«, einer der drei wichtigsten Kulturen des Südwestens. Die anderen heißen Hohokam und Anasazi.

6 Was die Anasazi von den Menschen der »Wüstentradition« (Desert Tradition) unterschied, waren der Anbau von etwas Mais und Kürbissen und während einiger Jahrhunderte ein ganz spezieller Haustyp.

7 Die Moqui (Moki) sind nicht zu verwechseln mit den »Smokindianern«, die sich anputzen und jeden Sommer in Preslott, Arizona, tanzen. Es sind einheimische weiße Geschäftsleute, deren Fotos bisher nicht nur einen unachtsamen Verleger getäuscht haben.

8 Obwohl sich die Bezeichnungen »Muschelgeld«, »Muschelperlen« und »Muschelschalenschmuck« eingebürgert haben, gehören speziell die Dentalien nicht zu den Muscheln, sondern zu den Grabfüßern, die eine eigene Klasse der Weichtiere darstellen. In ihrer Struktur und Härte ähneln aber die Dentaliumgehäuse durchaus den Muschelschalen, Schneckengehäusen usw.

9 Der Eindruck, daß durch den Potlatch ein gewisser Ausgleich der Besitz-

unterschiede stattfindet, ist nur ein scheinbarer. Da nämlich die bedeutendsten und wertvollsten Geschenke an die gesellschaftlich am höchsten stehenden Gäste gegeben werden – die selbst vorher Potlatchfeste veranstaltet haben –, so ist der wirtschaftliche Ruin des Gastgebers nur eine momentane Angelegenheit, und nach einigen Jahren hat er durch seinerseits erhaltene Geschenke wieder so großen Besitz angehäuft, daß er so reich ist wie vorher. Der Besitz verbleibt also de facto immer in den Händen der Reichen. Wirklich ruiniert werden durch das System des Potlatch die ärmeren Gefolgsleute der reichen Häuptlinge. Sie haben durch ihre Arbeit den Reichtum zusammengebracht und ihr Oberhaupt noch bei der Ausrichtung des Festes unterstützt. Da sie kaum Ansehen besitzen, erhalten sie nur wenige wertlose oder gar keine Geschenke. Sonst werden durch das System des Potlatch die Besitzunterschiede nur verstärkt.

10 Durch Jack Londons Alaska-Erzählungen sind diese Begriffe auch literarisch verewigt worden.

11 Die kuppelförmigen Erdhütten verschiedener Indianergruppen sind nur scheinbar gewölbt. Der Eindruck entsteht durch die Erdaufschüttung, während die darunterliegende Holzkonstruktion darunter aus geraden Balken besteht und etwa die Form eines Kegeldaches hat.

12 Das Doppelpaddel ist durchaus nicht auf die Eskimo beschränkt, vielmehr war es verschiedenen indianischen Gruppen speziell an der Pazifik-Küste bekannt, und zwar selbst in Peru. Die Indianer der mittleren und südlichen Küste Kaliforniens bewegten ihre Balsas mit Doppelpaddel vorwärts.

13 Der damaligen Unsitte entsprechend, ist beispielsweise im 18. Jahrhundert auch ein Eskimo mit seinem Kajak nach Leipzig gebracht worden. Er wurde in einem barocken Bürgerhaus in der Petersstraße untergebracht, das bis heute auch unter dem Namen »Grönländerhaus« bekannt ist. Sein Kajak war dort, allerdings recht dilettantisch restauriert, bis in die 50er Jahre ausgestellt, das Boot befindet sich heute im Museum für Völkerkunde Leipzig.

14 Beide Schlittentypen sind dem vorherrschenden Milieu am besten angepaßt. Beim Toboggan der Indianer verhindert die breite Gleitfläche das Einsinken in den dicken Pulverschnee der Waldgebiete. Der Kufenschlitten der Eskimo ist besser geeignet für den verharschten und vereisten Schnee der Küste.

15 Karibu ist das wildlebende Rentier Nordamerikas. Das eigentliche Rentier Sibiriens und Skandinaviens wird überwiegend zahm gehalten.

16 Die Bemühungen der Internationalen Walfangkommission, den Fang des Grönlandwals (Balaena mysticetus) zu verbieten oder einzuschränken, haben in Alaska viel Verbitterung hervorgerufen. In einer Welt des Fernsehens und der abgepackten Lebensmittel hängen die Eskimo am Walfang und betrachten ihn als eine Bestätigung ihrer Volksidentität. Leider hat die Verwendung von Har-

punenkanonen und Explosivgeschossen die Perfektion der alten Fertigkeiten verkümmern lassen, so daß mehr Wale verletzt als gefangen werden. Die Quote für die Eskimo wurde im Jahre 1979 auf 18 Grönlandwale festgelegt, was mit einer Möglichkeit von maximal neun erfolglosen Angriffen eine Steigerung um ein Drittel im Vergleich zu 1978 bedeutet. Der jährliche Fang von Weißwalen (Delphinopterus leucas) in der Arktis Alaskas und Kanadas geht noch in die Tausende.

17 Pro Kopf der Familie, mit herabgesetzten Anteilen für Minderjährige und Alleinstehende. Weiße Landaufkäufer wetteiferten in ihren Bemühungen, daß solche Ländereien nicht lange im Besitz der Indianer verblieben. Auch die Vererbung schuf unlösbare Probleme. Mit dem Neuorganisierungsgesetz (Reorganization Act, 1934) wurde versucht, die aufgeteilten Ländereien in Stammesbesitz zurückzuführen.

18 Bemerkenswert ist in diesem Zusammenhang, daß immer wieder Indianer aus den USA Zuflucht in Kanada suchten: Nach dem Unabhängigkeitskrieg Teile der Irokesen unter Joseph Brant, 1812 Tecumseh und seine Anhänger, 1862 die Dakota von Minnesota, 1876 Sitting Bull mit seinen Anhängern, und 1877 unternahmen die Nez Percé unter Chief Joseph einen verzweifelten Versuch, über die Grenze nach Kanada zu gelangen.

Bildnachweis

Illustrationen: Pierre Turner und David Dowland

Farbfotos:
Pitt Rivers Museum, University of Oxford: Tafel 20, 22, 32, 41, 45, 48, 54, 62, 67; Western American Picture Library: Tafel 8, 28, 29, 36, 43, 60; WAPL/Buffalo Bill Historical Centre, Cody, Wyoming: Tafel 33; Hon. Jon Petre/Hundson's Bay Company: Tafel 21; Royal Ontario Museum: Tafel 37, 58; British Museum: Tafel 12, 13, 14, 17; Yale University Beinecke Rare Book Library: Tafel 34; Tradescant Collection, Ashmolean Museum, Oxford: Tafel 15; Dr. Joel Wilbush: Tafel 65; National Film Board of Canada (Canada House, London): Tafel 68, 69; Picturepoint: Tafel 70; Bruce Coleman Ltd/Nicholas Devore: Tafel 71; New York Public Library: Tafel 30
Schwarzweißfotos:
Anthropological Museum, University of Aberdeen: 1; Keystone Press Agency Ltd: 1; Pitt Rivers Museum, University of Oxford: 3; Western American Picture Library: 17; Lowie Museum of Anthropology, University of California: 1; Smithsonian Institution National Anthropological Archive: 8; Los Angeles County Museum of Natural History: 1; Denver Museum of Natural History: 1; National Film Board of Canada (Canada House, London): 1; Lars Rengfelt: 2; Geoffrey Turner: 6